本书由"基础教育改革与发展协同创新中心"资助出版

新时代中小学 校长培训与专业化发展

XINSHIDAI ZHONGXIAOXUE
XIAOZHANG PEIXUN YU ZHUANYEHUA FAZHAN

钱立青 / 著

图书在版编目(CIP)数据

新时代中小学校长培训与专业化发展/钱立青著.—合肥:安徽大学出版社,2019.5

ISBN 978-7-5664-1800-5

Ⅰ.①新… Ⅱ.①钱… Ⅲ.①中小学－校长－师资培训－研究 Ⅳ.①G637.1

中国版本图书馆CIP数据核字(2019)第046150号

新时代中小学校长培训与专业化发展 钱立青 著

出版发行:	北京师范大学出版集团 安 徽 大 学 出 版 社 (安徽省合肥市肥西路3号 邮编230039) www.bnupg.com.cn www.ahupress.com.cn
印　　刷:	合肥远东印务有限责任公司
经　　销:	全国新华书店
开　　本:	170mm×240mm
印　　张:	17.5
字　　数:	260千字
版　　次:	2019年5月第1版
印　　次:	2019年5月第1次印刷
定　　价:	53.00元

ISBN 978-7-5664-1800-5

策划编辑:钟　蕾　　　　　　　装帧设计:李　军
责任编辑:李海妹　　　　　　　美术编辑:李　军
责任印制:赵明炎

版权所有　侵权必究

反盗版、侵权举报电话:0551－65106311
外埠邮购电话:0551－65107716
本书如有印装质量问题,请与印制管理部联系调换。
印制管理部电话:0551－65106311

序

我国著名的教育家陶行知先生曾经说过,"校长是一个学校的灵魂","要评论一所学校,首先要评论他的校长"。校长的重要性由此可见。现实中也确实有很多因为校长的出色工作而使学校面貌大为改观的事例。"一个好校长就是一所好学校"已经成为人们的共识。

校长,是一个特殊的群体。目前,我国在职的中小学校长超过了50万人。这支中小学校长队伍,在基础教育发展及推进素质教育的进程中起着至关重要的作用。校长队伍的素质和专业化水平的高低,直接涉及中国教育质量的高低。努力提高这支队伍的整体素质,使中小学校长更能适应当前多元化、信息化的发展趋势以及基础教育领域的深刻变革,是一个越来越值得关注的课题。

众所周知,校长是一所学校的发展之魂。校长和学校相互成就。校长可以通过学习成就自己,同时也应当督促自己推动学校发展。而在促进校长素质与能力提升的路径方面,最重要的莫过于校长专业发展。

近年来,中小学校长专业化发展已引起教育界的广泛关注。推进中小学校长专业化发展,不仅有利于敦促校长个人能力提升,还有利于提高整个校长队伍的工作绩效,从而更好、更快地推进学校的改革与发展。如何引领中小学校长专业化成长、有效促进基础教育事业的发展?本人觉得要遵循三条规律。

校长的成长过程是从教师素质结构向校长素质结构转变的过程。当代的中国校长,一般都从优秀的教师中选拔。但是,一名优秀的教师不可能自发地成长为一名合格的校长。教师的主要任务是教好学生,促使他们全面发展;校长的主要任务是按照教育方针的要求,安排好学校工作,协调好各种关系,把学校办好。由于教师和校长承担的任务不同,对他们的素质及结构的要求也有区别。从一名优秀的教师成长为一名合格的校长,需要实现素质结构的调整与转变。开展校长培训的目的便是要促进和加速校长素质结构的转变。

校长成长的过程是教育理论与管理实践紧密结合的过程。校长是在教育和学校管理的实践中成长起来的,没有丰富的实践经验作基础,校长是当不好的。但是如果没有科学的理论指导,学校管理就会偏离正确方向,校长的成长也会因此而走弯路。从这个角度来说,校长的成长过程是实践、学习、再实践、再学习,不断反复的螺旋式上升过程,是使理论与实践有机融合的过程。校长需要通过培训来学习理论,转变观念,提高认识,指导实践,同时需要研究实际问题,在理论与实际结合的基础上,回答与破解教育管理中的现实问题。

校长成长的过程是吸纳、继承与创新的过程。校长专业化成长要求校长转变教育观念,破除落后意识,向先进、科学的教育和管理观念转变,要求校长学习国外的教育思想与先进理念,也要继承与发扬中国教育管理的优良传统。只有这样,中小学校长才能保持清醒的头脑,不走弯路。同时,在专业化过程中,校长要进行反思,注重归因,系统总结、提炼自己的实践经验,提升到理论的高度,形成自己的教育思想和办学特色。

在校长专业化进程中,我认为首先要提高校长们的认识,包括提高对自身的认识水平和对教育工作的认识水平。人有两件事是很难做到的,一是发现自己,即充分把握和发挥自己的优势;二是战胜自己,即勇于克服自己的缺点,不断提高。这就是校长专业化发展中的自我修养。一位校长的质量观、人才观、校长观、学生观、教学观都渗透在他日常的教育管理实际之中,体现在他的行为表现上,这些既要求校长具有抽象的理论思维素养,更要求他具有身体力行的实践精神。因此,努力推进校长专业化发展,造就一支品德高尚、业务精湛、治校有方、人民满意的中小学校长队伍,为推动基础教育改革发展、实现中国教育梦提供坚实保障，还有很多问题需要我们教育工作者去研究。

令人欣喜的是，在中小学校长专业发展创新队伍中，有一批中青年教师热衷于校长发展研究。这是件好事，必将大力推动校长培训与专业化成长。钱立青先生就是这样的一位青年学者，他多年深耕校长专业发展，静默慎读，勤于思考，积累了大量的实践案例。最近，他将自己数十年的研究成果汇集而成《中小学校长培训与专业化发展》，这是目前学界对校长培训及专业化发展较为系统地研究，也是集理论与实践于一体，富有实践操作意义的一部专著。由于承担中小学校长培训这项工作，我与立青相识已久。十多年前，我应邀前往安徽地区讲学，一路陪同的他经常与我交流校长发展话题，言语中洋溢其对校长培训及专业化发展的高度期许。他曾经提出"未来的教育改革必然是校长思想的变革与先行"的观点。而在本人主持的中国教育学会"十一五"科研规划重点课题《中小学生自我教育和自我管理实验研究》中，特邀钱立青为课题研究专家指导组成员，同时负责安徽省域的研究及协调工作。期间，他积极组织研究，在长达五年的研究周期里，在实践总结与提炼方面做了大量的积累工作。我深信，他的著作出版，将会有效地促进一线中小学校长的专业化发展，为深化基础教育改革做好重要的奠基工作。

受安徽省教育厅有关领导的委托，为《中小学校长培训与专业化发展》一书的出版写几句话。我欣然举笔发表以上个人观点，不妥之处，恳请广大读者、专家批评指正。

是为序。

贺乐凡

2015 年 10 月 8 日于北京

（中国教育学会管理分会理事长、全国知名教育管理学专家）

目　录

第一章　中小学校长角色定位与素质结构 …………………… 1
　　第一节　中小学校长的角色分析 ………………………… 1
　　第二节　中小学校长的素质结构 ………………………… 18

第二章　中小学校长成长的规律 ……………………………… 29
　　第一节　中小学校长成长的基本内涵 …………………… 29
　　第二节　中小学校长成长的规律 ………………………… 35

第三章　中小学校长培训目标与课程 ………………………… 48
　　第一节　中小学校长培训目标 …………………………… 48
　　第二节　中小学校长培训的课程设置 …………………… 54
　　第三节　中小学校长经验性资源的转化 ………………… 66

第四章　中小学校长培训模式与方法 ………………………… 75
　　第一节　中小学校长培训模式的选择 …………………… 75
　　第二节　案例教学培训模式研究 ………………………… 84
　　第三节　"问题为本"培训模式研究 …………………… 90

第五章　中小学校长培训的组织与管理 ……………………… 97
　　第一节　中小学校长培训的历史与现状 ………………… 97

第二节　中小学校长培训的发展规律与制度建设 …………… 102
　　第三节　中小学校长的培训管理 ………………………………… 115

第六章　中小学校长的选拔与评价 …………………………… 129
　　第一节　中小学校长的选拔 ……………………………………… 129
　　第二节　中小学校长职级制 ……………………………………… 136
　　第三节　中小学校长的评价 ……………………………………… 143

第七章　中小学校长专业化发展 ……………………………… 157
　　第一节　中小学校长专业化理论探析 …………………………… 157
　　第二节　中小学校长专业化的推进与发展 ……………………… 168

第八章　校长专业化发展路径与策略 ………………………… 181
　　第一节　校长培训与专业化发展 ………………………………… 181
　　第二节　校长专业化发展的模式和策略 ………………………… 186
　　第三节　校长专业化发展的制度建设 …………………………… 191

附　录 ……………………………………………………………… 200
　　义务教育学校校长专业标准 ……………………………………… 200
　　普通高中校长专业标准 …………………………………………… 206
　　中部地区中小学校长培训需求分析调研报告 …………………… 213
　　培训案例:安徽省第九期校长研修班赴台湾铭传大学培训 …… 244

参考文献 …………………………………………………………… 265

后　记 ……………………………………………………………… 268

第一章　中小学校长角色定位与素质结构

第一节　中小学校长的角色分析

教育是人类特有的社会现象,教育起源于原始社会人的生产劳动和社会生活的需要及人类身心发展的需要。我国是世界上较早建立学校的国家之一。在部落联盟时期,传说中的学校便萌芽了。成均和庠都是原始社会末期的教育场所,虽然不是正式的学校,但它已开始有目的、有组织地开展活动了。① 相应地,教育者与受教育者都脱离了生产劳动,成为专门从事教或专门从事学的人。由此,教育管理的问题也出现了。

一、校长角色的历史演变

在中国教育史上,校长这个职业在夏商时代就有了雏形。但就严格的称谓来看,在清代新式学堂产生以前,社会对管理学校的人员还没有统一的称呼。不同时期、不同类型的学校,人们对管理学校人员的称呼不同,如汉代掌管太学的称"祭酒",宋代掌管书院的称"山长"或"洞主",清末学堂有称"堂长""监督"的,也有称"总理"的。在学校发展的早期,校长并非专职,大多是一身多职。而在国外,如美国早期的学校规模较小,董事会便任命"首席教

---

① 孙培青:《中国教育史》(第3版),上海:华东师范大学出版社,2009。

师"(Head teacher/Principal teacher)来协调学校管理工作。教育发展到一定的阶段,学校的主要管理者——校长才逐渐成为专职,成为一种特定的社会角色。

(一)校长职业的雏形时期

在西周时代的奴隶社会,华夏文明进入了初盛时期。奴隶制文化教育的一个重要特点是学在官府、政教不分。奴隶主贵族设官分职,从事管理。官师合一,管理教育活动的官员就是教师。

秦始皇统一中国后开始禁毁私学,规定由官府中管理文书档案、负责书记的文吏兼做教师。[①] 汉代建立了中央和地方两级官学制度,创设了不同类型的学校。汉代太学的教师即五经博士,地方各级官学一般由一人主持。郡国校、学设经师一人,序、庠设《孝经》师一人,身兼教学、行政二职。魏晋南北朝时期,中央官学于太学外复设国子学。贵胄子弟入国子学,其他子弟入太学。

隋唐时期设立的国子监是国家最高的专门教育行政管理机构,它不仅承担教学任务,而且是一个集教学、行政、研究于一体的综合机构。国子监设最高行政长官——祭酒,实际也是全国最高的教育行政长官。祭酒授课,但不以教师为专任。唐朝中央官学的教官设有博士、助教、直讲及学士等,均为朝廷命官。而在地方官学由长史功曹、司功参军等行政长官负责。

宋朝中央官学的管理继承前代,但地方官学一改由地方行政长官总负责的体制,开始设置诸路提举学事司,作为专门的地方教育行政机构,负责管理所属州、县的教育事务。其最高行政长官称"提举学事使",简称"提学使"或"提学"。宋朝的学校除了中央官学和地方官学,还有书院。书院以私人讲学为主,实行教学和行政合一的管理方法。宋代书院最主要的负责人称"山长",或称"院长""洞主""堂长""洞正",他们往往是当时著名的学者。如范仲淹曾任嵩阳书院的山长,朱熹先后主持了白鹿洞书院和岳麓书院的教务,并

---

① 殷爱苏、周川主编:《校长与教育家》,福州:福建教育出版社,2004。

为白鹿洞书院制定了"学规"。书院的山长既是行政首脑,又是首席教师,以讲学释疑为主要职责,同时负责书院教师聘请、教学等事宜。某些规模较大的书院还增设副讲、主管、典谒等职位,主要职责是协助山长工作。

明、清两代的教育管理体制大体相同。府学学官称"教授",州学学官称"学正",县学学官称"教谕",他们是不脱离教学的教育行政人员,各自执掌其学校的生徒训导之事。

以上学校管理的演变表明,中国古代学校教育中已有了校长职业的萌芽。与现在所理解的以组织领导学校教育、教学、行政工作为主要任务的校长相比,中国古代官学的"校长"具有以下特征:

第一,不是专职校长。中国古代官学的"校长"或是由学校的教师兼任,或是由教育行政管理部门的管理者担任。但总体来讲,校长没有被当作独立职业。隋唐以前没有出现专门的教育行政机构,中央官学由执掌礼部的官员兼管,地方官学则由地方政府负责管理。这主要是因为当时学校数量少,规模有限,组织结构简单,所以客观上没有专门管理学校事务的需要。

第二,属朝廷命官。从汉代正式确立博士为政府的固定官职以后,博士就一直是中国封建社会重要的学术官员。博士除教授子弟外,还常与高级官员一起讨论国家重大政事,还常由皇帝特派巡视考察各地吏治民情。选自博士的祭酒也不例外。唐代国子监祭酒为三品官员,宋代祭酒为四品官员,明清时代的教授、学正、教谕等都为朝廷命官。

第三,集教学、管理于一身。似乎各个朝代对校长学术地位的重视都强于对其管理能力的关注。这一点在祭酒的选拔上的表现尤为明显。祭酒是中央官学的重要管理者,除管理所辖学校的各种事务外,还要给学生上课。东汉时要求博士精通经学,兼览众书。宋代祭酒大多是著名的学者。

以上讨论的主要是政府办理的官学,实际上,私学在中国古代学校教育中也很有分量。私学始于春秋而盛于战国,著名的教育家孔子就是儒家私学的首创者,是早期举办私学的代表人物。私学一般由私人举办,显然举办者既是本门学派的主讲者,也是管理者。①

(二)校长职业的萌生时期

第一次鸦片战争的失败,让中国人第一次清楚地看到了外面的世界。以林则徐、魏源为代表的地主阶级改革派,提倡睁眼看世界,"师夷长技以制夷"。第二次鸦片战争后,清朝统治集团内部出现了洋务派。洋务派有识之士急呼兴办教育,力兴"西学"。洋务教育思想的第一个物化产品就是1862年设立的京师同文馆,这也标志着中国近代教育正式起步。此后,随着洋务运动的发展,中央和地方相继设立了外国语、军事(武备)、技术实业等新式学堂30余所。学校数量的增多和层次的不断完备,亟须统一的学制来统筹管理。

1901年,清政府迫于形势宣布实施"新政",要求把各地的书院一律改称"学堂",省会的书院改为"高等学堂",府城的书院改为"中等学堂",州县的书院改为"小学堂"。在清末兴学运动中,各省、府、州、县纷纷建立起新式学堂。

于是,在模仿西方和日本学制的基础上,管学大臣张百熙主持拟订了《钦定学堂章程》(《壬寅学制》)。章程中明确规定中小学堂"应设总理一员,以主持全学教育,并统辖一切事宜"。至此,校长的职业正式在政府公布的法规中出现,只不过当时称作"总理"。1904年颁布的《奏定学堂章程》(《癸卯学制》)中称小学堂、高等小学堂的负责人为"堂长",中学堂的负责人为"监督"。这时,校长职务在学校管理中正式出现。至于校长的职责,《奏定学堂章程》规定:小学堂堂长"主持全校学教育,督率堂内教员及董事司",中学堂监督的主要任务是"主管一切教育事宜,统辖全学员董事司事人役"。显然,这样的规定比较笼统。所幸的是,可以通过《奏定学堂章程》其他条款对校长的工作有个大概认识:一是教职员工管理。小学堂除要设总理外,还要设副办一员或两员(协同总理办理事务),设立教学、方案(处理学校往来文件,并掌管书籍)、收支(负责学校款项出入)、监督(管理学生宿舍)等职位,这些员工都要由总理来任命。对于他们工作的情况,总理都登记在册,并作为奖励或惩戒

---

① 殷爱荪、周川主编:《校长与教育家》,福州:福建教育出版社,2004。

的标准。二是学生管理。包括与相关的人员检查寄宿学生的纪律情况,检查学生的勤惰及行为举止有无过失。这主要由教习随时观察记录,再呈给总理。如果学生犯条规查明属实,总理有权斥退学生。三是教学管理。包括检查学生的功课成绩,组织学堂的各种考试,决定是否给予学生修业凭单,斟酌审定各门课的具体授课内容、夏冬两季上课时间调整等。四是后勤管理。初等小学堂堂长兼理学堂收支,并可自设司事一人,专门负责登记账目、处理杂务。

由此看来,《壬寅学制》和《癸卯学制》要求堂长、监督所从事的主要是一些具体的事务性工作。在实际运行中,堂长、监督工作还存在另外一种模式,即堂长、监督主要发挥监督、视导的作用。学校的具体事务则由学堂负责教学工作和总务工作的总教习、总办来处理。总理的工作主要是创办好学校,把握好学堂"中学为体,西学为用"的办学方向。由此可见,初创时期的堂长、监督重在做好办学工作,或者主要履行监督职能,具体的事务性工作则主要由学校的中层管理人员负责。

在学堂的堂长、监督的人选上,新学制提出了"初级师范学堂毕业、实通晓管理法者"。但因为当时师范学生较少,故并未限死在师范毕业这个条件上。新学规要求初等小学堂、高等小学堂的堂长兼充教员。这一方面是为了学习当时国外学校管理的经验,另一方面也是为了契合当时学校管理的实际情况(学校事务简单,不需要设专人来管理)的需要。就身份来看,堂长、监督属于国家的"职官",由地方政府任命。非经地方官核准,堂长、监督不得擅离职务或离开其职务所在地,不得兼任其他职务并兼营私利之业。

晚清时期,校长职业也随着新式学堂的产生而正式出现。

(三)校长职业的成形时期

1912年中华民国成立以后,南京临时政府教育部颁布了《普通教育暂行办法》,规定原有各种学堂均改称"学校",监督、堂长一律改称"校长"。[①] "校长"这一称谓正式启用。

---

① 熊贤君:《中国近代教育行政史》,北京:人民教育出版社,2014。

1912年后,普通公立学校均实行校长负责制。校长有任用教师的权力,但教员中如果有违背教育法令或怠废职务的,校长没有直接的惩戒权,他必须向上呈请县及以上行政长官予以惩戒。中学校长都由省行政长官任用。县级行政长官无权任用中学校长,可见当时中学校长的地位、级等与县长相当。至于校长的资格,1912年初沿袭清末的规定,由教员兼任。当时教员任用的条件是"须在师范学校或教育总长指定之学校毕业,或经国民学校教员检定委员会检定合格,而受有许可状者"。校长必须胜任教学工作也是其中的一个重要条件。

国民政府时期,通过一系列教育立法,使普通教育逐步走上了稳定、统一的道路。这一时期的教育法令对普通学校校长的资格、任用和职责都作出了明确的规定。1933年颁布的《小学规程》和《中学规程》,首次对校长的任职资格作出了明确的规定。

国民政府时期中小学校长的任职资格规定

校长层次	具体要求	备注
小学校长	必须具备小学教师的资格,服务两年以上具有成绩。	具备下列情形之一者不得任用为校长: (1)违犯刑法证据确凿者; (2)曾任公务员交代未清者; (3)曾任校长或行政职务成绩平庸者; (4)患精神病或身有痼疾不能任事者; (5)行为不检或有不良嗜好者。
初中校长	除品格健全、才学优良外,还必须符合以下资格之一: (1)国内师范大学、师范学院、大学教育学院教育科毕业或其他院系毕业而曾学习教育学科二十学分,均于毕业后,从事教育职务两年以上且著有成绩者; (2)国内外大学本科、高等师范本科或专科毕业后,从事教育职务三年以上且著有成绩者; (3)国内外专科学校或专门学校毕业后,从事教育职务四年以上且著有成绩者。	
高中校长	除具备初级中学校长的资格之一外,还必须符合以下资格之一: (1)曾任国立大学文、理教育学院科系教授或专任讲师一年以上者; (2)曾任省及直辖市教育行政机关高级职务两年以上且著有成绩者; (3)曾任初级中学校长三年以上且著有成绩者。	

以上对校长资格的种种规定表明,清末民初以来对校长任职条件的要求在逐步提高,并进一步明确和完善。首先必须有师范专业背景,或修过教育

专业课程的一定数量的学分,具备教师资格。也就是说,担任校长的前提是必须是教育教学的专家。其次必须有一定的工作经验,并取得一定的成绩。这就要求校长不仅要具备一定的专业知识,还要具有较强的工作能力。至此,对校长工作能力的要求第一次被提了出来,能力强弱的标准是其实践成绩的高低。《小学规程》《中学规程》等法规中对小学校长、初级中学校长、高级中学校长有着不同的规定,初步显示出国家对普通学校校长资格实行分等级管理的趋势。

在国民政府时期,关于校长职责的规定有所细化。归纳起来,校长的职责主要是做好计划、行政、教学督导及社会联络等四个方面的工作。随着学校办学规模扩大,组织结构日趋复杂,校长对内的管理职能日渐完备。这就要求校长具备较强的行政能力,以便能顺利完成学校管理的各项任务。随着开放办学思想日盛,学校与社会的关系日益密切,对校长的社会性要求也越来越高。当时就有人提出学校的校长不仅要成为校内的好领导,也要成为社会事业的领袖。

中国历史上对校长的管理一直隶属于文官系统。校长多采取"委任制",较少采取"聘用制"。1927年,国民政府改组教育部为大学院时,对公立学校的校长曾采取"聘用制",其目的是减弱教育行政人员官僚化的倾向,力行学术化。但是因为此举不适应中国国情,公立学校聘任校长的制度基本停止。1933年,国民政府教育部颁布的《中学法》和《中学规程》对普通公立学校的校长的任用作出了规定,即一律采用委任制。国立中学校长由教育部委派,分校校长由校长加以遴荐,由教育部委派;省立中学校长由教育厅提出合格人选,经省政府委员会议通过后,由省政府任用;直隶于行政院的市立中学校长由教育行政机关遴荐人员呈请教育厅核准任用;县立中学校长由县市政府遴荐合格人员呈请教育厅核准任用;联立中学校长由联立中学理事会遴荐合格人员呈请上级教育行政机关委任,如果两县联立不设理事会的,其校长由两县教育行政机关协商遴选合格人员,呈请教育厅核准任用。

普通公立学校校长的不同任用方式暗含了对校长社会身份的不同界定。实行"委任制",表明公立学校校长的社会身份为国家公务员;实行"聘任制",

表明公立学校校长属于自由职业者。

经过几十年的发展,校长的管理制度日渐完善,对校长任职条件、职责范围、选任办法等的详细规定,已经能基本反映当时政府对校长职业的认识,即校长首先必须具备教师资格,一个好校长往往是一个好教师;校长必须有一定的教学工作经验或行政工作经验;校长是学校的行政负责人,负责校内计划、行政、教学督导以及社会联络等方面的工作。

以上对各个历史时期中小学校长职业的分析,比较清晰地反映出中小学校长的发展轨迹:清朝末年以前,校长主要由政府或教育行政部门的官员兼任;在学校规模尚小时,主要由教师兼任校长处理校务;随着学校结构的日趋复杂,校长职权也不断扩大,由一般性的事务性职务向管理性与专门性职务演变。在这样的历史发展过程中,中小学校长角色经历了单纯的监督者—保守的管理者—开拓性的经营者的变化过程。

(四)中华人民共和国成立以来的校长职业发展

中华人民共和国成立后,中国教育由半殖民地半封建的教育制度变为社会主义的教育制度,逐步形成一套比较适合中国国情的社会主义教育方针、政策、制度和各级各类教育的具体规章与管理方法,其间虽然经历曲折,但取得的成绩却也是令人瞩目的,为发展有中国特色的社会主义教育事业奠定了基础。

1. 校长职业的探索发展阶段。在中华人民共和国和成立初期,教育的主要任务是为彻底完成新民主主义革命任务服务,改造旧教育。在社会主义改造的初期,教育主要借鉴苏联的经验,整个国家逐步形成了高度集中统一的行政管理体制,学校也不例外,一概强调集中统一,强调"条条"的行政管理方式。学校的招生数、毕业生数、在校生数由上级直接计划,学校人事、财务则由学校的上级主管部门集中统一管理。校长严格按照上级的指令办事。

在中华人民共和国成立初期,对中小学校长的作用、资格与选拔没有硬性规定。中小学校长实质上被定位为一般的党政干部,结果造就了一批行政型学校领导干部。校长因为兼职过多而无力领导教学,在大量的文山会海、事务性的工作中消磨掉了时间和精力。

中小学校长一般都有由教师升为学校中层领导,进而提拔为校长的经历。他们有一定的教学经验,也通过从事一定的管理工作获得了一些管理经验。他们对教学工作、学校管理工作都比较熟悉,能较好地完成任务。在中华人民共和国成立初期,由于学校数量急剧增加,中小学领导干部紧缺。为解决这一问题,一些地方政府从其他行业调集干部充实中小学校长队伍。这些干部一般都有过革命工作的经历,对于一般的行政工作比较熟悉,但是对于学校的教育教学工作及管理却没有直接的经验。担任学校校长后,他们整天在学校的经费预算、修建房屋、添置设备、评助学金等工作上打转,甚至有的校长三番五次亲自过问在操场上安置一根旗杆的事情。而与教学直接有关的活动,如备课、集体讨论、教研会等校长却从不参加。因为这些校长们不懂教学工作,所以就害怕去指导教学,甚至干脆放弃教学指导,而把主要精力用于管理一般行政性事务,变成了学校的总务主任。

1963年,中共中央颁布的《全日制中学暂行工作条例(草案)》《全日制小学暂行工作条例(草案)》中指明,校长是学校的行政负责人,在当地党委和主管教育行政部门领导下,负责领导全校工作。校长的主要职责有:贯彻执行党中央和国务院的教育方针,执行教育行政部门的指示;领导教学工作和进行思想政治教育工作;领导和组织师生参加生产劳动;关心学生、教职工的生活,注意保护他们的健康;管理学校的人事工作;管理学校的校舍、设备和经费等。

由此,教育管理形成了与社会经济体制相一致的高度集中统一的计划管理体制。学校管理工作由上级教育行政部门负责,校长没有决策权。他们所能做的只是单纯地执行上级命令,管理好学校的日常工作。高度集中统一的管理体制,不利于发挥地方的积极性,特别是不利于同一个地区内的各个教育部门之间、教育部门与经济单位之间及地区之间的横向联系,不利于学校自主办学的主动性发挥。但这一时期的校长都实实在在地把精力放在学校,一心扑在学校的教育教学工作上。对于党交给的任务,他们有着不辱使命的豪情,有着勤勤恳恳、任劳任怨、以身作则的作风。他们与教职员工走得很近,也与学生保持着密切的联系,校园里、课堂上处处都有他们的身影。

1966年到1976年"文化大革命"期间,国家经济到了崩溃的边缘,教育领域也未能幸免。以校长为首的学校行政组织机构遭到了破坏,大批校长被打成黑帮,被迫进行劳动改造。

2. 校长职业的科学发展阶段。十一届三中全会以后,教育领域经过拨乱反正,逐步走上了蓬勃发展的轨道。学校所处的社会环境和教育管理体制都发生了巨大的变化。在明确教育的战略地位、营造尊师重教社会风气的同时,国家启动了教育管理体制的全面改革。从1980年开始,随着经济体制改革的深入,教育管理体制的弊端日渐突出,主要表现在国家对基础教育包揽过多,统得过死;学校内部党政不分,以党代政,管理效率低下;教育脱离实际,不能为经济建设提供合格的人才等。同时,学校在发展过程中面临诸多困难:教育经费不足、师资队伍不稳定,等等。1985年,中共中央颁布的《中共中央关于教育体制改革的决定》指出基础教育交由地方负责,实行分级办学、分级管理,在中小学内部逐步实行校长负责制。

什么是校长负责制?如果用一句话来概括,就是学校工作由校长统一领导和全面负责。①《中共中央关于教育体制改革的决定》指出:"学校逐步实行校长负责制,有条件的学校要设立由校长主持的、人数不多的、有威信的校务委员会,作为审议机构。"中小学校长负责制的确立,是学校管理体制的重要突破,从根本上理顺了学校的党政关系,强调了校长的行政职能,赋予校长充分的权利,在很大程度上避免党政不分、以党代政现象出现。1993年,中共中央、国务院印发的《中国教育改革和发展纲要》进一步指出:"中等及中等以下各类学校实行校长负责制。校长要全面贯彻国家的教育方针和政策,依靠教职员工办好学校。"中小学的校长负责制由此得到了进一步的确认。

校长负责制的具体含义是校长对学校的各项教育教学工作、上级主管机关领导全面负责,支部保证监督,教工民主参与。所谓"上级主管机关领导"是指学校由上级主管教育行政部门领导;所谓"校长全面负责"是指校长对外

---

① 萧宗六主编:《学校管理学》,北京:人民教育出版社,1994。

代表学校,对内领导和负责全校的工作;所谓"支部保证监督",表明学校党组织职能有很大改变,由决策机构变成保证监督机构;所谓"教工民主参与"是指教职工有参与管理学校的权利。校长负责制的内涵明确了校长在学校中的地位和角色。在校长负责制的管理体制下,校长是学校行政的最高负责人,是学校的法定代表人,处于中心地位,对外代表学校,对内全面领导和负责学校的教育教学、科学研究和行政管理工作。

至此,全国绝大多数中小学校都采取了这种领导体制。校长负责制在强调校长对学校全面负责的同时,还肯定了党组织的保证监督作用和教职工民主参与的作用。它是一个校长负责、党组织监督保证和教职工民主参与管理的三位一体的领导体制。校长按政府有关规定行使职权,全面履行主持学校工作的职责。

1991年6月25日,国家教育委员会颁发了《全国中小学校长任职条件和岗位要求(试行)》,明确了校长的主要职责,具体如下。

(一)全面贯彻执行党和国家的教育方针、政策、法规,自觉抵制各种违反教育方针、政策、法规的倾向。坚持社会主义办学方向,努力培养德、智、体全面发展的社会主义事业的建设者和接班人。按教育规律办学,不断提高教育质量。

(二)认真执行党的知识分子政策和干部政策,团结、依靠教职员工。组织教师学习政治与钻研业务,使之不断提高政治思想、职业道德、文化业务水平及教育教学能力。注意培养班主任、中青年教师和业务骨干,努力建设又红又专的教师队伍。依靠党组织,积极做好教师和职工的思想政治工作。自觉接受党组织的监督。充分发扬民主,重视教职工代表大会在学校管理中的重要作用,注意发挥广大教师和职工工作的主动性、积极性和创造性。

(三)全面主持学校工作

1. 领导和组织德育工作。把德育放在首位,坚持教书育人、管理育人、服务育人、环境育人的工作方针,制定德育工作计划,建设德育工作骨干队伍,采取切实措施,坚持不懈地加强对学生的思想、政治、品德教育。

2.领导和组织教学工作。坚持学校工作以教学为主,按照国家规定的教学计划、教学大纲,开齐各门课程,不偏科。遵循教学规律组织教学,建立和完善教学管理制度,搞好教学常规管理。深入教学第一线,正确指导教师进行教学活动,努力提高教学质量。

3.领导和组织体育、卫生、美育、劳动教育工作及课外教育活动。确保学校体育、卫生、美育、劳动教育工作及课外教育活动生动活泼、有成效地开展。努力开展勤工俭学活动。建好学生劳动教育及劳动技术教育基地。

4.领导和组织总务工作。贯彻勤俭办学原则,坚持总务工作为教书育人和教职工服务的方向。严格管理校产和财务。搞好校园建设。关心学生和教职工的生活,保护他们的健康。逐步改善办学条件和群众福利。

5.配合党组织,支持和指导群众组织开展工作。充分发挥工会、共青团、少先队等群众组织在办学育人各项工作中的积极作用。

(四)发挥学校教育的主导作用,努力促进学校教育、家庭教育、社会教育的协调一致、相互配合,形成良好的育人环境。

改革后的教育体制赋予校长较大的办学自主权。首先,校长有了一定的人事自主权。校长有权提出副校长人选,报主管部门审核任命;有权直接任命中层干部;在主管部门核定的编制以内,有权调整、聘任教职工,有权确定教职工的任职岗位和工作量,有权拒绝学校以外的任何单位或个人抽调、借调学校人员。依照国家有关规定,校长有权对本校职工进行奖惩。其次,校长有一定的经济自主权。在国家政策允许的范围内,校长有权确定国家拨给的办学经费的使用方案;有权开辟经费筹措渠道,自筹资金,增强办学实力,提高教职工待遇。最后,校长有权根据教育方针、教学计划,结合任期目标,安排学校的工作,在保证按教学大纲完成教学计划的前提下,有权根据实际需要开展各种教育教学改革和实验活动,办有特色的学校。

二、校长的角色定位

关于"校长角色",西方学者斯佩克作了较为深入的研究。斯佩克认为,校长具有教育者、领导者和管理者三个职业角色,每一个角色都有与之相对应的任务和职责。校长作为教育者的主要职责是:不断学习并对自己的实践行为进行反思;在学校内建立一个被广泛认同的远景目标;审查研究计划和示范性的教育活动方案;指导并促进合作式研究;实施教学计划并对教学工作进行评价;丰富校园文化;组织实施相关活动以提高对学生的服务质量;监测学生的发展情况。校长作为领导者的主要职责是:准确定位学校的现状;预设学校的远景目标;与全校师生就远景目标达成共识;界定学校变革的能力和限度;规划并实施变革;个人为全校树立榜样;与教职工建立相互信任的关系;监测和评价学校的发展;对教职工持欣赏态度并表扬他们取得的成绩;关心员工、学生和学校;激励学校员工和学生;运用人际沟通技巧改善个人和个人之间、个人和团队之间的关系。校长作为管理者的主要职责是:筹备和计划;组织;通过循环反馈系统进行管理;指挥和施行;评价和改进。

可见,校长不仅仅是教育者,也是领导者和管理者,校长既要以教育者的身份明确学校的发展定位,又要以领导者的身份制定学校的发展规划,还要以管理者的身份管理学校的教育教学工作。

(一)校长的社会角色

1.特定的社会角色。

(1)学校的行政指挥者。公办学校校长由上级教育行政机关任命,民办学校校长多数由校董事会任命。作为学校的行政负责人,校长对学校的教育行政工作负有全面的领导和管理责任。校长作为学校的核心,作为学校的行政指挥者,他的首要职责就是贯彻教育方针,把握教育方向。

(2)学校集体的组织者。学校是主要由教师和学生及管理人员组成的集合体,校长是这个集合体的组织者,是校内各种关系的协调者。校长要按照教育目的的要求,协调好教师之间、部门之间和师生之间的关系,倡导健康风气,营造和谐、融洽的人际氛围,使每位教职工都心情舒畅、情绪安定,形成正向合力。同时,校长还要协调人、财、物等的关系,实现各要素的最佳匹配,以实现组织目标。

(3)学校的法人代表。学校在法律上是不同于自然人的社会组织的。因为学校的开办要符合相应的法律程序,学校有必要的财产和经费,学校有自己的名称、组织,学校能够独立承担民事责任,所以学校是具有民事权利和民事行为能力的法人,校长则是其法人代表。学校的民事权利和民事行为能力是通过校长来执行的。在民办学校中,校长多是CEO,学校的法人代表多数为学校董事长。

(4)教育者。学校是教书育人的专门场所,校长在实施领导管理工作的同时,也应结合工作开展学习和研究,成为学校教职工在政治上和业务上学习的榜样。校长作为全体教师的带头人,是教师队伍中的佼佼者,是"师者之师"。校长除应在本专业的教学、教研上有所建树外,还要带领教师发扬创新精神。同时,校长应深入教改第一线,了解教师的情况,加以指导和帮助,以提升学校整体的教学效果。

2.校长角色的演变。当前,随着我国经济社会的发展和教育体制改革的逐步深入,校长的角色也发生了一些变化,被赋予新的内容。

(1)决策职能不断增强。当下,国家对学校的管理是集权与分权相结合,学校管理的重心开始下移。教育行政部门简政放权,学校拥有了一定的办学自主权。校长负责制的学校内部领导体制确立了校长作为学校法人的代表的地位。校长在全面贯彻国家的教育方针、政策、法规的前提下,有权按照自己的主张办有特色的学校。这就要求校长有较强的决策能力。校长要具备战略眼光,要高瞻远瞩、善于预知未来,用长远的眼光看待教育的发展,能及时掌握党和国家的教育方针、政策和法规的要求,在调查研究、分析学校现状的基础上,科学地制定学校发展规划和具体工作计划,使学校沿着科学的轨道高效运行。

(2)行动研究者。为了使学校更好地发展,最有效地实现教育目标,校长需要正确判断学校的运行状态和环境因素对学校的发展和教育教学改革的影响,从而形成合理的思路和方法。而要达到这个目的,就要求校长成为一个研究者——行动研究者,要在自己的实际工作中,运用科学的方法,全面收集和掌握学校的资料,通过分析,找出学校发展中存在的问题,形成学校发展的新思路与新方法,在实践过程中验证和调整这些新思路与新方法,从中找出规律性的关系,并将其上升到理论的高度进行总结。

(3)社会活动家。现代教育是开放的教育,学校与社会各界的联系越来越广泛而密切。学校作为一种社会组织,其生存和发展与政府的理解和支持、与社会的关心和帮助直接相关。但这些理解、支持、关心、帮助并不会自动发生,需要学校主动去争取。校长是学校对外联络工作的主要承担者。学校公关的范围很广,政府与教育行政部门、社区、兄弟学校等都是校长公关的对象。公关工作是校长工作的重要组成部分,一个合格的校长就是一个优秀的社会活动家。

(二)校长的基本职能

管理学中对管理的职能有多种划分方法。早期的管理理论一般认为,管理有计划、执行、控制三个基本职能。西方管理思想发展史上管理过程学派的主要代表人物、美国著名的管理学家哈罗德·孔茨认为,管理包括计划、组织、人事、指挥和控制五种职能。而许多新的管理理论和管理实践表明:决策、组织、领导、控制和创新这五种职能是管理的最基本职能。按照上述各种管理职能的划分方法并结合学校的特点,可将校长的基本管理职能归纳为四个方面:计划、组织、指挥与协调、控制。

1.计划。计划工作是校长全部管理职能中最基本的一项。计划的种类与层次多种多样,对于校长来说,首先是制定学校一定时期内的发展目标以及实现目标的规划。计划是对学校工作的设计和安排。计划体现了学校管理的方向,关系学校管理的全局。校长的计划职能从内容上看主要体现在四个方面:

第一,制定教学计划。教学计划是学校的主要计划。制定教学计划主要包括:一是确定培养目标,即将德、智、体、美、劳全面发展的要求具体化;二是设置课程,即在遵循学生身心发展和认知规律的前提下,安排课程的顺序、结构、时间的比重,等等;三是各年级组长、班主任及各门课程、任课教师的配备。

第二,制定教师队伍建设计划。结合学校未来办学需要和现有教师的年龄结构、学历结构、个人意愿,制定师德培训、教师引进、教师进修培训计划,保证学校教学工作正常进行。

第三,制定科研计划。结合学校的教师队伍科研现状,明确学校科研课题的论证、申报、开题、研究、结题等进度安排。有了科学的教学科研计划,才能不断探索教育规律,提高人才培养的质量并形成良好的校风、教风和学风。

第四,制定财务计划。学校要做好经济核算。校长要在保证教育质量的前提下,勤俭办学,用好财政拨付和学校多方筹集的资金,不断改善学校办学条件和教职员工生活条件,使学校的教学活动有充足的物质保证。

计划的制定需要考虑一些制约因素。一是政策与管理框架。在计划制定阶段必须认真学习党和国家的方针、政策和上级主管部门的统一要求,学校的各项计划必须以其为指导。二是学校现有的实际教学状况。计划的可行性和针对性建立在对学校的办学水平和能力的全面分析和理性认识基础之上。不符合学校实际的计划将难以实现,会变成废纸一堆;毫无挑战的计划,又难以对教职工起到激励作用。三是教育教学的客观规律。制定的计划要符合教育规律。如在安排工作时,要考虑以教学为主的原则;在安排教学任务时,要考虑教师劳动的特点;针对学生的教育工作,要考虑学生的年龄和认知特征,等等。

2.组织。校长的组织职能包括组织结构设计和人员配备两部分。对于学校组织来说,组织机构和结构的设置具有一定的稳定性和延续性。在人员配备问题上,特别是在教师队伍的建设上,要重点抓好两个方面:一是学科带头人和名师的培养,二是青年教师的培养。

首先是用现代教育思想武装教师头脑。以往的教师培养重点放在学科知识的准备上,不够重视教师的职业准备。随着知识经济时代的到来,用现代教育思想武装教师头脑已迫在眉睫,应该坚决摒弃"一言堂"和"满堂灌"等陈旧的教育方法,把新的时代精神和教育理念渗透到教育教学的各个环节。同时要尽快让教师掌握现代教育技术并将其运用到教育教学过程中。

其次是学校中层管理干部的配备。学校管理是一个多层次、多要素、多方面的动态的综合过程。校长不可能也没有必要事必躬亲。配备一支结构合理、精干高效的中层管理队伍是校长管理职能的重要内容,也是放大校长管理能量的主要手段。中小学中层管理干部主要由教导主任、总务主任、年级组长、教研组长、大队辅导员等构成。选拔中层管理干部的基本原则就是在德才兼备的前提下用人之长,具体的选拔标准则因管理人员岗位职责和作用的不同而不同。需要强调的一点是中层管理人员的配备必须考虑到结构的合理性。合理的队伍结构应该是相互包容、相互信任、相互支持的,有极大的内聚力的,能形成一股推动学校前进的合力。

3. 指挥与协调。校长的指挥与协调职能主要表现在三个方面。其一是协同组织目标与个人目标。美国行为学家艾德佳·沙因说过:"一个人是否感到满足,肯为组织尽力,决定于他本身的动机、构造和他同组织之间的关系。"组织目标只有容纳个人目标,才能被大家接受。其二是学校组织是知识分子集中的地方,对知识分子来说,实现精神追求和个人价值更为重要。因此,校长必须使教师感到他在学校中的重要性,感到他的劳动成果得到了承认和尊重,尤其是得到了以校长为首的管理层的认可和尊重,另外还要及时激励教师。科学研究表明,一个人平时表现出来的工作能力水平与经过激励可能达到的能力水平之间存在着大约50%的差距。有效的激励建立在对被管理者需要与动机的正确把握上。其三是提供参与管理的机会,让教职工和学生参与学校重大问题和各级管理工作的研究和讨论,可使教职工感受到校长的信任及其在学校中的主人翁地位,从而产生强烈的责任感。同时,校长与教职工商讨学校发展问题,对于双方来说都得到了一个被别人重视的机会,所以会使教职工获得成就感。学校教职工参与管理的基本形式是教代会。很多学校虽有教代会,但对其功能的发挥重视不够,如能将其制度化,赋予其更多的管理职能,学校的民主管理就不会流于形式。

4. 控制。校长管理工作的控制职能是校长对学校内部的管理活动及其效果进行衡量和矫正,以确保组织的目标以及为此而拟订的计划得以实现而发挥的功能。控制工作可分为前馈控制、现场控制和反馈控制。前馈控制是指在事前想到执行过程中可能出现的问题。这也是决策中的预测问题。比如学校师资队伍建设中可能出现的断层问题,就可以提前预见到。现场控制就是在管理过程中,随时了解发生的偏离目标的情况,分析其原因,研究对策,及时纠正偏差。反馈控制是管理控制工作的主要方式,是指在阶段管理目标实现后,对实际工作成效进行评定,并采取纠正措施使下一阶段工作做得更好。

综上可见,校长的角色经历了一个由低级到高级、由兼职到专职、由非专业到专业、由简单到复杂的演变过程,具有多元化发展变化的规律,这是社会历史发展的必然。

第二节　中小学校长的素质结构

中小学校长素质是指个体适应校长岗位职务所必需的思想、道德、知识、能力等基本素养和品质。根据中小学校长角色的特点,结合我国的教育实际情况,现提出中小学校长素质的基本架构。

一、中小学校长的基本素质构成

中小学校长的素质构成是多重的。作为领导者的校长,应有属于自己的办学思想,具有明显的教育特色和风格;能与时俱进,创建学校发展愿景与规划,具有旗帜作用引领学校发展。作为教育者的校长,应有社会理想抱负、教育目标和教育理论修养;要尊重学生,公平对待学生,因材施教,具有教育使命感和社会责任感。作为管理者的校长,应有学校文化管理思想,以人为本,从而形成科学有效的规章制度;能够激发员工的工作热情和学生的理想抱负,调动和发挥师生的教学积极性、主动性。

中小学校长的素质,传统上体现为四个方面的要求,即政治思想素质、业务素质、智能素质和身体素质。有些学者把校长的素质归纳为德、识、才、学、体五个字。所谓"德",指政治、思想、品德和个性心理素质;所谓"识",指见识、胆识、识别能力、预见能力和谋略;所谓"才",指领导经验、领导能力和领导艺术;所谓"学",指学问、业务知识和知识结构;所谓"体",指身体健康状况。

(一)思想品质

思想品质是指校长所具有的思想意识、思想方法和思想行为以及由此形成的独特的思想作风、工作作风等。良好的思想品质是校长应该具备的最基本的素质,也是推动其自身成长的精神支柱和工作动力。中小学校长是学校办学的组织者和管理者,是国家教育方针的贯彻者和执行者。校长有无良好的思想品德,直接影响和决定着学校办学的方向性和规范性。校长是学校的旗帜、引领者,是学校的决策者、设计师。校长应是学校的实际领导者,即领路人,而不应被其他人推着走。

1. 政治思想素质。政治思想素质是指中小学校长自身的政治方向、政治立场、政治态度、世界观、价值观等方面素质的总和。中小学校长的政治素质是其思想素质的灵魂,对其他素质起统帅作用。中小学校长只有具有良好的政治素质,才能自觉地坚持党的基本路线,才能认真贯彻党的教育方针政策,坚持社会主义的办学方向。

2. 教育思想。教育思想是办学的灵魂。教育家苏霍姆林斯基说过:"校长领导学校,首先是教育思想的领导,然后才是行政上的领导。"教育思想不是凭空而来的,它是中小学校长在办学实践中的理性思考而逐步形成的思想体系,是中小学校长对学校教育现象、教育规律、教育问题的认识和看法。中小学校长应具有正确的教育思想,应尊重教育规律,形成独具特色的办学理念。衡量一个校长是简单的管理者还是教育家,就是看他有没有自己的办学理念,有没有自己的教育思想。[1]

---

[1] 朱永新:《我的教育理想》,桂林:漓江出版社,2009年。

3. 道德品质。道德品质是校长在自己的职业活动中,在一系列的道德行为中表现出来的比较稳定的、一贯的特征和倾向,具体表现在道德认识、道德情感、道德动机、道德信念等方面。优秀的中小学校长具有的道德品质表现为严于律己、宽以待人,言行一致、表里如一,品行端正、秉公办事,心胸宽广、宽宏大量,洁身自好、清正廉明,对同事赤诚相待,乐于助人,具有自知之明。

4. 人格魅力。领导者的人格魅力是一种精神力量。一个成功的管理者应该有鲜明的个性和工作风格,并以这种个性与风格来潜移默化地影响被管理者。中小学校长的权力无外乎两种:一种是外在权力,由校长职位决定,是一个常量;另一种是内在权力,这是由校长的个人素质决定的,是通过校长的人格、威信、能力、学识等素质而产生的,是一个变量。校长的外在权力是有限的,而内在权力特别是人格魅力是无穷的。优秀的中小学校长总是以德服人,以学识服人,以自己的言行来吸引人,注意塑造与培养自身的人格,以特有的魅力来吸引人、感动人。可以说,一位优秀的中小学校长不仅是一个领导者,更是一个可以依赖的朋友,是一个富有爱心的人。

(二)知识结构

中小学是传授知识的场所,是青少年健康成长的重要环境。对中小学的管理具有综合性、复杂性的特点。校长作为一校之长,站在教育改革最前沿引领着学校的发展,理应精通教育教学与学校管理,更要广泛涉猎各个学科知识,丰富自己的知识结构、提高自己的人文素养。唯有博学,方能具有开阔的视野和宽广的胸襟,方能从多个角度观察、思考教育问题,沉淀教育智慧。[①] 优秀的中小学校长应该既有理论知识,又有实践知识;既有基础知识,又有专业知识。这些知识建立在学校管理的要求之上,构成一个网络,形成一个具有高度科学性、实用性的知识体系,从而能够更好地适应现代学校的科学管理要求。

---

① 张晓峰:《博学者 研究者 实践者 思想者——教育家型校长的成长角色》,载《中国教育报》,2014年11月。

一个好校长需要有开阔的视野和广博的学识。陶行知在办学的道路上取得了卓越成就,积累了丰富的教育智慧。创办当时的新式学堂南开中学的张伯苓亦博学多识,既熟稔中国传统文化知识,又接受西学的洗礼,这种经历使他得以突破传统儒学的束缚,眼界更为开阔。所以,校长应该具有广博且优化的知识架构。

1. 政治理论知识。中小学校长应具备马克思主义的基本观点;懂得中国社会发展历史和现实国情;具备基本的国际知识,了解中国与世界的关系;具备中外教育史常识,了解国内外中小学教育教学改革的动态及发展趋势;了解本地区的历史、自然环境与社会风貌,能够联系教育实际,指导学校工作。

2. 教育政策与法规知识。教育是为一定的政治服务的,教育管理也是为了实现一定的教育目标。因此,中小学校长应当认真学习并全面理解和把握党和国家的教育方针政策,自觉按正确的方针办学。同时,在民主进程加快、我国逐步走向法治化的形势下,熟悉与运用国家有关中小学教育的法律、法规,自觉依法治校,也是现代中小学校长应具备的素质。

3. 教育科学理论。中小学校长应懂得教育学、心理学、教育心理学的基础知识,了解现代教育科学各学科的新发展,熟悉我国现行中小学课程计划、各科教学大纲和部分学科教材内容,了解中外教育思想发展的历史、现状及改革趋势。掌握了这些知识,有助于校长在办学过程中遵循教育发展的规律和个体发展的规律,组织指导教育教学工作,从而正确把握学校教育发展的规律、动态与方向。

4. 现代学校管理知识。学校管理是一项复杂的系统工程,有其特定的专业知识。尤其是随着现代社会的进步,新兴的管理科学、管理理论迅速发展,先进的管理手段、管理工具已进入学校,随之学校的各项工作都发生了显著变化。中小学校长应掌握这些现代学校管理学(包括学校管理学、学校领导学、组织行为学、公共关系学等)的基本原理、基本规律和方法技术,了解学校管理理论的新发展,从而形成科学的管理思想、管理方法,并能够从实际出发,灵活运用这些思想方法,改进学校的管理工作,提高学校的管理效能。

众所周知,管理需要广博的知识。所以,中小学校长还应具有与学校管理相关的其他知识。了解与中小学教育有关的自然科学、人文科学基础知识和现代科学技术在学校教育中的应用情况,了解社会政治、经济、科学和文化发展对中小学教育产生的影响和提出的新要求,掌握与学校教育相关的伦理学、人才学、美学等学科的基本知识,尤其要了解与学校工作有关的学科的最新成就与研究进展情况。

(三)能力基础

能力是指个人能胜任某项工作或事务的主客观条件。校长的能力主要是指校长有效地开展学校管理工作所必备的一种个性心理特征和实际技能。中小学工作纷繁复杂,管理内容千头万绪,需要有一定能力才能驾驭。中小学校长应具有以下几方面的能力素质:

1.基本管理能力。基本管理能力是校长在具体的学校管理活动中必备的能力,包括统筹规划、决策分析、组织管理、业务实施等能力。校长基本管理能力的高低体现在学校的规划是否合理;校长的决策是否科学、正确;校长能否驾驭学校全局,保证指挥的统一性和权威性;学校的人、财、物等管理资源是否得到合理配置,是否形成了良好的组织行为等。

2.科研能力。朱永新教授在《我的教育理想》一书中指出:"校长对学校的领导,首先是教育科研的领导,其次才是行政的领导。"[①]教育科研是学校的第一生产力,是学校发展的重要条件,是增强学校凝聚力的重要因素。教育科研是培养青年教师,尤其是培养优秀教师的重要途径。中小学校长要重视对教育科研工作的管理,要推广优秀科研成果,成为学校科研工作出色的组织者和身体力行的校长。通过科研平台,指导教师进行课题计划、研究,挖掘教师潜能,并对优秀的研究成果进行推广应用,进一步指导实践。

3.发展能力。主要包括内部沟通协调能力、外部公关能力、改革创新能力、校长的自我完善能力等。

(1)沟通协调能力的体现:优化组合学校内部影响办学的各种因素,形成

---

① 朱永新:《我的教育理想》,桂林:漓江出版社,2009。

有利于提高办学效益的最佳合力的能力;协调处理好学校与学生家长、教育行政部门、社区公众以及其他社会团体之间的关系,增进彼此之间的了解,争取各方面的广泛支持,包括政策支持、财力支持等,从而创造适合学校发展的良好的外部环境。

(2)改革创新能力的体现:具备改革学校发展战略的能力,具备更新管理的方法与手段、改革学校运行机制的能力,具备调整资源配置、改革教育教学的能力。

(3)自我完善能力的体现:善于利用各种途径,学习和运用新知识、新技术、新方法;善于总结经验,提高管理能力,追求自我发展。

(四)身心素质

1.身体健康。有健康的身体和心理,才能成就一番事业。中小学校长应具有一定的体育素养、顽强的毅力和适应自然环境、社会环境变化的能力,以保证有充沛的精力去完成繁重的任务。

2.心理素质。良好的个性心理品质是中小学校长积极进取的动力源泉。学校能否办出特色、形成独特的风格,与校长的个性发展直接相关。在充满竞争和挑战的形势下,校长必须具有很强的应变能力和良好的个性心理素质。校长要有意识地在实践中提高自己顽强、乐观、自信的品质;磨炼不畏艰难和承受挫折的意志;培养果断处事的魄力和沉着冷静的气质。

优秀的中小学校长还善于用自己积极的情感影响和感召师生员工,有宽容豁达的心灵,允许别人发表不同的意见,并善于听取这些意见。校长要能同别人进行"心理位置互换",站在对方的立场思考问题,以平等的态度待人处世,以忠诚的宽容态度对待他人。优秀的中小学校长能给人以亲切、热情、温暖的感觉,能够自然地促进关系和谐、团结友爱、互敬互爱的学校集体的形成。

3.自我角色认知。每个人都扮演着一定的社会角色。校长对自己的职、权、责、利的认识,影响着他们的思想、制约着他们的行动,是他们管理学校的心理基础。良好的角色认知首先表现在校长有正确的权力观。校长的权力是用在搞好学校各项工作上的,是用于培养全面发展的人才上的。中小学校长要有自知之明,要经常反思、正确评价自己,有针对性地提高修养。注意在工作中发挥非权力性影响力和开拓进取精神。如果校长有权不用,会使学校缺乏应有的凝聚力,似一盘散沙;如果校长滥用职权,又会造成各职能部门缺乏应有的权力,学校工作也不能很好开展。其次,良好的角色认知还表现为校长对自我角色的正确理解,并努力去尽自己的义务,实现角色的心理期待。教师对校长的角色期待同校长对自己的角色期待往往有差距,优秀的中小学校长应缩小这种差距。也就是说,优秀的中小学校长要有自知之明,要敏锐地注意教师的反映和需求,形成良好的民主作风。这样,校长的决策就容易被教师理解,校长的决策就容易得到教师的响应。

二、新型校长的素质与能力要求

通过前面的相关探究,大家会对校长的角色有较为清晰地认知。据此,可以进一步对当下优秀的校长,即"新型校长"的角色素质进行建构。

一般而言,考查校长的基本素质离不开"思想素质""知识素质""能力素质""个性素质"等主要方面。因此,要弄清新型校长角色素质的内涵,亦需围绕这些方面进行建构。

思想素质:具有一定的教育和办学的宏观思维水平,即把握正确的办学方向,有一定的教育哲学素养,应有眼界、心胸和价值使命。

知识素质:掌握一定的领导科学理论和经验常识,具有良好的教育理论及有关学科知识的修养,即学习、掌握教育学、心理学、教学法等一般教育规律,了解一定的学科知识。同时,作为现代人,应掌握必备的时代"工具",即一定的现代科技知识和外语知识。

能力素质:具有办学治校的领导能力,即能够构建学校愿景,制定学校发展规划,解决学校问题;具有对教育教学支持、引领的能力和水平,即校长本身就应是教师的榜样,不仅肩负教书育人的使命,还应是师生品德教育、心理健康教育的示范者。

个性素质:具有现代领导者风范和人格风范,即实施民主式领导,权力下移,而不是专制式和放任式的领导。还要拥有一定的教育人格魅力,以赢得师生及家长、社会的信任,产生较好的教育影响力。

(一)新型校长应具有的政治思想素质

党和国家的教育方针是发展教育事业、办好学校的根本指导思想,关系到办学的宗旨和教育发展的方向。校长既是学校教育的组织者、管理者,又是教育改革的实践者,全面贯彻党和国家的教育方针,是履行职责,做好校长的基本准则。

作为一校之长,首先要关注学生的全面发展,尤其是对学生思想道德、品德意志的培养。1930年,南开大学校长张伯苓提出:教育并非仅是使学生读书习字而已,尤其要注意培养学生的完全人格,三育不可偏废。美国总统罗斯福曾说过,有学问而无道德,如一恶汉;有道德而无学问,如一鄙夫。古语"欲成才,先成人"等也说明了品德的重要性。

学校精神是一种非实体性的精神文化,是在长期的教育管理与教育教学实践中积累形成的,是被全体师生员工认同的一种群体意识和学校气氛。这种精神是通过学校成员共同的实践活动,并经历史的积淀、选择、凝聚发展而成的。其附着于领导方式、校风班风、人际关系、教师言行、学校道德准则等校园精神文化之上。首先,学校精神的培养,在于领导团体以身作则的工作方式和高度一致的协调精神。学校领导尤其是校长要以身作则,带领广大教师向着目标前进。领导团体一旦高度协调、齐心协力,教师便会仿效,形成不可小视的精神力量。反之,如果领导其身不正,就得不到教职工的支持,学校精神便无从谈起。其次,学校精神的培养在于引导教职工形成一致的价值取向,校长要始终把培养学生的全面发展和长远发展作为自己的职责,时时处处以此来衡量自己的工作,进而实现自身价值。如此,教师也就会以提高学生的生存、发展能力为己任,而学生也将会以自己能够在这样的学校学习而自豪。

(二)新型校长应成为教育改革的"先行者"

当前正处于教育转型发展时期,从学校内部看,教学观念、教学方法、课程设置等许多方面都要跟上时代发展步伐。校长要成为教育改革的推进者和开拓者，可以从几下三个方面入手。

1.注重人才队伍建设。学校办学的质量取决于人才建设。一校之长要管理好现有的人才，培养好现有的人才，才能吸引更多的人才投身学校的教育改革与实践。近代教育家蔡元培先生就任北京大学校长期间，始终坚持以"兼容并包"为原则，从而使北大人才云集，成为近代中国思想和新文化的发源地。校长的责任就是培养人才，吸引人才，使用人才。一名优秀的学校校长，应做到"思贤若渴，荟萃英华，识才爱才，扬人所长"，要具有宽广的胸怀。

2.注重教育科研实践。人们常说的人才竞争实际上是人才素质的竞争，而中小学校人才素质的高低，取决于中小学教师整体素质的高低。实践证明，教育科研工作是提高教师业务素质、教学水平的有效途径。因此，教育科研活动是学校领导抓教育的一件大事。学校可以通过教育科研造就一批中小学学者型、科研型、专家型教师。校长要认识到，教育科研是教育决策科学化的根本保证，是深化教育改革的先决条件，是提高教学质量的动力和手段，是提高领导干部和教师素质、水平的有效途径。但是，学校校长如果只是强调教师搞教科研，而自己不动手，则无法真正带动教师，提高他们的教科研意识。在课堂上，创设良好的课堂教学情境调动学生的主动性，获得课堂教学效益的最大值。校长要带领全体师生，将学习过程由"吸收—储存—再现"转向"探索—研讨—创造"，从而实现由传授知识的教学观向培养学生学会学习的教学观的转变，实现由"师道尊严"向师生民主平等转变。因此，校长要丰富自己的教科研实践，吸收先进的教改经验，学习先进的教改成果，丰富自身的学术内涵，做一名专家型、学者型校长。

3.注重教育效益的提高。教育的经济价值在于当社会走向知识经济时代而学校面临市场经济的考验时，校长是否能把握好市场规律，在遵守教育法律法规、职业道德的前提下，使学校在完成其服务学生主体的任务同时，获取更大的回报来促进其自身进一步发展。学校的办学效益是长期性的，往往要经过十年、二十年甚至更长时间才会体现出来。就学校而言，要优化组合，配置好自身的教育资源，提高办学质量，创造更多、更大的价值；要在社会的教育资源市场上争取更多的份额,获取更大的生存空间。就学生而言,随着社会的发展和科技的进步,其在学校习得的智力资本会部分失去使用价值,并且这种失效率会不断加快。有关研究表明,一个人一生的知识,在校期间(职前)学习的只占12%－18%,其余的部分需要在工作实践中获得。因此,学校教育的社会价值体现在学生身上是让学生获得终身学习的能力。校长要重视学校的教育效益,使学校步入良性发展的轨道。

（三）新型校长应成为学校发展的"举旗人"

校长是"人师之师",应该发挥非权力因素的影响力,成为学校的人心凝聚者和师生学习仿效者。校长应不断学习和理解领导学校改革和发展的重要理论、先进办学经验和方法,从而形成领导学校改革和发展的思想、理论、策略和方法体系,内化新型校长所需要的岗位角色意识。

1. 以人格凝聚人。校长要坚持实事求是,想实招、讲实话、办实事、求实效,心中时时想着学校的办学方向,想着学校的育人目标,想着教师队伍的建设,想着学校的整体发展,并起到带头作用,树立良好的风气。校长要富有朝气和实干精神,做到带头遵守制度、带头教改、带头搞教研、带头奉献,从而形成强大的凝聚力,成为受师生爱戴的校长。

2. 以良好的形象影响人。榜样的力量是无穷的,校长要做好示范,以良好的形象去影响师生。校长要有良好的修养,不仅在仪表言行方面有绅士风度,还要有渊博的知识。古人云"腹有诗书气自华",领导的气质不单单是靠颜值、服饰装点的,更需要靠知识来充实。因此,校长要通过学习教育理论知识,要通过教学获得实践知识,形成系统的办学思想和教育思想,指导学校健康地发展,办朝气蓬勃、有特色并被社会认可的好学校。校长还要做廉洁公正的典范。校长要以身作则,克己奉公,要实干在前,荣誉在后。在知识分子高度集中的教育殿堂里,校长的权威不是来自职位和权力,而是来自教师们公认的秉正与无私。因此,校长要树立良好的形象,让自己的灵魂"闪光",才能影响教师们去引导每一个学生。

3. 以诚挚的情感温暖人。校长只有将整个学校看作自己的家庭,将师生看作自己的亲人,才会真正具有爱心。对学生的爱表现在深入了解学生的学习和生活情况,真正理解学生,了解学生的心理特点,察知学生的愿望要求,切实帮助他们解决学习和思想上的问题。对教师的爱表现在三个方面:其一是尊重,尊重教师的人格,尊重教师的创造精神,尊重教师的自我完善的要求;其二是宽容,"严于律己,宽以待人",允许教师有缺点、有错误,给他们改正错误与缺点的机会;其三是激励,要利用期望的效能,"委以重任"(给其恰当任务),确定适当的目标,充分肯定教师的劳动成果,真正调动教师的积极性。

第二章 中小学校长成长的规律

第一节 中小学校长成长的基本内涵

中小学校长成长泛指校长个体的成长和校长群体的成长。从狭义上理解，则专指校长个体的成长，包含校长成长与发展两重含义。成长与发展实质上是既相互联系，又有区别的两个过程。成长，在字面上含有自然而然地"生长"之意；而发展，则含有通过人为的努力去推动、促进、提升或改进之意。一位校长可以自然地成长，但若要发展则需要付出努力。这里所指的校长成长是两个过程的统一，是指在内因和外因作用下，由角色适应到比较成熟，再到逐渐称职，继而走向持续发展的过程。

一、校长成长的基本属性

校长成长具有三个属性：第一，校长是专业人员。校长的管理行为都是其专业性的表现。校长应具备广泛的专业知识，能够解决工作中的问题，能够在错综复杂的教育情境中做出最佳的管理行为，能主动进行教育教学改革，对自己的同行产生专业取向的影响力。第二，校长是一个持续发展的个体，需要持续成长。一个在生理上已经趋近成熟的校长，在心智上仍有无限发展的空间。校长成长是一个不断学习、持续发展的过程。第三，校长既是学习者，又是研究者。校长成长是一种"自我引导"的过程，它始终是一个持续的学习者；校长有能力思索、研究、改进自己的管理行为，它又是一个持续

的研究者。中小学校长成长具有以下几个特点:

1. 校长具有任职晚、成长周期长的特点,校长成长具有明显的阶段性特征。校长成长是一个不断提高的发展过程,而且校长的任职生命是有限的。

2. 校长成长在很大程度上受外部环境的影响,即外部环境对校长队伍的成长有重要的影响。这种外部环境包括政治、经济、社会风气、文化传统、地缘乃至学校规模等。另外,校长成长也决定于校长对外部环境的认识和改造的程度。

3. 校长成长取决于自身素质条件的完善与提高,影响校长成长的因素复杂,与校长自身的努力密切相关。

4. 校长成长的偶然性。校长成长并不是必然的。从时间发展来看,校长的成长水平与任职年限有关,但并非单纯的正相关,如由于校长聘任制的落实,相当一部分校长在成长的道路上会因"不测风云"而被淘汰出局。

另外,在掌握了工作技能后,如校长不扩大探索实践的领域和模式,停滞不前的现象就会产生。心理学有关技能形成理论把学习过程中出现的进步的暂时停顿现象称为"高原现象",在校长成长过程中,这种停滞不前现象可以称为"平台现象"。这是所有校长都有可能遇到的情况,在有些校长身上甚至会出现负成长现象,即倒退现象。

二、校长成长的层次和阶段特征

多年来,国内外许多教育管理研究者致力于研究校长群体。他们通过剖析一些校长成长个案和群体调查,归纳出中小学校长成长的一般阶段特征。

(一)校长成长的层次性

校长作为一个职业群体,必然会呈现水平意义上的层次性。其水平结构大体上可以划分为不合格校长、合格校长、好校长、优秀校长、专家型校长。在数量结构上表现为橄榄形,即两头少,中间多。

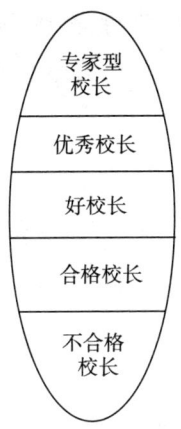

中小学校长水平结构图

好校长是校长群体的主体部分,是由基本合格的校长向能够做出成绩、领导学校不断前进的优秀校长转化的阶段,表现在行为方式和思维方式的改变。在行为方式上,主要表现为校长的主体意识,即工作中的能动性、创造性和自主性;在思维方式上,主要表现为分析问题的全面性和辩证性。当一个好校长是不容易的。在对校长进行岗位培训后,如何使合格校长群体中有越来越多的人自觉地为成长为一名好校长而不懈努力,这是校长队伍建设的一个新课题。

优秀校长是校长群体中的佼佼者,是广大校长学习的楷模。一个优秀校长,往往在学校管理中做出了出色的成绩,在领导工作中积累了丰富的经验,并形成一定的理性认识,进而形成自己的办学思想和办学特色,形成相应的管理措施和实施方案;在教育教学改革中勇于探索、勇于创新,逐步形成一个比较完整的办学思路,并在实践中获得成功,同时得到社会各方面的认可。于是,这样的校长便有了一定的知名度,成为与知名学校联系在一起的知名校长。

专家型校长是校长层次中的最高层次。专家型校长是在长期的教育实践中形成的,不仅积累了丰富的经验,而且能够深刻地把握教育科学、学校管理科学、心理科学和一定的社会科学理论,形成系统的、有独到见解的办学思想,并能以实际的办学经历和业绩加以佐证。专家型校长应该著书立说,对基础教育的改革与发展做出具有指导意义的贡献。专家型校长的数量较少,现实中不可能,也没必要要求所有校长都成为专家,但是从价值取向看,我们应该通过社会舆论倡导其他型校长向专家型校长靠近。

(二)校长成长的阶段性

成长过程是事物发展在时间上延续和空间上扩展的表现。任何事物都有其发展的过程。中小学校长的成长也需要一个过程。好校长、优秀校长的成长过程,一般会经历"职前预备期""岗位适应期""称职期"和"成熟期""创新期"五个前后衔接的阶段,他们在理论学习和总结实践经验的基础上,逐步发展、不断提高、日趋成熟。在这五个阶段中,前一个阶段是后一个阶段发展变化的基础,后一个阶段是前一个阶段的转型提高。

1.职前预备期。职前预备期是校长在任职前接受各种层面的锻炼,并为领导和群众认可的阶段。这一阶段准校长群体的主要特征是:工作负责,态度端正,思想进步,业务能力较强,成绩明显,威信显现,是教职工群体中的优秀者,有的已获得所在岗位先进工作者称号;成为学校某一方面的负责人,并已经取得一定的学校管理经验,为主持全校工作打下了良好基础;领导和多数群众对之认可,并寄予较高期望。在一般情况下,这一阶段要经历5~7年时间。

2.岗位适应期。岗位适应期是校长上岗后适应环境、积累管理经验、逐步认识管理规律、从被动适应到主动发展的过渡时期。这一阶段校长的主要特征有:尽力适应管理环境和领导班子中的人际关系,为顺利开展工作打好基础;有强烈的学习要求,渴望尽早实现从教师素质结构向校长素质结构的过渡;积累了一定的管理全校的经验,获得了一定的管理主动权。这是校长成长过程最艰苦的时期,一般需要经历2~3年的时间。

3.称职期。这是校长全面掌握常规管理经验、稳步成长的时期。这一阶段校长的主要特征是:比较熟练地掌握常规管理技能,获得了较多的工作主动权;熟悉了各方面工作的情况,掌握了学校管理常规,办学成效明显;尚未完全认识管理规律,工作缺少理论指导。这是向成熟校长过渡的时期,一般需要经历3~5的时间。由于外部环境因素的变化和影响,称职期校长自身素质的发展和适应环境的能力与程度仍然存在着适应又不适应,胜任又不胜任的状况,需要不断学习、不断实践、不断总结。

4. 成熟期。这是校长认识办学规律、获得理论支持、掌握管理主动权的时期。这一阶段校长的主要特征是:确立了正确的教育、管理思想,已认识办学的规律,管理行为摆脱了单纯经验的局限,能把管理经验上升到理论高度,办学有主见;对教育实际和学校现状了解比较透彻,工作能从实际出发,态度坚决,站得较高,看得较远,全局观念、战略观念、创新意识、决策能力等均达到较高的水平。成熟期的校长素质趋于完善,但还不是校长成长的终结。优秀校长还需在实践中不断提高和完善自己,不断提高成长水平。从职前预备期到成熟期一般需要 10～15 年。

5. 创新期。这是中小学校长由固定的、常规的、熟练化的工作进入到尝试探索和创造的时期,是校长形成自己独到见解和管理风格的时期。这个阶段校长的特点是:具有创新精神与相当强的创新思维能力;在工作过程中,他们能够不断地发现问题、分析问题,并能够科学地总结实践的经验,探求新思路、新方法,创造性地开展工作。这一时期校长的全局观念、战略思想、创新意识、决策能力又达到新的高度,他们不仅熟悉教育科学研究和教育实验,还在实践中积极推进教育教学改革,他们是校长中的佼佼者,已经是或正在成长为教育管理专家。

总之,校长的成长过程就是校长政治思想、教育思想、理论水平、创造精神等素质发展变化的过程,是校长反复实践、不断完善其素质结构的过程。

(三)影响校长成长的主要因素

如前所述,校长的成长过程是一个开放的过程,受到校长自身内在与外部客观环境等多种因素综合作用的影响和制约。校长自身素质水平是校长成长的内部因素,所处的外部环境是校长成长的外部因素。内、外因素相互作用,形成了一个辩证统一的交互系统,推动校长的成长。

1. 内在因素。影响校长成长的内在因素是校长的自身因素,包括校长的政治觉悟、文化素养、管理能力、教育思想、工作作风等。这些在第一章中已做详细的论述,校长自身的能力与素质高低,是影响校长成长的内部因素。可以说,校长的成长过程就是校长在教育管理的实践中,自我素质不断提高、自我不断完善的过程。

校长的成长过程集中表现在校长的政治思想、教育思想、管理水平和创新精神诸多方面素质的不断提高上。随着管理实践的不断深入和教育科学水平的不断提高,校长成长呈现出不同结构与层次,体现为校长成长过程的阶段性。

2.外部因素。校长的成长不仅取决于校长自身的主观因素,而且受制于外在的客观环境。这些环境条件包括社会环境因素(政治、经济、文化等)和学校内部环境因素(师资、生源、物质条件、领导班子、人际关系、文化氛围等)。

社会安定团结、党和国家对教育的重视、主管上级对校长的支持、尊师重教的良好社会风气、社会力量对学校关注是办好学校、促进校长成长的最重要的外部条件;发达的文化教育事业、繁荣的社会经济、良好的家庭环境是校长成长的必要条件;领导干部之间的团结与合作、优秀的教职工队伍、合格的生源、良好的人际关系和办学条件,是促进校长成长的重要的学校环境。可见,除了良好的社会环境,校长成长还需要良好的学校环境。可以说,校长受外界环境影响和制约的过程也是其自身适应和改造外界环境的过程,这又取决于校长的主观能动性和努力程度。

校长的成长受到外部环境的影响和制约。如果外部环境好、校长自身素质也好,那么校长就成长快,成长水平也高;如果外部环境差、校长自身素质也差,那么就不可能成长为好校长;如果外部环境好、校长自身素质差,也难以成长为好校长;而如果外部环境差、校长自身素质好且能够承受艰苦环境下的磨炼,是有可能成长为好校长的。

第二节 中小学校长成长的规律

一、校长成长的阶梯理论

如前所述,中小学校长发展一般要经过五个阶段,即职前预备期、岗位适应期、称职期、成熟期、创新期。优秀的中小学校长的成长与发展过程都有一个从不适应到适应、从不成熟到成熟的过程。纵观这一过程,可以发现其中的规律。

(一)校长素质结构的演变过程

从对校长成长过程的研究看,校长往往在上任前就是一名优秀的教师,都拥有较丰富的教育教学经验。一名优秀的校长,首先应当是一名优秀的教师。但是,一名优秀的教师不一定能成为一名优秀的校长。从一名优秀的教师到一名优秀的校长,需要实现素质结构的转变。

教师的主要任务是教书育人,通过传道授业解惑,促使学生获得全面发展;而校长的主要任务则是安排好学校工作,协调好各种关系,管理好学校。因为教师和校长承担的任务不同,所以对他们的要求也有区别。从理论角度分析,要求教师必须学习教育基本理论、掌握教育教学规律;对校长的要求,则是必须在掌握教育教学一般规律的同时,进一步学习管理理论,掌握教育管理规律。从能力角度分析,要求教师必须具备对教材的分析能力、教学的表达能力、对学生的观察能力、对班级的管理能力;对校长而言,除以上能力外,还必须具备决策能力、组织能力、协调能力、概括能力、公关能力乃至经营管理能力。从思维方式角度分析,对教师的要求往往侧重具体、形象思维;对校长的要求则多侧重宏观、理论思维。从科研的角度分析,要求教师侧重教育教学研究,对校长的要求则侧重行政管理和办学规律的研究。

通过以上分析可知,校长素质结构和教师素质结构是有原则区别的;从优秀教师到优秀校长,必须实现素质及素质结构的转变。这个转变的过程,也是校长自觉接受继续教育、加速成长的过程。

(二)校长的管理实践与创造过程

校长成长是建立在学校管理实践基础上的不断学习、不断实践、不断创造的过程。没有学校管理的实践经验或缺乏实践经验,校长成长将难以实现。同样,如果没有科学的理论作指导,校长的成长也必然会受限制,不仅成长缓慢,而且也不可能达到成熟的水平。

在校长成长问题上,有两种截然不同的认识:一是认为校长是干出来的,只要认真干,自然会成长;二是认为校长是学出来的,认为校长必须脱产学习理论。这两种认识各执一端,把理论与实践对立起来,都有片面性。其实,校长成长是一个反复实践、反复学习、不断创造的过程。通过实践,校长获得管理的经验;为了总结经验,使其具有普遍性的指导意义,校长需要有针对性地进行学习;运用所学理论指导实践,使实践更具有自觉性。通过发现、分析和解决管理过程中遇到的问题,校长会形成独特的办学思想和管理方法。实践,认识,创造,再实践,再认识,再创造,不断反复,螺旋式上升,实现理论与实践高度结合。通过实践—反思—更新—实践的反复循环,校长的管理能力和管理水平会不断提高。

具有自己的教育思想和办学特色,是对校长的更高要求,是优秀校长最重要的特质。为了促使好校长向优秀校长转变,必须创造条件,帮助其研究理论,研究历史,研究现状,进行教育和教育管理实践。通过研究,优秀校长们著书立说、参与学术交流,逐步形成自己的教育和教育管理思想,成长为教育或教育管理专家。

(三)校长成长的阶梯理论及心理发展规律

从专业发展的视角来看,校长的成长是一个艰难曲折、不断反复的过程。成长过程中的校长面对的是一个个需要上的台阶,即如同爬"梯子"。校长成长的阶段划分实际上是为校长立起一把理论"阶梯",引导校长往上"爬",引导校长不断成长。

在实际生活中,校长的成长并不是必然的,也不是每一位校长都能成长为优秀校长。作为校长,不管其是否经历职前预备期,在其入职后,都还有一个适应期。而适应期、称职期、成熟期和创新期是四个差距较大的台阶,只有少数人能顺利登上并最终进入创新期。

若用任职年限来描述校长的成长规律,就仿佛只要熬过了相应的年头,就会进入相应的成长平台。实际上,校长成长的方向并不是单一的。一方面,由于校长聘任制的落实,使得相当一部分校长在成长的道路上还没有走到成熟期就被淘汰出局;另一方面,由于经济及教育的发展迅速,而部分校长受自身因素影响,特别是努力程度不够,又会严重阻滞校长成长,增加了校长成长的压力和难度,而这就有可能使原本"适应"的校长变得不适应,原本"称职"的校长变得不称职,原本"成熟"的校长变得不成熟,原本"优秀"的校长变得不优秀。这是所有校长都有可能遇到的成长过程中的倒退现象,或者叫"负成长现象"。

校长成长的过程还表现出其独特的规律。

1. 新校长适应阶段。适应阶段是新校长完成角色转换的重要时期。在这个时期,新任校长一般会有三种基本的工作心态:以一种迫切的心情了解熟悉各方面情况;尽量稳住和维持常规运转;按一些常规的管理方法局部调整原有的规章制度。

如同人们通常所说的"新任县官三把火",部分个性较为突出的新任校长很希望在就任初期做成几件有影响的事。在成长初期,校长可能会因工作不熟悉而困惑,继而为自己的成长感到兴奋,也会因工作具有挑战性而更加努力。

通过调查,可以发现这个时期的校长身上有这样一个突出的问题:一方面他们很想了解国家管理学校的一系列方针政策、外部环境条件,以及国外的教育发展水平状况和相应的管理理论等宏观方面的情况,以有利于做出管理上的重大决策。但另一方面,新校长又往往会因上任后对内部情况不甚了解、工作事务缠身、思想认识上的差距等而很难做出合理科学的安排。因而,这个适应阶段的过渡时间就从常态下的2至3年延长为3至4年。不少校长会因缺乏必要的管理理论使学校管理流于一般水平,甚者难以向下一阶段顺利过渡。

2. 称职期和成熟期。年龄偏大的校长往往思想观念跟不上形势,反应迟缓,机遇意识淡薄,比较固执保守,安于现状思想较为突出。称职期和成熟期是校长成长的危险期。从目前的师范教育体制和学制来看,假定小学教师的入职年龄为18周岁(中师毕业),中学教师的入职年龄为22周岁(大学本科毕业),那么中小学校长担任正职的大致年龄分别为40周岁和36周岁。根据教师职业生命周期与中小学校长成长阶梯理论,一名校长会因自身的经验及资历而自以为是,亦会因"职称"到顶而不思进取;会因自己对岗位工作的熟悉而故步自封,亦会因自己在"小环境"的成就显赫(如职务上是校长,职称上是中学高级教师)而骄傲自满。双重专业角色潜在的不良行为交织在一起,对中小学校长的专业发展无疑是一个危险因素。因此,校长成长阶梯中的称职期和成熟期,实质上是一个危险期。当他们掌握了应付工作的技能而不扩大探索练习的领域和模式,停滞不前现象就会出现。

二、校长成长的自主性

(一)校长发展的关键期和突破期

1. 就职适应期是校长专业发展的关键期。关键期原本为生物学概念,是指刚孵出的幼禽会在出生后很短的一段时间内追逐自己的同类或非同类,若错过了这一关键期,便很难再学会。心理学家将这类研究借用到发展心理研究中,提出人的心理发展也存在关键期现象:在个体早期生命中存在一个短暂的时期,期间,个体对某种刺激特别敏感,错过这个时期,个体心理某方面的发展将会受到很大影响,即使日后付出很大的代价也达不到应有的发展水平。

有学者将关键期概念引入人才学研究,他们认为人才成长过程符合"才能萌发的递减规律",即在人生的早年阶段,存在着才能萌发的关键期。如果在关键期为其提供丰富而有效的信息刺激,相关才能就会获得较好的发展,成为优势才能;如果错过这个时期,那么这种才能将会被抑制。错过的时间越久,该才能发展的可能性就越小,总的来讲呈现"递减规律"。

所谓"校长专业化发展关键期",是指校长的专业化成长是一个从量变到质变的过程,校长在发生质变而成为优秀校长之前的量变过程中,专业化素养的发展速度、水平、程度等各方面并不均衡。处于就职适应期的校长具有职业模仿性和可塑性,可以说此阶段的校长在专业素养方面的量变积累是他能否走向成熟的关键性一步,即就职适应期是校长专业化发展的关键时期。

一般而言,处于适应期的校长缺乏做校长的经验且在心理准备上不足,角色认识较模糊,工作盲目性较大,易冲动,与成熟校长在管理水平、能力等方面存在一定的差距。但是处于就职适应期的新校长容易受外界影响,可塑性大、模仿性强,思维敏捷,头脑灵活,接受新事物、新思想的能力强,有理想、有朝气、有热情、有干劲。他们精力充沛,不受陈旧管理思想的束缚和干扰。处于就职适应期的新校长应从小处着眼,从小事抓起,夯实基础,定好目标,抓住机会,积极锻炼,将自己纳入快速成长的人生轨道。

在此阶段,无论是在管理技能、业务素养、工作能力、管理理念方面,还是在从事管理工作的职业情感、职业信念等方面的量变积累都是非常重要的,都具有奠基意义,都是促使其日后取得成功的关键因素。

从一定意义上来说,了解就职适应期新任校长的特点,有针对性地做好新校长入职培训与管理工作,无异于在关键期实施"校长成功基因的改造工程"。同时,能否给新校长的专业发展提供平台,能否予以及时的目标激励、榜样示范,能否为新任校长提供成功的机会和体验等,对校长日后的专业化成长具有重要意义。

2.高原平台期是校长专业化发展的突破阶段。在校长专业化发展过程中,当校长专业素养的"量变"积累到一定的程度,必然会引发校长专业素养的"质"的突破和跃进。前面也提到了校长在称职期或成熟期易出现的高原平台现象。处于高原平台期的校长能否克服职业懈怠心理、保持不断进取的精神、突破原有的管理水平,是决定其能否成长为名校长的重要因素。这一时期也是校长专业化发展的突破阶段。

此阶段的校长需要重新评估自己早期的职业生涯,强化或改变自己的职业理想,反思自己的管理行为,努力突破原有管理水平,力争有所成就,最关键是要找到理论与实践的结合点。

此阶段的校长要灵活运用所掌握的理论知识,并将其内化成自己的知识,变成自己的管理思想,同时注意提高自己的管理技能、技巧,丰富自己的管理实践,在感性发展和技能技巧上下功夫。校长要在实践中结合理论学习,力图把自己在管理实践过程中形成的管理实践智慧(缄默的知识)转化成明确的知识,还要努力改变自己管理理论缺乏、管理实践粗放的状态,使管理行为趋向理性精密的设计,摒弃常常凭直觉或经验随机确定的随意性和偶然性。

校长突破高原平台期的关键是加强教育政策和管理理论的系统学习,用理论指导自己的实践而不是盲目实践,努力争取专家的指点,坚持反思性、研究性管理,使自己的管理行为更加科学、规范、理性,在管理理性发展上下功夫。更要以自己的悟性为基础,以自己的管理个性类型为条件,通过系统的反思来整合,抓住薄弱点,把握关键,突破高原平台期,实现理论与实践的第二次融合,才能成为专家型校长。更多的是工作过程中自己的感悟,带着管理方面的问题进行"研究性学习",在实践中向书本学、向同事学,抓住会议研讨、交流等机会向专家学,以开阔眼界,拓展思维,启迪管理智慧,从而找到管理创新和超越自我的新视角。

3. 校长专业发展过程中的危险期。校长专业发展的高原平台期往往也是校长专业发展过程中的危险期。校长能否突破发展的高原平台期,从根本上讲,取决于其在成长过程中能否逐渐形成实践性智慧、管理哲学观和是否具有积极的心理准备状态。

首先,校长专业发展的过程事实上就是其实践性智慧、管理哲学观的不断建构和发展的过程。校长只有在学校工作场景中才能真正形成自己的理性认识,产生管理的智慧,获得对管理的深刻理解和体验,最终形成个人化的管理哲学观,形成自己的管理风格与特色。

其次，需要特别指出的是校长成功的心理准备状态问题。大多数校长不能成长为名校长，还可能与他们存在急功近利心理和因为工作压力、生活挫折而产生职业懈怠心理有关。

在长期应试教育的摧残下，相当一部分校长的职业心理处于亚健康状态：已经厌倦了自己的职业，没有职业理念，缺乏专业意识，为生存而工作，职业心态不稳定，缺乏一种将教育工作视作一项极富挑战性、趣味性、很有研究价值的工作的积极心态。即使事业有成者也普遍满足于现状，繁杂的行政事务和他们自我满足的成就感必将导致校长队伍中少了一些名校长，多了一些忙于学校事务性工作、倦于校长专业化发展的行政管理者。目前，应对这种普遍的校长职业心理疲劳、职业情感衰竭的职业倦怠心理，主要靠校长自身的调节，但也与社会、与教育行政管理部门的校长管理机制、学校评价制度有很大的关系。一般来说，社会、学校和校长自身要共同预防和缓解校长的职业倦怠心理，使他们能始终保持积极的心态，保持自信和从容，不受外部评价或职务升迁等因素的牵制，而是直接以校长专业化的发展为指向，不以"升官""走行政之路"为唯一追求，才有可能顺利走过专业发展低潮或职业危险期，重新追求专业化发展，突破原有的自我发展水平。

（二）校长专业化发展周期内的"成长滞后性"

所谓校长专业化发展周期内的"成长滞后性"，主要是指当校长进入一个成长阶段后，不能自然发展到下一阶段，而出现的停滞不前现象。具体也表现为当校长进入一个成长阶段后，不能正常发展和成长，甚至出现相对落后现象，从时间上来说，就是该到适应阶段的校长不适应，该到称职阶段的校长不称职，该到成熟阶段的校长不成熟，从而拉长了校长的成长周期。

导致校长专业成长滞后性的因素是多方面的，比如校长公关意识、公关能力薄弱，社区对于学校缺乏支持；社会激变带来很大压力，导致校长身心处于亚健康状况；教育改革的障碍重重，导致不少校长产生不安全感，甚至表现出一定的畏惧，处处谨慎，事事小心，结果滞留在原地，远远落后于别人；还有一些"应付型"校长，在改革的尝试中，遇到了无法战胜的挫折和困难，或者是的确没有感到"专业化成长"给他们带来的好处和利益,从而放弃了专业化成长,得过且过,出现严重专业化成长滞后现象。更有一些校长经常身不由己地被迫把许多时间耗费在无益的事情上,不能辨别轻重缓急,不善于应付电话、采访、饭局等突然性干扰,沉溺于一些冗长应酬无法推脱,因此浪费了大量时间,造成工作的低效率,使自身的专业化成长受到压抑。而且,这些因素总是叠加作用、相互影响。

三、校长成长的基本规律

作为一种专业人才,校长的成长过程是相当复杂的。校长成长的复杂性突出表现为其成长过程的不确定性、非平衡性和非线性。校长成长过程的曲折起伏,与校长任职年限的长短密切相关,并且不同时期校长的角色行为和心理特征也不同,成长的速度和程度也有差异。校长成长的这种不确定性和非线性正是校长专业化成长的复杂性特征表现。

(一)校长成长并不是必然的

对校长专业化发展阶段进行划分具有理论导向意义。事实上,校长的专业化发展并不是必然的,并不是每一个校长都能成长到创新期。作为校长,就职后都有一个适应期。从适应期、称职期、成熟期和创新期到成功期是差距较大的台阶,只有少数人才能不断超越跨进创新期。相当一部分校长甚至无法逾越适应期而进入成熟期。这固然与影响校长专业化成长的因素复杂有关,更与校长自身的努力有关。

(二)校长成长的方向并不是单一、线性的

校长专业化发展过程涉及数不胜数的因素(变量),这些因素(变量)又构成错综复杂的相互联系,在这些因素、关系之间很难区分主次轻重,它们之间的机制不是简单直接的因果规定,而是复杂的交互作用、双向甚至多向建构方式;这些机制发生与否,还取决于具体的人、具体的时间、具体的活动环境等随机出现的条件。校长专业化发展的这种特性(多因素参与、复杂相互作用、随机决定)就使得我们既不能对某一个名校长的专业成长进行武断地归因,也不能对一个未成名校长的人生前途作武断的预测。

完全用时间概念来描述校长专业化成长过程的规律,给校长专业化发展过程划定阶段,是有失偏颇、形而上学的。给人的感觉似乎是只要熬过相应的年头,校长就会进入相应的成长阶段。事实上,校长专业化发展的路向并不是单一的。因此,对于校长的成熟期培训培养要提前,不能忽视校长的创新期提高性培训培养,特别是在学校管理过程中,要创设一种有利于校长专业化发展的学校文化氛围,产生一种能激励校长脱颖而出的文化动力,是有效提升校长管理能力的重要策略。

(三)校长成长的主要规律

从众多校长专业化成长的发展轨迹中梳理出一些具有共性的特征,可概括出一些用以指导校长专业成长的规律。作为一种从事教育教学管理的学校管理专门人才,校长的专业发展还必须遵循校长专业发展的主动发展规律、循序递进规律、协同共生规律等特殊规律。

1. 主动发展规律。校长的专业化发展是内外因共同作用、自身主动发展、岗位锻炼的结果。功底与才华固然是校长专业发展与成功的必备素质,但不断地发展自我、超越自己的职业理想和信念是校长成功的精神力量和支柱,是校长发展的内因。

校长发展的动力是校长自身的矛盾性,即校长在学校管理中形成的新的发展需要与校长已有发展水平之间的矛盾性。这种矛盾性往往表现为校长发展的自我需要:作为学校管理者,为了出色地完成工作,必然会有管理思想水平发展和管理能力发展的需要;作为知识分子的代表和学生师长,必然会有智力发展和情感发展的需要;作为社会成员,必然会有自我完善、自我实现的需要。这些需要既受个体发展水平的制约,又推动了个体发展水平的不断提高,而且总是超前于现有发展水平。为了满足这些需要,校长必须不断地学习和实践,以追求突破和发展。首先是校长要有主动发展的意识。校长要培养自己的发展能力、自我学习能力和自我专业反思能力,还要善于创设有利于自身专业发展的环境。

2.协同共生发展规律。作为一项复杂的系统工程,学校管理中各种关系的对立统一、相克相生、共生共荣规律客观存在,不以人的意志为转移,学校管理中的共生关系不可忽视。要取得办学的最大效益,就必须坚持协同共生理念,理清一些基本关系,处理好管与理的共生关系;处理好教育目标与管理目标的共生关系;处理好硬性的"制度管理"与柔性的"情感管理"的共生关系;处理好包括校长自身在内的学校组织成员的发展与学校发展的共生关系,是十分必要的。

坚持以人为本,坚持以教师的发展为本、以学生的发展为本,构建起学习型学校组织,优化竞争合作机制,营造全员学习氛围,以学习促提高,以学习促教师发展,创建全员合作、交流、互赏、共进的共生发展平台,发挥促进学校发展的最大管理效能。

特别值得关注的是在现代学校系统中"校长自身发展"与"学校整体发展"的对立统一、和谐共生关系。学校是校长发展的特定环境,而学校发展则是校长发展的重要体现,同时,校长的发展又对学校的改革与发展起着极大的推动作用。在校长所面对的众多关系中,学校内部的各种关系、学校的整体发展对校长自身的专业化发展起着非常重要的推动、促进作用。学校通过其特有的文化传统、制度、舆论、目标、规划及发展的水平、取得的办学成就等因素,感染、熏陶、规范、指引、激励着校长的专业化发展。

根据协同共生规律,校长在关注自身发展的同时,还应注意探索共生效应的内在机制,以利于大批学校管理人才的成长,还要注意将自己的发展与学校的发展紧密联系起来,努力将自己置于学校管理实践中,不断强化自己发展学校的成就需要,从而在管理实践中促进自己的专业成长。要明确地意识到,自己任何管理行为都不是为了应付别人的要求而做出的,而是为自己学校发展、为自己工作做准备,都是为学校整体发展而构想和设计的。

学校的发展是校长发展的一部分,教师、学生的成长也是校长生命质量的构成。当学校的发展成为校长发展的一部分。这样的校长,其生命是丰富的、独特的,是具有强大生命力的。

总之，具备了基于共生的"校长发展学校"和"学校发展校长"的自觉意识，立足校本管理，校长的成长就有了"土壤"；扎根学校教育改革，校长的成长就有了丰富的资源，也只有在实现校长发展与学校发展的和谐共振基础上，才能真正实现"校长自身发展"和"学校整体发展"共生共荣的良好发展态势。

3.循序递进规律。校长专业成长一般总要经历从无序到有序、从不平衡到平衡、从不稳定到稳定的过程。从时序上来剖析，校长的成长一般是由学习期间即工作前（萌发阶段）、任职前（准备阶段）和任职初期这三个阶段构成。

从校长工作前的萌发阶段，到校长任职前的准备阶段，或称"奠定基础阶段"，再到任职初期（三至五年时间）为适应阶段，或称"角色转换阶段"。这三个阶段客观地构成一个整体。这三个阶段对校长成长的影响很大。特别是多数校长都经历过教师、教研组长或年级组长、中层干部和副校长等成长过程，而且这些过程一般是不可超越，也不应超越的。否则往往会使校长在完成全部职能的管理工作时显得"先天不足"。这就清楚地表明了校长专业成长过程具有任职起点较晚、成熟的周期长等特征，而且校长是沿着稳步、递进的轨道成长的。

（四）名校与知名校长成长

谈到名校与知名校长，先要阐明一个观点，即一所知名学校的校长，并不一定都是名校长；一个知名校长所管理的学校也不一定就是知名学校。然而，在一所学校从后进变先进、从一般跃为知名的过程中，校长会起到关键的作用，这是毋庸置疑的。知名校长不是自然产生的，而是岗位锻炼和培训的结果，有其自身成长的规律。

当前，知名学校大体分为三种类型：

第一类，校史悠久的学校。学校在当地具有相当高的知名度，一直保持着良好的社会信誉。这类学校具有长期形成的独特的办学思想和办学风格，有一代代名师和由这些名师带出来的优秀的教师队伍，有良好的生源和办学业绩。在新时期,能够在自身原有优势的基础上,在改善办学条件、改革教育教学方法、提高教育质量等方面表现出强大的生命力,办出新的特色,取得新的成绩。如安徽省桐城中学、北京景山学校、清华大学附属实验小学。

第二类,资源配置上乘的学校。这类学校由政府投资,有较好的办学设施,地处人才密集区,有良好的办学文化氛围和生源,教育质量稳定地保持较高水平。这类学校往往会被确定为省、市级或区(县)级重点中学或示范学校,成为众望所归的名牌学校。如中国人民大学附中、合肥一六八中学。

第三类,新崛起的一批学校。这些学校受到国内外财团的资助,或者由于校办产业的超常规发展,形成了雄厚的办学经济实力。这些学校往往建造了漂亮的现代化校舍,购置了各种先进的教学设备,并且适时提高教师的待遇,稳定了教师队伍,吸引了优秀的教师来校任教,从而使学校进入良性循环,赢得了社会信誉,跻身名校的行列。如北京市十一学校。

据统计,国内拥有上百年历史的中学与小学各有600多所。从2010年起,由多家教育媒体组织举办的"中华百年名校"[①]评选活动,每两年一次,并以"学校具有百年以上历史(含前身)""今天依然是全国或当地名校"作为入选标准,目前已经举办了4届评选活动。

名校的立名之本在于办学的高质量。众所周知,基础教育的根本任务在于全面提高国民素质,直接关系我国未来的国民平均素质能否适应经济和社会发展的需要。因此,衡量一所名校,不仅仅要看其有没有漂亮的校舍、高考升学率的高低或者获得国家、省、市各类竞赛金牌的数量,更要看它是否有现代教育观,是否有教育教学改革(包括教育目标、教育内容、教育方法、教育手段的改革)的意识、举措,是否拥有一支适应教育改革和发展的教师队伍,还要看它是否有良好的校风,是否有健康、和谐、生机勃勃的校园文化。一句话,要看学校是否能在各环节上都体现出把学生培养成全面发展的、有健全人格的人的能力,这是一所名校办学质量高低的标志。

---

① 原为"中学百年名校"评选,2012年第二届评选结果发布时正式更名为"中华百年名校"。

名校是稀有资源,应成为基础教育的排头兵、领头雁,作为地方示范校、样板校,引领区域内学校争创名校,促进基础教育领域你追我赶的竞争局面的形成。同时特别要防止有些学校利用较好的办学设施和名牌效应,向义务教育阶段的学生家长收取各类赞助费,造成教育领域的不公平竞争,产生负面影响。

知名校长不一定来自名校。一所学校的校长能否在社会上知名,不在于他是否在一所名校任校长,而在于他是否保持并提高了一所学校的知名度,或者是否使一所不知名的或后进的学校变成了人们认可的知名学校。因此,所谓知名校长是创建知名学校的校长,或是在专业发展中有着卓越表现的校长。

第三章 中小学校长培训目标与课程

第一节 中小学校长培训目标

在我国教育事业不断深化改革的大背景下,中小学校长要善于理解和把握社会变革发展对教育提出的挑战和要求,不断学习和掌握有指导价值的理论和方法,特别是要通过以人力资源开发为目标的中小学校长培训途径,提高教育理论素养和解决实际问题的能力,督促自己将教育科学理论高效地运用到教育管理实践中,达到以学促变的目的,推进素质教育的全面实施。

培训目标是中小学校长培训工作的出发点和落脚点,具有导向、规范和调节的功能。当前,我国中小学校长培训的总体目标是按照教育规划纲要的要求,围绕立德树人这个根本任务,以促进校长专业发展为主线,以提升培训质量为核心,以创新培训机制为动力,进一步提高校长培训工作专业化水平,努力造就一支品德高尚、业务精湛、治校有方、人民满意的中小学校长队伍,为推动基础教育改革发展、实现中国教育梦提供坚强保障。[1]

制定中小学校长培训目标的依据是中小学校长在我国的教育体系中扮演着多重角色。一方面,中小学校长认真贯彻党和政府的教育方针、政策,是执行者和管理者;另一方面,他们又是学校内部教育工作的领导者和指导者,应当有能力领导和指导学校内部的教育管理工作,不断提高办学水平。校长

---

[1] 教育部:《关于进一步加强中小学校长培训工作的意见》,2013年8月29日。

培训是推动实施中小学素质教育的一个重要手段。校长培训突出对校长创新能力的孵化和指导,除通过有效的活动方式提高校长的素质和能力外,还组织校长共同研究和探讨实施素质教育的政策和措施,使其对政府的有关决策提出有益的建议,成为政府教育决策的参与者。

一、校长培训目标的基本内涵

培训目标也称为"培养目标",是对某一群体培训素质规格的设想或规定。校长培训目标有别于校长培训目的。培训目的是对各级培训院校的质量规格的总体设计。从通过培训促使校长素质发展所要达到的规格要求来看,二者没有实质性区别。但从其适用范围和层次来看,培训目标和培训目的的区别主要表现为两点:①培训目的是对教育培训质量规格的总体设计,是对校长培养的共同要求;而培训目标只是反映了培训目的对某一层次校长的特殊要求。这是普遍性与特殊性的关系。②培训目的是对各级校长培训目标的总体设计,而培训目标是培训教育的具体化。因此,培训目的和培训目标是抽象与具体的关系。

(一)校长培训目标的基本特征

校长培训是教育中一种有目的的活动,主要是通过抽象的教育思维和教育想象,设计校长未来的形象,即校长培训活动所追求的目标。[①] 校长培训作为一种有意识的活动,具有一些主要特征:

1.理想性:培训目标是对校长培训结果的一种预期,具有理想性。它不是既成的事实,但也绝不等同于空想,而是建立在现实基础上的,具有现实性。

2.预见性:预见校长经过培训后在素质和能力方面可能发生的变化。

3.超前性:教育发展应具有一定的超前性,校长作为一个学校的领导者和指挥者,应该具有一定的先进性。所以,培训目标首先应该体现这种超前

---

① 孙立明:《面向21世纪中小学校长培训目标研究》,载《辽宁教育学院学报》,1999(4)。

不是凭空的超前,而是超越校长发展的现状,但经过努力是可以实现的。

4.层次性:根据中小学校长成长规律以及培训需求的特点,中小学校长培训目标应当是多层次、多规格的,既要考虑校长培训需求的共性特点,也要重视校长的个性需求。

(二)校长培训目标的作用

培训目标是培训活动首先要确定的问题,是培训活动的出发点和归宿。任何培训活动都必须紧紧围绕培训目标展开,培训活动的整个过程都要体现培训目标。其作用表现在以下几个方面:

1.标杆作用。培训目标是对校长培训活动的一种要求,起到一种规范作用。另外,培训目标又为培训评价提供依据,为校长培训质量评价提供可遵循的标准。

2.导向作用。培训目标对校长培训的规定及超前性都起到了方向性指导作用,这种导向作用决定了培训的效果。培训效果、培训目标与培训效率之间存在以下关系:

$$目标导向 \times 培训效率 = 培训效果$$

这个关系式说明,目标导向正确、培训效率较高,则其效果越明显。因此,培训活动坚持正确的培训目标十分必要。

3.控制作用。目标的控制作用在于它能够向受训者提出活动的要求,使其按计划执行,以达成目标。随着社会的发展,对校长岗位所应具备的素质要求也越来越高,要求校长从多个层面适应社会的发展要求。因此,培训必须作出一定的取舍。

4.激励作用。目标作为活动的方向标志,具有极大的激励作用。培训目标一般具有超前性和理想化特点,这就决定了它具有激励培训行为的作用。恰当的培训目标能激发培训活动的动机,调动人的积极性,把培训目标转化为校长的学习目标和奋斗目标,激励作用的大小与目标的价值和目标实现的可能性有以下关系:

$$目标激励作用 = 目标价值 \times 实现目标的概率$$

二、校长培训目标的确立

培训目标一定要体现中小学校长培训需求。中小学校长培训的成效很大程度上取决于校长培训满足校长培训需求的程度。北京、江苏等五省市的调查结果显示，有46.7%的校长认为培训应当侧重于培养和发展"教育思想"，有16.3%的校长希望侧重于提高"工作能力"，有13.3%的校长希望能促进"自身发展"，而希望学习"管理知识"的仅占7.9%……这表明校长培训需求的个体差异很大，因而实施培训不能搞一刀切。

中小学校长培训能促进校长迅速成长，使之尽快成长为学校教育教学改革和发展的带头人，成长为学校科研计划的积极组织者和实施者，成长为学校特色发展的倡导者，以及先进管理思想、方法和制度的倡导者和促进者，能够胜任领导学校教育和管理改革的双重任务。

(一)校长培训目标体系的构成

经过多年的发展，我国中小学校长培训形成了符合中小学教育发展需要的目标体系。

1989年印发的《关于加强全国中小学校长培训工作的意见》指出："使大多数中小学校长的政治、业务素质得到较大提高，能够具有一定的马克思主义理论和政治素养……正确理解和贯彻执行党和国家的教育方针，确立正确的教育思想，掌握基本理论和学校管理知识与方法……培养一批具有较高马克思主义思想水平和丰富管理经验、办学卓有成效的中小学教育专家。"

1991年印发的《全国中小学校长任职条件和岗位要求(试行)》是校长培训目标制定的主要依据。

1992年印发的《关于加强全国中小学校长队伍建设的意见(试行)》指出："争取尽早培养出一批马克思主义理论水平较高和管理经验丰富、办学卓有成效的中小学教育专家。"

1999年颁布的《中小学校长培训规定》指出："各级人民政府教育行政部门根据教育事业发展的需要，按照校长任职要求，有计划地对校长进行培训。"

(二)校长培训目标的层次性

根据中小学校长成长规律及其培训需求的特点,校长培训目标应当多层次、多规格,既要考虑校长培训需求的共性方面,也要重视校长的个体需求。"世界上没有两片完全相同的树叶。"每一个校长都有自己的个性,具有客观存在的个性差异。校长群体结构正是由不同个性、不同能力、不同素质的校长个体组成的。在现代社会,应当把他们的差异当作一种资源来开发,让每个校长都能各长其才,各展其能,各尽其力。

校长群体是一个多层次、多类型的结合体,是一个复杂的学校管理者。校长的差异性表现为区域差异性。办学环境和条件的差异使得每个校长的个性发展存在差异性。为了根据不同地区、不同学校、不同校长个体提出适当要求,承认和正视校长的相对差异性,使他们在原有基础上得到应有的发展,应当按学校层次划分,或按学校职能划分,分层次地提出培训目标。

1. 要结合社会发展的需要。校长培训目标的确立,必须和一定的社会发展需要相适应,它包括政治需求、经济需求、文化传递和嬗变需求、社会的生态平衡需求,等等。

2. 要适应教育本身发展的需要。现在我国教育已进入迅速发展时期,实现教育现代化及应试教育向素质教育转变等发展要求,都对校长的培训目标产生了重大影响。

3. 要满足校长的角色需求。校长是一校之长,是学校的管理者、领导者、教育者。校长职业角色的特殊性决定了培训目标应该具有一定的特殊性。

4. 要结合学校的实际水平。校长培训目标不仅要反映未来社会发展对校长素质的要求,也要反映学校自身发展的需要。因为各地的经济、文化水平都不相同,学校本身也存在许多差异,所以培训目标也要加以区别。

校长培训目标的确立要具有针对性,应根据在改革和发展过程中遇到的理论和方法难题,以及校长因工作忙不能参加较长时间培训等特点,开展多种形式的短期提高培训,满足校长个体的特殊培训需求。培训要使校长对教育领域的改革和发展及新研究成果有较为系统的了解,使他们在与各领域研究专家的交流中产生新的思考或教育思想。如为条件较好和水平较高的示范性学校的校长提供高级研修或出国考察的培训,使之能在更高的层次上探讨学校教育教学和管理的改革和发展问题,进一步增强他们发展和创办一流学校的信念、勇气,并提高领导能力。

(三)制定校长培训目标的科学依据

中小学校长在我国的教育体系中扮演着多重角色。一方面,他们要对党和政府负责,认真贯彻党和政府的教育方针、政策,是执行者和管理者;另一方面,他们又是学校内部教育工作的领导者和指导者,应当有能力领导和指导学校内部的教育管理工作,不断提高办学水平。不仅如此,校长还是建立社会发展要求与学校教育目标之间联系的重要中介人。校长的成长需要一个过程,而且在成长过程中会产生不同的培训和学习需求。因此,构建新世纪的中小学校长培训目标,应当从多个方面进行必要的分析。

1. 社会发展与校长培训目标。激烈的国际竞争、加快建设富强国家步伐的历史重任,要求我国教育必须超常规发展。这种超常规发展要求学校内部要充分发挥主动性和创造性。校长要能提出适应国家和社会发展要求的学校素质教育目标,领导和推进学校的教育改革,应当善于研究和分析社会,善于正确理解和把握现阶段和今后国家乃至世界的政治、经济、生活等方面的变革和发展趋势及其对国民素质提出的要求,善于从这些变革、发展趋势及要求中确立中小学教育的教育目标和改革发展方向。①

2. 教育改革和发展与校长培训目标。中小学校长要善于理解和把握社会的变革和发展对教育提出的挑战和要求,而且也要不断学习和掌握有指导价值的理论和方法,借鉴他人的先进经验,以便构建本校的素质教育模式。

3. 校长的角色定位和素质要求。从总体上来看,我国校长培训的目标比

---

① 王明宾、李斌、诸东涛:《新世纪中小学校长培训目标研究》,载《江苏教育学院学报(社会科学版)》,1999(3)。

较全面,强调提高校长的整体素质,要求政治思想与业务能力并重。而一些发达国家对校长的要求则偏重于教育见识、公平意识、良好个性心理品质和变革精神。比如日本就要求校长具有献身精神和使命感,能顾全大局、不怕牺牲个人利益,有创新精神。新型校长的角色定位和素质要求要求校长成为学校教育教学改革与发展的带头人、成为学校教育科研计划的制定者与实施者、成为学校形成自身特色的倡导者、成为先进的学校管理理念和方法的倡导者和促进者。

4.校长培训需求和培训目标。中小学校长培训的成效很大程度上取决于满足校长培训需求的程度,校长培训应当尽量满足校长的参训需求。如要充分考虑校长培训需求的个体差异和培训内容的指向性,不可以搞"一刀切"和"大锅饭"。

第二节 中小学校长培训的课程设置

随着教育改革的不断深化,人们给予中小学校长培训极大的关注。在培训的过程中,不少研究者指出必须把培训工作的重点放在培训课程的设置和管理上,普遍认为培训课程是培训目标最直接的反映。

培训课程一般包括培训课程目标,培训课程内容,培训教学活动方式,培训课程结构与课程模式,培训课程设计,计划和课程标准,培训教材的编写等。校长培训课程设计在整个校长培训工作中有着非常重要的意义。校长培训实际上就是围绕培训课程的设计和实施开展的。在不同层次、不同类别的校长培训中,培训课程的设计是首要环节,也是最重要的一个环节。面对不断发展的教育形势、不断变化的培训对象、不断更新的培训需求,培训课程的设计成为一个核心因素,它直接关系培训效果的好坏。培训课程应该体现当前教育实践中的热点、难点和重点问题,应该针对参加培训的校长的实际情况和培训需求进行安排。成功的校长培训活动项目是建立在科学合理的培训课程设计基础上的。

一、校长培训课程的功能

培训课程集中体现了培训理念,是实现培训目标的途径,是组织培训教学活动的最主要内容。任何培训目标都是通过实施培训课程来实现的。中小学校长培训机构大多根据每期学员的情况和需求,整合培训课程资源,开发新的培训课程。

(一)校长培训课程注重针对性

校长培训必须贯彻理论联系实际的原则,要按需施教,学用一致,注重实效,把学习和使用紧密结合起来;要求培训的内容、方式、方法切合中小学校长工作实际,要切合学校教育改革和发展的实际;要根据教育改革、教育管理工作中的热点、难点问题,来确定专题学习内容,组织学员进行研究、讨论,共同寻找解决的对策和办法。

校长培训要针对校长工作实际提出培训专题,如学校有效管理及其对校长的要求;各种领导模式下管理者应具有的见识、知识和技能,对校长角色意识的领会;应掌握的决策、分析、总结能力;应掌握的对教职工的检查、有效进行课程管理的技能,学校与社会的关系及其调整,种族平等的教育政策及当前教育上的新问题和教育发展趋向等。

(二)校长培训课程突出专业性

校长是具有教育管理组织能力的职业角色。其既受学校教育过程中各种管理关系的制约,又是学校管理关系的主体。校长的这种角色性质,决定了他们必须具有特殊的行为模式,必须接受特殊的专业课程训练。世界上许多国家的校长培训课程的设置和设计的一个共同特点就是注重适应校长职业活动的角色要求,具有专业性。

(三)校长培训课程强调适用性

校长培训采用专题式、菜单式的培训形式,即一种选择式的培训,允许校长们按自己的需求自由选择学习内容和方式，进行自主学习。校长培训课程应是一种"宽基础＋活模块"的集群式、菜单式的课程体系。相应的培训模式也应采取专题式自主选择的培训模式。这种自主选择式的培训模式能够满足广大校长的内在学习需求，促进他们主动地发展，从而满足培训的实效性、针对性要求。校长培训课程体现学用结合、按需施教、注重实效的原则，注重内容的针对性、实用性。培训作为一项系统工程，在课程设置上有统一规定，同时又允许各地根据当地实际开设一些具有地区特点的特色课程。课程设置的内容可以因校长培训目标级别的不同而有所不同，职前预备期的校长培训与专家型的校长培训内容当然不能相同。

(四)校长培训课程的构建模式

一般来说，培训课程是由教育理论与实践、教育管理理论与实践、教育政策法规、自然科学、人文科学和现代信息技术几大模块组成的。校长培训课程教学往往是必修课程与选修课程相结合、理论课程与实践课程相结合、系统课程与专题课程相结合的模式。

校长培训课程基本上是以专题设置为主的，它是一种菜单式、选择式的专题培训的课程。课程及内容不拘形式，不追求完整的理论体系。这种菜单式、选择式的课程，既能适应并促进校长职业发展的需要，又能适应并促进校长自身发展的需要，体现了较强的针对性、实用性。它注重理论学习与实际工作的结合，注重适应校长职业发展和学校管理工作的需要，更强调针对性、实用性。

中小学校长任职资格培训内容基本上是基础性的，比较注重基础理论和基本技能的训练，贯彻按需施教、因材施教的原则。而在校长提高培训课程设置中，则十分强调理论与实践相结合，在注重适应社会发展、学校发展的同时，注重满足校长个体自身发展的需要，满足不同地区、不同层次水平校长的需要，不仅规定专题的必修课程，而且规定选修课程、特色课程，既有统一性规定，又有灵活性要求，赋予各地一定的自主性，鼓励结合本地区实际设置课程。

根据《全国中小学校长岗位培训课程教学大纲(试行)》和《关于"九五"期间全国中小学校长培训指导意见》,国家教委人事司先后于1991年和1996年组织编写了岗位培训和提高培训两套校长培训教材,在全国范围内统一使用。"十五"期间,教育部人事司采取"公开招标、专家评审、行政认定、向全国推荐"的办法,组织开发了供中小学校长培训使用的基本课程教材,经由全国中小学校长培训专家委员会审定,2002年先后出版了全国中小学校长任职资格培训教材和提高培训教材。

全国中小学校长岗位培训教材目录(1991)

教材名称	编写主持人	备注
马克思主义哲学原理	陈先达	必修课程
建设有中国特色的社会主义理论	奚广庆	必修课程
马克思主义教育思想	厉以贤	必修课程
教育政策法规	罗宏述 米桂山	必修课程
小学管理	张复荃等	选修课程
中学管理	贺乐凡等	选修课程
教育学专题	叶上雄	必修课程
心理学专题	郭长燊	必修课程
中国教育思想史专题	赵乃贤	必修课程
国外教育情况专题	罗若群	必修课程

全国中小学校长提高培训教材目录(1996)

教材名称	主编	备注
邓小平教育思想研究专题	滕纯	必修课程
社会主义市场经济条件下的基础教育	王善迈	必修课程
素质教育的理论与实践	张仁贤	必修课程
学校教育法制基础	李连宁 孙葆森	必修课程
学校管理研究专题	安文铸	必修课程
中小学教育评估	季明明	必修课程
中小学教育科学研究与应用	王铁军	必修课程
比较中小学教育	毛贵廷	必修课程

续表

教材名称	主编	备注
中小学计算机的建设与应用	邓立言 崔孟明	必修课程
素质教育经验汇编	贺乐凡	辅助教材
中小学管理案例	周在人 刘朝章	辅助教材

全国中小学校长任职资格培训教材目录(2002)

教材名称	主编	备注
邓小平教育理论学习纲要	教育部组编	
素质教育观念学习提要	教育部《素质教育观念学习提要》编写组	
教育法制基础	褚宏启	基本课程教材
学校管理理论与实践	吴志宏	基本课程教材
当代教育理论专题	柳海民	基本课程教材
中小学教育科学研究与应用	王铁军	基本课程教材
现代教育技术基础	胡礼和	基本课程教材
中国传统文化与教育	刘新科	基本课程教材
中外教育简史	单中惠 杜成宪	基本课程教材
比较教育专题	梁忠义	基本课程教材

全国中小学校长提高培训教材目录(2002)

教材名称	主编	备注
中小学德育专题	朱小蔓	基本课程教材
课程与课堂教学	陈玉琨 代蕊华	基本课程教材
学校管理专题	陈孝彬 程凤春	基本课程教材
中小学生心理健康教育	李百珍	基本课程教材
现代教育评价	沈玉顺	基本课程教材
教育研究专题	郑金洲	基本课程教材

二、校长培训课程设计的需求分析

中小学校长培训课程设计是指根据中小学校长的工作现状和培训需求，遵循中小学教育教学和学校管理的最新理念，按照一定的培训目标，以合适的方式组织安排中小学校长需要的培训课程内容，从而形成一个完整的课程结构模块体系。

设计中小学校长培训课程时一般主要考虑校长培训需求，培训课程指导思想与目标，培训课程实施模式、实施条件和支持因素，培训时间安排等因素。校长培训课程不同于普通高校的人才培养课程。普通高校的课程一般都是针对特定年龄段，具有特定知识、能力和学习目标的人群，其所指向人群的不同个体之间总有一些核心的共同点。中小学校长培训课程则因培训对象、培训层次、培训主题、培训目标、培训时间和培训方式等因素而变化，这些变化使得中小学校长培训课程设计不同于普通高校课程的设计。进行中小学校长培训课程设计时应考虑以下几个方面：

（一）校长职业的岗位及培训制度的要求

1991年，国家教委颁发了《全国中小学校长任职条件和岗位要求（试行）》。这是根据全国教育事业发展对中小学校长队伍素质提出的要求，兼顾校长队伍现状而制定的，是选拔、任用、考核和培训中小学校长的基本依据。

《全国中小学校长任职条件和岗位要求（试行）》中"校长的岗位要求"分为基本政治素养、岗位知识要求和岗位能力要求三个部分。

1.基本政治素养。主要包含六个方面的要求：①坚持四项基本原则与改革开放，把坚定正确的政治方向放在首位；②具有一定的马克思主义理论修养，能努力运用马克思主义的立场、观点和方法指导学校工作；③热爱社会主义教育事业，热爱学校，热爱学生，尊重、团结、依靠教职工；④实事求是，勤奋学习，作风民主，联系群众，顾全大局，公正廉洁，艰苦奋斗，严于律己；⑤对待工作认真负责，一丝不苟；⑥具有勇于进取及改革创新精神。

2.岗位知识要求。主要包含五个部分：①政治理论和国情知识；②教育政策法规知识；③学校管理知识；④教育学科知识；⑤其他相关知识。

3.岗位能力要求。主要涉及六个方面的能力：①能根据党和国家的有关方针政策、法规制定学校发展规划和工作计划；②善于做教职工和学生的思想政治工作及开展品德教育。能从实际出发，采取有效措施，促进学生全面发展;③具有听课、评课及指导教学、教研、课外活动等工作的能力,具有指导教师提高业务水平和改进教学的能力;④善于发挥群众团体的作用。能协调好学校内外各方面的关系,发挥社会、家长对搞好学校工作的积极作用;⑤能以育人为中心,研究学校教育的新情况、新问题,并从实际出发,开展教育教学实验活动,总结经验,不断提高教育教学质量;⑥有一定文字能力,能起草学校工作报告、计划、总结等。会讲普通话。具有较好的口头表达能力。

在校长培训制度上,1999年教育部发布的《中小学校长培训规定》是校长培训课程设计的主要政策依据。其中第四条明确指出:"中小学校长培训要坚持为全面实施素质教育服务的宗旨,坚持因地制宜,分类指导和理论联系实际,学用一致,按需施教,讲求实效的原则。"第五条明确提出:"参加培训的中小学校长的权利和义务。在任校长必须取得'任职资格培训合格证书',持证上岗。在职校长每五年必须接受国家规定时数的提高培训,并取得'提高培训合格证书',作为继续任职的必备条件。"关于培训内容与形式,有如下表述:中小学校长培训要以提高校长组织实施素质教育的能力和水平为重点。其内容主要包括政治理论、思想品德修养、教育政策法规、现代教育理论和实践、学校管理理论和实践、现代教育技术、现代科技和人文社会科学知识等方面。培训内容要视不同对象的实际需要有所侧重。

同时,明确了校长培训层级与形式,提出中小学校长培训以在职或短期离岗的非学历培训为主,主要包括任职资格培训、在职校长提高培训和骨干校长高级研修。其中要求校长培训实施学时制,提倡采用集中专题、分段教学、累计学分的办法,运用现代教育技术手段开展校长培训工作。

(二)校长培训需求分析

在培训课程设计完成之后,必须先对其整体情况进行评估分析,这样可以重新审视整个课程设计,找出设计当中的问题,以做到及时修正。首先要明确为什么要培训,培训一是为了满足培训者的需要,二是为了满足组织与社会的需要。教育改革对校长的要求、本学校的发展对校长的要求、校长个人的发展需要,构成了校长培训的依据。只要社会有变革,组织要发展,个人要进步,培训的需要就会产生。而有了培训需求,就有了课程设计的根本依据。这两种需要,既有联系、重合的部分,又有区别、不同的部分。校长个人的需要,大多来自教育发展和学校发展的需要,比如课程改革、学校经营、教育科研等。但是也有独特的部分,这和校长自身的知识、经验、所学的专业、兴趣点、目标大小等有关,也与校长个人的爱好、特长和习惯等有关。

校长培训不是万能的,有些需要不是培训能够满足的。比如体制问题、人事问题、经费问题、管理环境问题等。面对诸多需要的时候,要选择培训可以解决的问题作为培训的内容。一般来说,知识的更新、技能的掌握、态度的改变等都是培训可以解决的问题。

(三)培训有效资源分析

1.内容评估分析:课程内容是否有利于目标实现,课程内容是否有针对性;课程内容是否有时代性、新颖性等;课程内容是否反映了时代特点,是否顺应了时代要求;课程内容确定的依据是什么,考虑了哪些因素的作用,等等。

2.结构评估分析:主要围绕培训课程设计的关键元素进行,看其是否具有课程设计的关键元素。例如,有没有课程目标,有没有教师的设计,有没有选择教材资料,等等。培训课程的结构搭配是否合理,比如学科的、活动的、专题的课程怎样搭配组合,等等。

3.形式评估分析:教学的模式是否与内容、对象相适应,课程设计的文本形式是否清楚、美观、有条理,培训课程设计的过程是否完整,是否做过需求调查,等等。

在分析课程资源的时候,要同时考虑三个问题。一是具有哪些课程资源。这就要整理、搜集、梳理所掌握的课程资源,作为备选课程资源。在这个环节中,需要首先按照培训需求确立备选课程资源的大的种类应该有哪些,比如学科课程资源、人才资源、本地特殊资源等,然后进行课程资源归类。二是需要哪些课程资源。要对照参加培训的校长的培训需求,找出符合校长培训需求的课程资源,作为目标课程资源。三是在需要的课程资源中,要分析课程资源使用的可能性,在对课程资源进行可行性分析基础上选定的课程资源,才是实用的课程资源。

(四)培训课程设计者分析

培训课程设计是培训工作中的一个关键问题,对培训课程设计者有很高的要求。比如国家层面的课程改革就是众多专家、一线教师合作研究与实践的结果。就中小学校长培训课程来说,需要设计者懂得很多知识、考虑很多因素,所以,很多时候也要通过合作研究的方式来完成课程设计。

1.考虑理论知识水平。相关的理论知识方面要达到较高的水平,即必须有足够的宽度和深度。宽度意味着设计者必须掌握关于中小学管理理论与实践的广泛知识信息;深度意味着设计者必须了解和熟悉中小学管理相关研究的整体进展和最新动态,比如热点问题、难点问题、重点问题。设计者对中小学管理领域的专家及各个专家的具体情况也要有全面的了解。设计者的知识越广泛、越深入,对于专家的了解越充分,在设计培训课程时考虑的内容就越全面、角度就越多,可以选择的知识领域就越广,培训方案设计就会更科学合理。设计者的知识面与设计者的教育背景、工作经历和成就等有关。

2.考虑实际能力水平。设计者首先要有较强的洞察力。设计者要认知社会发展对人的要求,要了解当前中小学发展的方向和趋势,要熟悉培训课程的结构和发展情况,要把握学校工作的特点、程序和相关要求,要了解校长的工作、现状和想法,等等。设计者的洞察力与设计者的教育背景、工作经历和成就有关,也与设计者的思维能力、悟性、个性和生活阅历等有关。其次,设计者要具有较强的建构力。建构力是指培训课程设计者的工作思路和能力。设计者要能根据校长学员的培训需求、培训经费、师资等培训资源,充分考虑理论和实践的结合、培训者资源和培训学员资源的结合、常规培训方法和新型培训方法的结合等方方面面,把不同方面的培训要素科学地整合起来,形成一个完整的培训课程方案。

(五)培训课程方案的形成

1.确定培训课程的目标。培训课程的目标就是要明确参加培训的中小学校长在专业知识、专业能力、专业精神修养方面要达成的效果和预期的目标。培训课程的目标要尽可能具体，而且要集中，着重解决当前中小学校长关注的热点问题、难点问题、最需要解决的问题。

2. 构建培训课程的结构。中小学校长培训课程的结构是指培训课程各组成部分搭配的形成，是实现培训目标的一种整体系统架构。关于构建培训课程的结构，应着重考虑以下两个方面：一是要考虑不同种类课程的搭配。如灵活配置知识课程与活动课程，学科课程与专题讲座式课程，传统课程与网络课程，讲授类课程与考察类课程，学习性课程与研究性课程，知识性课程与案例式课程，陈述性课程与诊断性课程，入门课程与提高课程，显性课程与隐性课程，统一课程与地方特色课程等。二是不同种类的课程要紧紧围绕培训目标形成一个整体系统，培训课程安排要有明确的培养目标和与培养目标相对应的培训主题。培训课程的选择要与目标和主题直接相关，而且不同的培训课程要从不同角度作用于培训目标和主题，并且以培训目标和主题为纽带形成一个整体系统。

3. 设计培训课程的内容框架。中小学校长培训课程的内容框架一般包括培训计划、课程大纲或者课程说明、课程安排。培训计划是对整个培训课程的整体说明，要阐述培训课程的指导思想、办学思路、基本程序和培训方法等。

4. 选择和准备相关教材及学习参考资料。中小学校长培训课程有任职资格培训、提高培训及骨干培训等不同的层次。任职资格培训的内容往往比较稳定，带有普遍性和稳定性。为了顺利开展培训，要选好培训教材或资料，要根据培训需求、培训目标和培训内容适当选择参考资料，这些参考资料是对培训教材的有效补充。

一般而言，短期的校长培训还有很多是针对当前学校教育教学和管理当中的热点问题、难点问题和重点问题设计的，关于这些内容一时并没有合适的教材，其实也不必囿于教材。

三、校长培训课程设置的原则

为实现培训目标，必须研究中小学校长培训的特点。课程设置是否科学合理是关系培训任务和目标能否实现的重大问题。

(一)校长培训课程设置的基本原则

1.政治与业务相结合。中小学校长既要坚持正确的政治方向,确保办学的社会主义方向,又要成为教育和管理的专家。因此,培训课程必须把政治培训课程有机地渗透到业务培训课程之中。

2.前瞻性原则。课程所反映的知识要新并要具有一定的超前性,作为一名成功的校长,必须对教育现象及问题具有超前思维的能力。

3.实用性原则。即所设置的课程在理论和实践上应具有现实指导意义和一定的可操作性。如果所学课程与现实无关,不能解决管理中的实践问题,那么就没有价值。

4.灵活性原则。灵活性原则是指课程设置要从实际出发,不能生搬硬套别人的经验,要充分考虑到各地教育发展水平的差异,而不必一味追求标准化和系统化。这样既有利于及时反映当代最新知识成果,也有利于抓住当前教育中的敏感、热点问题进行探讨。

5.管理理论和教育理论相结合。中小学校长不仅要成为学校管理方面的专家,还要成为教育方面的专家。因此,课程设置既要有利于提高校长管理方面的能力,也要有利于提高其理论修养和教育科学研究水平。

(二)培训课程设置的技术性原则

1.少而精,课程设置要重点突出。中小学校长工作繁忙,要求他们长期脱产接受继续教育有困难,而且由于他们学历层次较高,经过了岗位培训,加之实践经验丰富,自学能力强,因此,在课程设置上要突出重点,少而精,点面结合,增强针对性,紧紧围绕培训主题和目标设计课程,切忌内容庞杂。

2.专而广,课程设置要多样化。通识课和专业课要并重。事物总是共性与个性的统一。尽管不同的校长处在不同的成长阶段,但是都是从事学校管理工作,有着共同的需要,因此,在课程设置上,既要根据中小学校长任职条件和岗位职责的要求,设置通识课,又要针对不同层次的校长及其分管工作的差别,设置不同的专业课,使培训更具针对性。此外,为保证校长专业知识的增长和学校管理能力的提高,还有必要开设一部分选修课,有效地满足学员的需要,充分发挥他们学习的主动性。

3. 重长远,课程设置要形成系统。中小学校长培训是一个系统工程,包括校长任职资格培训、在职继续提高培训和骨干校长培训等几个阶段。培训课程设计应系统,要在岗位培训的基础上进行提高性培训,课程设置要前后衔接,达到相互补充、更新、加深、拓宽。具体而言,既要参照教育管理专业课程设置状况、提高培训以及高级研究班的课程设置,也应相互协调,形成一个相互衔接、步步加深、层层扩展、相对统一的培训课程体系,以满足校长在成长的不同阶段接受教育的需要。

4. 多元化,课程设置要加强整体性。一是要注意培训课程与培训主题、培训目标的关联性,确保所有培训课程紧紧围绕培训主题和培训目标。二是在考虑培训课程的组成部分时,一方面要考虑培训课程的全面性,从不同方面、不同角度体现培训主题和培训目标;另一方面要注意培训课程不同组成部分之间的关联性,各个组成部分要有内在联系,不要彼此孤立。三是要注意培训课程与培训方法的对应和匹配,尽量采取多元化的方法展现培训课程。四是要注意培训课程与培训效果评估的一致性,保证培训效果评估的可行性和准确性。

(三)国外校长培训课程的设置

当前,世界各国对校长培训课程的构建,通常有四种模式:一是由资格证书课程、学士课程、硕士课程、博士课程等组成的多层次培训体系;二是由教育理论与实践、教育政策法规、自然科学、人文科学和现代信息技术几大块组成的课程结构;三是由必修课与选修课结合、理论与实践结合的课程模式;四是由一般研修课程、资格研修课程和特殊研修课程组成的课程结构。

一些发达国家的中小学校长培训开设的课程不像我国规定的那么统一与规范。如美国就没有统一的教育方针和课程计划,在教材使用方面突出选择性。一般校长可选择学教育行政理论、普通学校行政、学校法、教育政治学、校长学、教育领导、学习与教学理论等。德国则注重培训内容的专题性和实用性,该国制定的1995—1996年校长培训计划中共设置了5门课程,包括领导艺术、开发新的教学方法、教育管理、学校发展、学会交流。英国中小学校长协会确定了10个培训专题,其中有提高领导者个人的领导能力、校长上任后对学校的了解与分析、教学管理、交往技巧、学校管理策略、学校政策制定与执行、学校账目管理、如何处理好与上级机关的关系、如何处理好与社区和家长的关系、正确处理个人所面临的挑战和压力等。

国外的校长培训课程设置更具针对性。以澳大利亚为例,中小学校长培训课程主要包括组织领导、教育领导、组织管理、教育管理、文化管理、政治领导以及领导反思等。教育领导课程内容有组织改革、行为过程、教学过程、学习过程、课程编制、教育政策评价、国内外问题研究、教学技术等。组织领导课程包含的内容有组织改革、组织结构、人员聘用、组织士气、咨询调查、网络沟通等。组织管理课程包含的内容有人际交往、沟通策略、人员激励、职工管理、策略规划、行为管理、政策法规、危机管理、冲突管理、财务管理等。教育管理课程包含的内容有课程政策、课程改革、管理职工、学生行为、市场营销、需求分析等。文化管理课程的内容有校园精神、组织文化。政治领导课程包含的内容有谈判过程、地区与社会发展趋势、管理优先顺序、未来发展的方向等。领导反思课程的内容有自我领导风格认识、领导理论与相关模式等。

我国香港地区中小学校长在职培训以系统学习、实践学习为主。系统学习包括修读证书、文凭、学位课程,参加会议及研讨会,脱产训练课程等;实践学习包括领导及制定优质教育基金计划、校本改善计划,撰写及发表教育论文以及分享知识及经验等。

第三节　中小学校长经验性资源的转化

中小学校长培训的实效性首先取决于培训内容的组织与设计。综观任职资格培训、提高培训甚至研修培训,校长培训模式建构特色多样但教学信息资源供给主体始终固化,亟须突破培训方单一的教学资源整合形式,转而开发和利用学习者自身蕴藏的"经验性"资源,并对经验性知识资源进行梳理,实行反哺实践型培训教学,从而有效地促进中小学校长培训需求的针对性与实行实效性提升的变革。①

中小学校长培训一贯强调按需施教,学用结合。通常在中小学校长培训过程中,比较重视对培训方教学资源的整合与利用,强调培训模式的变革,注重培训者个体的教学水平和教学效果,而对学习者即中小学校长自身蕴藏的经验性资源开发和利用的意识淡薄,或仅以碎片化形式撷取少许。在当前本着"学以致用"原则敦促中小学校长培训课程改革中,对学习者内在的经验性知识资源的发掘及梳理显得尤为必要。

一、校长经验性资源的内涵界定

随着基础教育全局性、基础性和先行性地位的确立,人们愈发认识到校长培训不再是一项单纯的教育培训,而切实成为一项人力资源开发的举措。中小学校长培训旨在通过改进学校管理者的知识技能结构,改变他们的工作态度与行为,有效激发其创造精神,发掘其内在潜能,以提高学校管理工作的质效,其本质就是人力资源的素质优化。基于对中小学校长培训这样一种理解与认识,当下许多教育工作者在推进中小学校长培训的同时,对校长培训内涵开展探索研究。

然而,如果转换一种视角,即从参训校长与培训机构二者的关系论,因为中小学校长们是学校领导与管理的群体,所以培训不仅仅是单一的人力资源的开发问题,同时也是培训资源的再生与发掘问题。其中所体现的是培训机构、中小学校长与学校管理工作质量、效能的内在关联。

但在培训实践中,中小学校长已拥有的素质、知识与技能结构对培训机构和培训者的反向作用没有为众多的研究者所关注。其实,担负着引领学校

---

① 钱立青、潮道祥:《开发中小学校长经验性资源反哺培训教学的研究》,载《教育理论与实践》,2016(2)。

和教师发展、促进学生全面发展与个性发展重任的中小学校长的角色是多重的,美国的教育管理学者布迪森指出:"校长的角色除了要适应管理角色需求,还要重新认识他们所扮演角色的性质以及所要履行的责任。校长的角色没有固化,反而被'仓储化'了。大凡在学校或者社区开展的活动,只要无人指派或者承担,校长就成了无法推卸的责任人。"[1]因而,校长在办学治校过程中,将自己定位为发现、识别问题与诊治、解决问题的层面的"问题解决者"。[2]无论是立足于教育学知识和学校管理学知识的产生,还是侧重于培训效能的提高,这种知识资源的开发对于培训机构的可持续发展和培训绩效的提升,都具有重要的理论价值和实践意义。因此,如何开发中小学校长自身所蕴涵的知识资源,使以往培训过程中单向的知识与信息交流,即由培训者到学习者,转变为双向互动的知识与信息交流,即既有培训者传递知识给学习者,也有学习者影响培训者,应当成为中小学校长培训研究及实践中的一项重要课题。

由此,将中小学校长在教育教学实践和管理实践中积累形成的知识、技能描述为经验性知识,将中小学校长自身所拥有的经验性知识对培训机构的作用与影响描述为中小学校长经验性资源的反哺价值,是因学习者自身所拥有的经验性知识对培训机构的积极作用与影响,然而这种反向作用并不能够自动生成,需要培训机构和培训者有意识地培育、引导与开发。

二、校长经验性资源发掘的范式探析

现代认识论与知识论的研究表明,人类在生产生活实践活动中需要运用与支撑的知识结构应是多元整合的。英国学者赫斯特认为,所有的实践活动都涉及两类知识,其中一类知识叫作技术性知识,即关于规则、技术和原则的知识,是以命题的形式完整地表述出来,能被学得、记住并付诸实践的。另一类知识是实践性知识,这类知识只存在于使用过程中。它们不是反省性的,

---

[1] Panl V. Bredeson. *An Analysis of the Metaphorical Perspectives of School Principals*. Educational Administration Quarterly,1985(1).

[2] 张新平:《校长:问题解决者与欣赏型领导者》,载《教育研究》,2014(5)。

不能用规则的形式表述出来。① 由此看来,除具有可言传和可学习的特征,以学科为载体,以概念、命题、理论等形式表达出来的科学知识外,还有一类知识具有鲜明的"经验"属性,这种知识并不一定清楚明了地被写在书本上,甚至有些是跟显性知识有特定的时空条件的必然逻辑关系但又尚无法用语言表达出来,缄默地为实践者所拥有,通常体现在为人处事的习惯方式与行动之中,有人称之为"缄默知识"。严格来说,这些缄默知识只有在实践中通过体验获得,并隐藏或暗蕴于人们可能已经验证的实践中,具有难以言传的特质。本着知识生成与知识创新,人们可以通过反思体会到、多次验证到、准确记叙到归纳模型(原则)的路径,有效地将经验性知识转化、提炼为科学性知识,并采用适当的表达方式传达给其他实践者。

这样的结论同样适用于中小学校长学习培训。学校管理作为人类社会实践活动的一种形式,同样需要利用多方面的知识。而所有这些知识,都可以分为科学知识和经验性知识。校长培训本应是双向互动的,培训者与学习者应共同构成"学习共同体",在学习过程中彼此之间沟通、交流、共享各种学习资源,共同分享知识、构建知识。然而,在通常的中小学校长培训活动中,学习者习惯处于接受知识的被动地位。知识性培训总是表现出单向交流、输入补给式的特征,即培训者在教学中将可用语言表达的显性知识,以传统培训的固有模式、载体传递给参训的中小学校长,此举难以激发学习者的内在需求动机。

实际的培训工作证实了中小学校长拥有培训者自身所不具备的经验性知识。而问题是本来应为培训机构所关注的经验性知识,却在培训内容设置中被淡化甚至忽略。培训过程中培训者也很少主动做到有意识地开发中小学校长的经验性知识资源。

然而,培训机构或培训者关注经验性知识,特别是注意开发或挖掘中小学校长拥有的经验性知识,究竟具有什么价值?其实,着眼于培训的效果与

---

① [英]赫斯特著:《教育理论》,见瞿葆奎主编《教育学文集·教育与教育学》,北京:人民教育出版社,1993.

学校管理实践的改进,经历大量培训实践的培训者也意识到经验性知识的实践价值及其在培训中的不可或缺性。许多实践案例表明,只有适度地将科学理论知识与学校管理者拥有的缄默知识结合起来,才能构成成功的学校管理实践。仅就这一点来讲,大多数培训机构都没有进行深入的研究。当在培训过程中听到中小学校长说"理论上看似有用,而在实践层面上却往往行不通"时,培训者总是在培训组织、培训运行本身上寻找原因,总是一味地认为培训模式、培训内容或载体方面存在问题,而没有意识到,或者即便有了些浅显的问题意识,却没有驱动力坚持去挖掘和分析学习者所拥有的个体经验性知识。

接下来分析一下中小学校长拥有的经验性知识所具有的理论价值和意义。从理论层面来看,中小学校长的经验性知识是一种客观存在,中小学校长经验知识所具有的反哺价值一般只表现为一种可能性。要使这种可能的反哺价值成为现实,需要培训机构采取切实的开发行为,即通过适当的途径与方式,为这种经验性知识的分享提供载体。换言之,培训机构需要通过一定的形式,采用"实践性对话",通过参训中小学校长与教学管理者、授课教师以及学员之间的对话与交流,促进中小学校长经验性知识在培训机构中的传播。在"实践性对话"这个总体概念之下,参训中小学校长与培训机构的不同群体开展了多元的对话,体现了不同群体的价值需求。

(一)中小学校长与教学管理者的对话

这一层面的对话主要是立足于学校的办学及人才培养模式的调整与改革,大多是通过召开参训校长的座谈会形式进行。对话的内容是多方向、多维度的,涉及中小学校长本人的成长经历、从中小学教学角度看培训教学、课程改革以及如何为基础教育输送合格的教师等。在这种对话中,培训机构了解了参训中小学校长对正在发生的基础教育改革的认识与看法,了解了中小学对师资的实际需求,了解了中小学当下教育状况与未来发展趋势。在与校长进行对话后,教学管理者将掌握的信息通过学校的教学管理系统反馈给有关部门。

(二)中小学校长与培训教师的对话

通常,中小学校长与培训者的对话可以表现为三种形式:一是座谈会形式,即由培训机构专门组织的参训中小学校长与培训教师就培训本身而展开的对话;二是研讨会形式,即就某项教育教学改革实践及学校管理实践中存在的问题展开专项研讨;三是论文提交形式,中小学校长的培训论文是参训校长将内在的经验性知识进行书面公开表达,而培训教师则通过具体的论文指导形式与之对话。这些对话的目的都在于引导参训的中小学校长将经验性知识公开化。在这种公开化过程中,培训教师获悉:隐含在中小学校长内心的办学治校的实践理念、规则与原则有哪些;管理中切实有效地支配中小学校长的行动理论是什么,它们各自存在的合理性如何,由此而产生的实践理性怎样。在这样的中小学校长与培训教师的对话中,最大的受益者是培训教师。培训教师可以在培训过程中利用这些经验性知识资源。

(三)中小学校长经验性知识的分享与呈现

中小学校长大多是从学科教学或行政管理表现突出者中选拔出来的,长期的教育教学和管理实践,让他们积累和形成了丰富的知识与技能,但对于个体而言,每一位校长的个体差异和所处外部环境差异,决定了他们各自具有不同的办学经验、管理感悟和困惑。组织举办校长培训班,将来自各地的中小学校长集中在一起学习,本来就是一个难得的横向交流机会。培训过程中固然需要安排一些高水平的专家讲座来引领,但学习者相互间的研讨交流也必不可少。事实上,主题研讨、横向交流的机会是学习者十分珍惜与偏爱的,因为他们会从其他校长"现身说法"的分享交流中得到不少的启迪和帮助。当然,如何进一步提高这种研讨交流的实效性,适度引发校长的理性反思与自身资源的释放,对培训组织来说是一个值得深入研究的课题。

长期处于教育管理一线,不少勤于思考的校长会自然而然地总结出一些独特的教育思想,并内化为一种知识与行为准则。改进校长教育思想的转化路径,要将校长的前瞻性思想转化成有效的教育资源,推进教育教学质量的优化。① 若要将中小学校长的教育思想转化成有效的教育资源,便要关注蕴藏于校长自身的内在的"实践性知识"的开发。只凭信息传递、解释等传统手段,是难以有效地做到深层开发的,因为这需要学习者基于梳理实践经验进行无限的自我反思而培养理性,进而选择情境进行交流才有可能得到有效地释放。

为科学地促进学习者的"缄默知识"向"显性知识"转化,呈现共享状态,可以尝试采取由中小学校长撰写"学校管理案例""学校发展规划"等总结管理经验方式。将经验总结成文,校长们首先要把自己的思想梳理一遍,运用自身的理论来分析、解决问题,重建自己掌握的有关教育管理知识,从而将经验加以总结、提炼和升华,并以恰当的方式表达出来,供培训者和同行分享。

三、校长经验性资源的反哺价值

中小学校长在办学治校过程中,始终处于重要的决策地位,是管理角色。纵观中小学校长的专业成长,是一个以理论知识为基础,不断评判、吸纳、归纳有效实践信息从而实现动态建构的过程。经过了多年的实践,每一位中小学校长身上都或多或少地有一些实践性知识或经验性知识,这些知识并不是书本上定义描述的,而是依存于特定的社会环境、学校场所、课程教材、师生等背景下的,可以说是一种充满柔性的主观认知。这种直面实践情境洞察多种可能性、进行某种判断和决策的经验性知识,也就反复被检验,渐而演变成综合性知识。在这一过程中,校长们需要不断凭借经验主动地解释、矫正、深化现有知识。中小学校长群体虽是培训对象,但也可以转化为办学资源。作为资源,其内在的价值在于中小学校长拥有的经验性知识,这种经验性知识可以实现外化传承。

现行的中小学校长培训课程设置变革主要体现在理论内容的构建上,对于从事一线工作的中小学校长,需要更多有操作性的建议与案例。管理好一所学校,不是靠几条原则和几个制度就能做到的,这是一个复杂的问题。这

---

① 夏心军:《思想力:校长治校的应然素养》,载《江苏教育(教育管理版)》,2014(4)。

些问题,对于培训模式与培训效果来说是非常重要的。利用中小学校长的经验性知识,培训机构的教育管理者能够在投入较少成本的情况下,获得对这些问题的认识,从而成为培训模式与内容调整的参考。

如果中小学校长在学校管理实践中所起的基础性作用是他们经验性知识发挥的作用,那么,中小学校长所拥有的经验性知识对培训机构和培训者的作用与意义,可被称为"反哺价值"。前者指向中小学校长自己的管理实践,后者则指向培训机构和培训者的培训实践或其他实践活动。就培训机构和培训者而言,中小学校长所拥有的经验性知识具有多重的反哺价值。

(一)促进培训者的理性反思

在长期的教育管理实践中,中小学校长不仅积累与内化了丰富的经验性知识,而且通过积淀与整合这些经验性知识,他们对实践中产生的问题产生了理论澄清的内心需求。因此,参加培训的校长便有了一个潜在的培训动机,即在培训中运用理论解决实践问题。其实,他们在实践中遇到的问题,从问题的属性来看,往往是不同学校共有的,具有普遍性。它们中既有学校管理方面的问题,也有基础教育改革中遇到的问题。它们与特定的情境相关,具有独特性。这些学校管理实践问题,自然会引发培训者的理性思考:第一,培训需求的提出,促使大多培训者在培训教学设计与组织中形成问题意识与问题导向;第二,本着培训工作的实效性和培训需求的满足,培训者需将培训对象提出的问题消化与转化成为自己的问题,实现角色换位思考;第三,培训者试图运用教育理论界定、辨析、反思存在的问题,并提交供中小学校长参考的富有操作价值的策略性建议。

(二)支撑中小学校长发展性研究

可以说中小学校长不断积累的经验性知识是教育管理理论发展的源泉。从一定意义上来讲,中小学校长培训活动是培训者与学习者之间的"实践性对话"的过程。这里的实践性对话内容包括教育实践和独特的技术性术语、信念和原则。因此,培训教学过程不仅仅是理论知识的单向传递过程,也是培训者对作为实践主体的中小学校长以符号形式表达出来的学校管理实践的考察及印证过程，直接指向中小学校长的经验性知识。这对培训者来说，既是一个知识信息的收集过程，深化对"知识"的认识，同时也是一个探究过程，有效地促进知识的分化和整合，对知识进行归纳和理论提炼，使经验性知识具有无限的延伸性和共享性。

(三)学习共同体共享经验性知识

校长经验性知识的反哺价值主要体现在作为培训机构的学校以及作为培训者的教师两个层面上。承担中小学校长培训教学的教师，有相当一部分并没有中小学一线的管理实务经验，甚至可以说纯粹是理论研究者，尽管他们将理论教学演绎得有理有据，尽管其教育学、心理学以及学科教学论等方面的教育理论知识丰富，但对中小学教育教学工作并没有切身的体验。同时，站在校长培训的讲台上，他们对中小学校需要什么类型的校长、中小学校长需要具备怎样的素质，并没有明确的认识。一句话，培训教师总体上缺乏从事中小学教育实践工作的经验性知识。因此，通过组织参训中小学校长形成学习共同体，共享经验性知识，可以帮助培训教师者深入了解中小学一线工作情况。

第四章 中小学校长培训模式与方法

第一节 中小学校长培训模式的选择

如果要提高培训质量和效益,就必须研究培训模式和培训方法。培训模式是在一定培训教学思想或理论的指导下,对培训教师、学员、媒介互动状态和过程加以概括而形成的系统、有序的培训活动结构框架和活动程序。培训模式是正确反映培训规律、有效指导培训教学实践的培训教学行为范式。只有选择符合培训目标和培训对象特点的培训模式和培训方法,才能有效地提高培训教学质量和培训效益。

一、校长培训教学现状与多元化模式

(一)校长培训观点之争

长期以来,受传统的课程设置理念尤其是结构功能主义思想的影响,中小学校长培训在一定程度上注重的是学科理论体系的构建,强调教育科学理论培训与学习。由于教育理论是对普遍规律的原则性提炼与抽象,为教育过程的理智解释提供了用以预测教育过程所需要的知识,实际是力求提供控制教育实践的技术。

所以大多数培训者认为,只要中小学校长掌握了某种教育理论,就能够有效地解决教育实践中遇到的问题,因为教育理论提供了一套在理论的运用

者看来行之有效的操作规范和行动原理。这种技术理性的教育理论——实践观,在中小学校长培训中会导致理论与实践"两张皮",这正是培训者与受训者双方所共有的技术理性观点在培训教学中的反映。

其一,培训方观点。作为培训者的教师,大多倾向于在教学中讲授成熟的教育理论。这是因为培训者通常相信教育理论是优先于并高于教育实践的。他们认为教育理论来源于教育工作实践,又能够解决教育实践问题,它最终是通过提供操作性的规范来控制和指导教育实践。培训者还认为,教育理论所探究的是教育现象背后的客观规律,一旦揭示了这些规律,理论就可以转化为指导实践的基本原理。

其二,受训方观点。参加培训的中小学校长认为,课堂上培训教师所讲授的教育理论能够立竿见影地解决学校管理中存在的实际问题,才是至关重要的,也就是俗话说的"要管用"。从培训需求和培训期望的层面来看,校长期待习得的是可操作的技术方案,所需要的是对于问题的"处方式"的有效性建议,即期望利用培训习得的理论及理论所阐述的行动规范和行动原则来有效地解决实际问题。

当前,中小学校长培训绝大多数还是沿用以理论传授为主的培训模式,依然是以系列讲座、专题报告等形式单向地传递着教育理论信息。"忽视广大校长在培训中的主体地位和作用,把校长看作被动地接受知识的客体和容器",[①]其培训绩效显然会不尽如人意。这种理论传授尽管有其合理性,尽管比较系统,但作为学员的校长听起来总是感到与工作实际有距离,无法激发其学习的兴趣。原因是这些写在教科书上的理论,在中小学校长看来,单纯地从理论层面上看是有理有据,但放到工作中却难以运用,解决不了实际问题。这种培训从本质上来说仍然是以培训者为中心、以学科为中心、以课堂讲授为中心,已远远不能满足新形势下培训发展的需要。

(二)校长培训的方式方法

当前,倡导中小学校长培训方法灵活多样。各地在校长培训实践中,根

---

① 王铁军:《现代校长培训:理念·操作·经验》,南京师范大学出版社,1999。

据校长学习的成人性、在职性、问题取向等规律与特点,采取的方法有传统的,也有现代的,形式多元,提高了校长培训的实效性。传统的方法主要有以下几种。

1.课堂讲授法。课堂讲授法属于比较典型的传统教学方法,虽然受到越来越多的批评,但在培训当中仍然是首选的方式,特别是在涉及系统知识和理论体系内容时,多采用这种方法。为了提高课堂讲授的效果,应该充分利用现代信息技术与工具。同时,可以在课堂讲授中引入灵活多样的形式,如"启发式讲授""发现式讲授""开放式讲授"及教师引导、自学、问答等形式,这样可以调动学员学习的积极性,提高学习效率。

2.研讨法。研讨法是使用频率仅次于课堂讲授法的一种方式,既可以教师为中心,也可以学员为中心,灵活性强。研讨法还可以派生出其他形式,如小组讨论式、沙龙式等。

3.角色扮演法。这一方法在干部培训过程中经常被采用。角色扮演是先设计好仿真情境,然后要求被训练者在情境中担任某一角色,出场表演,通过与其他角色互动,展现培训内容,达到培训的目的。

4.社会调查法。社会调查法是理论联系实际的一种综合培训方法。社会调查有利于开阔学员的视野,拓宽他们的思路,培养他们的综合素质,提高他们综合运用理论知识分析和解决问题的能力。

为提高培训的实效性,更多的培训机构采取专题辅导法、问题教学法等,鼓励学员多提问题,然后思考问题、讨论问题。尤其需要注意培训学员求异思维能力和创造性思维能力,提倡不同观点、看法的碰撞,不一定要有统一的结论性意见。这种以能力提升与素质培养为导向的培训模式主要有如下几种。

其一,案例分析式。案例教学是指围绕一定的教学目的,将学校教育教学和管理实践中的真实事例(成功的或失败的)进行典型化处理而形成一种特定的教学案例,以供学员们分析、思考、讨论并作出各自判断的一种教学模式。这种教学模式有助于启发学员思维,提高他们分析问题、解决问题的能力。在案例教学活动中,教师可以有意识地引导学员从多个方向、多种角度来分析案例,具体方式主要有三类:一是发散型导向,即启发学员进行创造性思维,分析、思考的方向与解决问题的角度、办法越多越好;二是对抗型导向,即让学员在案例讨论中形成不同的观点,在争论、辩论中提高各自的分析能力;三是总结型导向,即通过案例讨论进行系统归纳、正面总结,使经验升华为理性认识。案例分析是培养中小学校长思考分析能力的一种有效教学模式。

其二,情境模拟式。这是一种经常被用来培训预备干部或初上岗校长的教学模式。它运用多媒体教学技术手段,创设一种模拟学校管理的情境,让学员们扮演校长或其他管理者角色,让他们在角色扮演过程中提高自己的管理能力。在情境模拟教学中,理论与实践高度结合,教师与学员高度投入,有利于提高校长把握校长角色的能力、驾驭局面的能力、控制冲突的能力、决策判断的能力、敏捷应变的能力、协调管理的能力、掌握政策尺度的能力、简洁表达的能力、归纳问题的能力和创造性思维的能力。

其三,实地考察式。实地考察是理论联系实际的一项综合训练教学环节。有目的的考察有利于中小学校长开阔视野,拓宽思路,培养综合素质,提高综合运用理论知识分析问题和解决问题的能力。

其四,教育诊断式。这种培训方法既符合教育干部培训的理论联系实际的原则,能够发挥受训校长实践性知识的最大效用,又有利于校长在培训中主动学习,积极思考问题,展示自己的办学理念,解决中小学教育和管理实践中的问题。在目前业已形成的校长提高培训和高级研修中,可以安排三分之一左右的教学时间,让受训校长以小组的形式深入不同类型的学校,就学校的问题个案进行"坐校问诊",集体讨论,提出咨询和诊断方案。

其五,系统化课题研究式。这种教学模式更能满足研修班学员的培训需要。校长研修班学员通过对专项性课题的集体研究,提高课题设计与教育科研能力,或者一边进行理论进修一边系统总结自己的办学经验,成长为专家型校长。

目前培训中已经广泛运用现代教育技术如远程教育手段进行教学,通过网络系统实现异地向学员传递知识、布置作业、检查学习情况等目的。学员可以通过移动终端与教师进行交流互动,询问问题。

二、校长培训模式的选择与运用

(一)校长培训模式的发展走势

长期以来,我国的中小学校长培训工作中存在着一些制约发展的问题。从培训教学的视角看,有如下问题:一是培训形式单调枯燥。以往的校长培训多采用讲授灌输方式,从书本到书本,这种"填鸭式""讲话式"或"报告式"的培训方式,使校长感到单调乏味,学习主动性差。而一些校长由于受行政指令和规章制度的约束,不得不来应付培训,把培训学习视为一种"负担"。二是学员在学习中处于被动地位。以往校长参加培训活动始终处于"受训者"的地位,只是被动地听课与接受信息,没有主动融入培训活动,很难实现自主地思考、领悟知识。三是从事校长培训教学的教师积极性与创造性不高。在以往的校长培训中,教师主要是按照上级的指令和统一印发的教材刻板地授课,教师实质上只是理论信息的提供者、标准答案的发布者和核实者,是传递上级命令的"二传手"。所以,培训教师难以针对学员的实际和需求去设计教学。

这些问题在校长培训工作中表现突出,多年来人们为此感到忧虑。其实,这些只是校长培训教学问题的外在表现,真正的、深层次的核心问题是校长培训存在着理论与实践严重脱节的弊病。这不仅是校长培训教学的弊端,也是整个校长培训发展的最大障碍。目前,理论与实践脱节的弊病制约了校长培训工作的开展。专家称这种现象为校长培训的"高原平台现象"。

"高原平台"状态甚至就是发展缓滞状态。如何能破解校长培训的"高原平台"状态,有效地推进中小学校长培训工作?研究、选择、实施科学的培训方法和模式是关键。目前,校长培训工作者学习借鉴国外发达国家的先进理论和经验,尝试研究了一些校长培训教学的新模式,如"菜单式""参与式""问题式""校本式",等等。这些模式丰富了校长培训的形式,对校长培训工作改革与发展起到了推动作用,但仍未能令人满意地解决校长培训工作中理论与实践分离这一深层次的核心问题。

经过长期的探索与发展，中小学校长培训工作已经进入重要的创新发展期。新时期，在培训模式上既要继承，更要发展。当前需要解答的命题有：如何处理培训过程中"教师中心、讲授（课堂）中心、学科中心"问题？如何处理好传统讲授教学与现代合作教学的关系？如何实现共性培训与个性培训的有机结合？如何实现"参训—自学—研究"的优化？如何落实培训的实践性、针对性、灵活性、实效性？……

宏观而言，校长培训模式在不断发展，经历了由单一到多样、由简单到复杂的过程。其中，培训模式的变化最大。从教与学的"主导状态"视角维度梳理，校长培训模式的演变主要经历了三个阶段：

1."教"占主导的阶段，表现为以课堂教授为主的"大学经院式"，通常采取"集中面授—分散自学—辅导答疑—考试考核"的"成人函授式"，以及"专题讲座式"等教学方式。过去的中小学校长培训主要以这些培训模式为主。

2."教"与"学"并重的阶段，表现为"专题讲座—考察式""专题讲座—课题研究式"以及"菜单式"等培训模式。目前多采用这些模式。

3."学"占主导的阶段，多采用"案例教学式""考察会诊式""课题研究（论文）交流式""合作参与式""问题诊断式""校本式""技能训练式""异校挂职锻炼式"以及"行动研究式"，等等。

多元培训模式的出现有力地促进了校长培训工作的发展。总体而言，培训模式发展表现为由教占主导向以学为主导的转变。

（二）如何选择培训模式

培训模式是培训理念、课程及管理诸要素的功能作用的具体化，是完成培训任务、实现培训目标的载体。体制决定机制，结构决定功能。培训模式影响、决定培训效能。同时，培训模式最具外显性，也是培训活动性质的标志体现，培训模式的特色决定培训的特色。可见，选择好、论证好、研发好、运用好校长培训模式是培训者的主要任务，是做好校长培训工作的"真功夫"。

1.系统把握，要完整准确地把握培训模式的实质。模式不是方法，其更具有系统性、整体性和精细性。培训模式是由指导思想、功能目标、结构要素和操作程序、操作原则等要素构成的，它具有严密的逻辑性、程序性，有其特殊的功能和适用范围。因此，在选择培训模式前，需要做一番精心的研究。对培训模式的各个构件，尤其是预计目标效果、实施步骤、操作原则等应做好明确、充分的论证。因为只有真正有机整合好各个要件、理解并系统把握培训模式的脉搏、原理，运用才能到位，才能收到实效。

2.准确选择，要切合实际地运用培训模式。对于同样的培训内容，选择不同的培训模式，质效就大不相同。任何一种培训模式都有特定的功能和适用范围，任何一种培训模式都不是万能的灵丹妙药。培训模式的构建应从实际情况出发，考虑当地教育状况、教育改革要求、校长的实际水平等方面，尤其需要考量校长的水平，如学习习惯、兴趣、需要、基本素质状况等。一种模式往往是适用于某一地域的，或者是适用于某一时期的。从这个意义上讲，世界上不存在普遍有效的模式，也不存在最优的模式，即模式本身没有好坏之分，模式的选用却有高下之分。因此，选用模式必须从实际出发，系统考虑校长的具体情况、培训内容、教学条件，多时空、多角度地分析问题。模式选准了，操作起来才会得心应手、富有成效。

3.灵活操作，要灵活地使用培训模式。变是绝对的，不变是相对的。在校长培训模式的运用上，既要借鉴，即吸取已有的成果，又要变通灵活，要在继承的基础上开拓新路，用心寻求适合的新做法。无论是培训目标还是操作规程、具体方法等都不能固定化，要切忌"形式主义"，更不能照搬照抄。要做到既用范例，又不因袭；既有原式，又生变化。不定型化、格式化，一切以实际、实用、有效、有利为本，即培训模式应遵循"因适性"原则，因人、因时、因地、因事而变，适人、适时、适地、适事而果。培训应是动态，而不是老生常谈的常态。应构建动态性的、多样性的现代校长培训模式新体系，使校长培训工作富有生命力，常训常新。

4.研究创新，要深入细致地探索开发新的培训模式。教育事业在不断发展，校长自身在不断发展，校长的培训工作也必然要不断发展。因此，培训模式的改革与创新势在必行。当下，校长培训最难的问题还是"模式高原"，即培训模式的单一,呈现老做法、老形式、老一套等"老化"状态。要突破现状,只有一条路,就是大力改革创新,不断研发培训新模式。模式的改革与创新本质上是从不同的层次、不同的视角去处理好培训工作中的各要素的关系,努力汇聚最优的条件,以达到预定的培训目标,形成提高培训质量的最佳设计。培训理论与实践的发展,特别是校长个体的发展提高,将有利于培训模式的创新发展,实现优质培训。

三、对传统培训模式运用的反思

中小学校长培训是提高校长素质的主要方式,必须适时对其进行改革,创新教育制度,建立中小学校长乐于接受、踊跃参与的新型中小学校长培训机制,实现中小学校长综合素质的全面提高。

(一)培训模式运用存在的问题

1.培训动机缺乏内驱力。中小学校长培训一直被视为政府行为,它强化规章制度和管理措施,却难以牢固树立终身教育的思想,不能够让校长本人从战略的高度充分认识培训的重要性。而且这种自上而下的培训不能完全体现学员的学习意愿、需求等,对于政策性、指令性很强的大规模培训,学员往往缺乏积极性和主观能动性。

2.培训内容缺乏吸引力。中小学校长培训内容一直是以学科教学为导向的预定式计划课程内容。这种计划课程模式往往按照"三中心",即教师中心、课堂中心、教材中心来组织教学,其重心是教师课堂讲授方式。其弊端十分明显,一是置学员于被动接受的位置上,难以调动他们自主学习的积极性与主动性;二是以学科教材为中心组织培训教学,容易脱离教育实践的发展需要;三是以课堂讲授为中心组织培训,不利于学员学习能力、实践能力与研究能力的提高。

3.培训形式缺乏灵活性。尽管培训的方式一直在改变,但依然存在单一化问题,在一定程度上还是沿袭老的套路,没有区别性、针对性地把握不同层次中小学校长的培训需求,接受培训的中小学校长没有任何选择的余地,与多元化的培训形式相距甚远。

4.培训机制缺乏约束力。中小学校长培训工作没有刚性的约束机制,工学矛盾较为突出。学员工作任务比较繁重时,就容易忽略培训学习。培训机构的管理力度也不够。由于培训对象的特殊性,培训机构只是简单地强调学员自觉遵守纪律,却淡化监督检查,虽然制定了相关学习制度、考勤制度却无法严格执行。

(二)借鉴国外校长培训模式

放眼全球,世界各国在长期的校长培训实践中,逐步形成了各具特色的培训方式。但总体看来,都比较强调理论联系实际,提倡以自学为主、以专题为主、以学促变为主,不苛求统一模式与进度。相对于我国校长培训采取的半脱产形式,国外多采用在职自学,适当采用集中面授和研讨相结合的方式。多数国家对校长培训组织方式不作硬性规定,允许校长自愿参加。如英国校长培训,培训教师把参训校长看作培训的主体,十分重视发挥校长的主体能动性。培训教师先发给校长授课提纲及有关学习材料,而在课堂上,他们只作指导性的讲解,提出问题,让校长自行查阅材料、交流讨论,鼓励校长发表不同意见。

美国的校长培训提倡问题教学和案例教学,鼓励校长提出问题、思考问题、研究问题,注重培养校长的求异思维能力和创新能力。如哥伦比亚大学教育学院就重视运用案例教学法,先由教师向校长们介绍分析问题的思维方法,再由校长分析具体案例,提出解决问题的方法。斯坦福大学教育学院则把校长培训分为三个阶段:第一阶段是课程学习,第二阶段是问题处理、学习实践,第三阶段是考察实习。三个阶段分别安排在三个夏季进行,每次学习三门课,每门课学习2.5周。教师的任务除讲课外,还有设计问题、组织研讨、推荐阅读书目。

德国的校长培训一般分三步进行:第一步是组织校长学员们在学院里听课学习;第二步是让校长返回自己所在地区与参加过培训的校长组成小组进行交流、研讨;第三步是回到自己学校,解决工作中的实际问题。期间,培训教师要到学员所在学校进行具体指导。

在培训过程中,多数国家都能够充分运用现代化技术手段,通过网络系统、远距离移动教学等方式,提高校长培训效果。同发达国家相比,我国中小学校长培训方式的优点在于领导有力、上下协同、课程规范、管理严格,不足之处表现为方式不够灵活、实效性不强、教学技术手段较单一。

第二节 案例教学培训模式研究

案例教学是教师以案例的形式来阐述基本知识、基本理论,调动学习者积极参与课堂讨论,培养学习者理论联系实际、分析问题和解决问题能力的教学模式。

案例教学的着眼点在于促使学习者创造能力和解决实际问题能力的发展。推行案例教学不是单纯的教学方法变革,而是促进教育观念的更新、学习者实践反思能力的不断提高、教师角色的定位和培训观的转变,以及互动式学习共同体的创设等,为中小学校长培训模式变革提供了新思路。

一、案例教学的基本内涵

所谓"案例教学",就是教师根据教学目的与要求,引导学习者运用所学理论,对具体事例进行分析、论证或通过教师对具体事例的阐释,加深学习者对所学理论的理解,得出某些结论或获取处理问题的正确方法的一种教学方法。

在课堂上运用案例教学,可以使抽象、晦涩的原理、规则、理论变得通俗易懂,把具体和抽象结合起来,促进学习者全面深刻地掌握理论知识。中国古代教育家孔子曾指出:"学而不思则罔,思而不学则殆。"这句话正确地论述了思维与学习的辩证关系;孔子还提出了"道而弗牵,强而弗抑,开而弗达"的教学原则,指出教师的作用在于引导、启发,而不是强迫、代替。案例教学要求教师以案例来引领导教学,不断创新课堂教学方式,活跃课堂氛围,充分调动学习者学习的主动性,让他们在自己独立思考的基础上,融会贯通地掌握知识,提高分析问题和解决问题的能力。

传统教学形式的教师教、学生学是单向的知识传授过程,而案例教学更多的是一种动态的、以学习者为主体的、教师与学习者互动的知识探索过程,它能够最大限度地引导教育对象参与教学活动,形成教学互动。案例教学能够充分调动学习者主动学习精神、求知欲望和自主寻求解决问题的办法,做到变被动学习为主动学习。

二、案例教学促进培训教学变革

中小学校长培训是一种成人培训、干部教育,如何提升其培训绩效一直是培训工作者思索的问题。随着西方教育理论的传入,一些培训者引进了美国哈佛大学首创的案例教学模式,"案例教学大大缩短了教学情境与实际生活情境的差距",[①]实践证明案例教学非常适合于成人培训,也给中小学校长培训注入了新鲜的血液。从功能与效果上来看,案例教学能够刺激学习者独立思考,从而培养创新意识,养成分析问题、解决问题和团结协作的能力。由于学习者都是实际工作者,他们阅历广、社会经验丰富,在案例讨论、问题分析过程中,必然会自觉或不自觉地运用个人的实际工作经验,使学习者受益。这样,不仅深化了教育内容,而且使学习者学活了知识,用活了知识,提高了实践工作能力,使所学理论知识得到升华。真正实现了教与学的统一,实现了内容与目的的统一,培养了学习者的创造性思维能力,提高了学习者分析问题、解决实际问题的能力。

(一)有助于培养学习者的创新思维能力

案例教学不同于常规教学中简单的举例,它是借助案例来完成教学。教学中的案例都具有论辩性和不确定性,教师还有意地打开一些"缝隙",抛出一些问题,留下一些"想头"吸引学习者的注意,激发学习者

---

① 郑金洲:《案例教学指南》,上海:华东师范大学出版社,2000。

的兴趣,使其在边议边想、各抒己见、相互启发的过程中,提高分析问题、解决问题的能力。

(二)有助于培养学习者的社会实践能力

案例教学不仅具有典型性,而且具有较强的社会性。在案例教学中,通过学习者模拟、演示、讨论典型案例,加上教师的剖析、概括与引导,不但可以清晰地再现问题的原貌,使学习者充分认识问题的性质和社会影响,而且还能使学习者在解决问题的过程中,得到"实战"锻炼,也为学习者处理类似问题提供了参考。

(三)有助于促进学习者"旧知"与"新知"的整合与内化

学习者将学得的理论知识转化为实践能力的重要前提是将理论知识进行整合与内化,形成内在的素质和能力。在案例教学模式中,一旦将案例中隐含的理论问题揭示出来,将学员置于学校领导与管理工作的"真实"情境中,就完成了"旧知"与"新知"的同化过程,使学员形成了新的能力。同时也消除了教学情境与实际生活情境之间的差距。

(四)有助于调动学习者的学习积极性

调动学习者学习的积极性是搞好中小学校长培训教学的重要抓手。在教学中,教师要把课堂讲授变为对学习者的指导,让学习者作主角,让学习者在课堂上有一个关注的焦点,引导他们运用已有的理论知识和经验积极地思维,努力寻找解决问题的方法,激发他们的求知欲望。这样,就可以使抽象、呆板的理论讲授变得生动活泼,具有启发性,激发学习者的学习兴趣。同时案例教学还能促进学习者主动学习,做到课上认真听,课下认真学,对所学的知识理解更透彻、印象更深刻。

三、案例教学的操作实践

（一）案例教学的基本流程

案例教学一般可分为编写案例、分析讲解案例和讨论总结案例三个环节。

1.编写案例是案例教学的主要环节。所编写的案例要与所讲授的理论知识、与教学目的相匹配，同时所选案例不能是特例，应是通例，应是人们经常遇到的具有代表性和共性的案例。

2.分析讲解案例是案例教学的基础环节。分析讲解案例要形象具体，要能吸引学习者的注意力。案例的表现可以是录像全景式的，或是文字描述式，或是口头表达式的，还可以是现场表演式的，最好能自然地使学习者被引入思考并能引起学习者心灵上的共鸣。

3.讨论总结案例是案例教学的关键环节。讨论时，可采取推荐代表发言和学习者自由发言相结合的方式。教师要善于驾驭课堂，根据发言情况及时引导学习者围绕案例进行分析。在课堂讨论结束后，教师要进行总结点评，点评学习者对问题认识和理解的深度，总结归纳学习者的观点，明确正确的分析方法、思路和观点。

（二）案例分析中加强联系实践

教学理论需要教学实践的丰富和发展，教学实践需要教学理论的引领和指导，从这个意义上说，案例分析既应从理论的高度做出分析，又应在实践的层面上做出评论，只有将两者有机地结合起来，才能有效地沟通教学理论与教学实践，才能真正实现既提升理论，又改进实践的目标。①

对于一个案例，既要从宏观上作系统的分析，如整体把握案例的基本架

---

① 罗新兵、罗增儒：《案例教学：谋求教学理论与教学实践协同提升》，载《天津师范大学学报（基础教育版）》，2005(2)。

构,总结案例的教学模式,凸显案例的教学理念等,也要作具体的分析,从案例中截取一个典型的教学片段或提取一个富有价值的教学问题,深挖其深层的思想理念,拓展教学处延,从而使学习者做到举一反三、触类旁通。

在进行案例分析前,教师要提出切中要害的问题,引导学习者对问题进行深入的思考和反思,引导他们对案例的教学目标、案例中的难点和重点以及教学技巧等进行分析,尽量让所有学习者都有发表观点的机会,同时也了解别人的观点。教师要把学习者的讨论意见集中起来,鼓励他们继续思考,帮助他们更清晰地理解案例中的疑难问题,把有关解决问题的方案或想法具体化。

(三)案例讨论中突出引导与启发

培训教师要认真组织讨论。一般来说,每个案例都可以从多个角度进行分析讨论,每个学习者都有自己的兴趣指向,如果教师引导不当,有的学习者就会不知从何分析,或者只会谈现象与枝节。因此,教师必须充分了解案例的内容,提前做好精心准备,组织讨论时还要进行机敏灵活的动态调节。

为了使案例讨论相对集中,可以在呈现案例时,提出一些思考问题,组织学习者讨论。一般来说,在讨论一个案例时,至少要有两种不同的解决问题的备择方案出现,甚至更多。在讨论最重要的或最适宜的方案的优越性之前,需要进行对比分析,最后确定一个最佳方案。在确定最佳方案后,讨论并没有结束,还要探讨如何实施这个方案。有时培训者也可以用角色扮演等方式来探讨实施的可能性等,并以此来调动学习者的积极性。

(四)案例教学中注重总结评论

案例讨论后的总结很重要。培训教师的总结要有理论深度、评论要能切中要害,以切实帮助学习者深化对教学理论的认识,改变他们的实践行为,触及他们的心灵深处,使他们真正掌握理论。培训教师要讲明案例中的关键点以及该案例讨论当中的不足和长处,也可以让学习者课后去思考。

四、案例教学的运用策略

（一）结合课堂教学内容，精心选择典型案例

案例的运用是为课堂教学内容服务的。教学中选择恰当的案例，是案例教学成功的关键。因此，在进行案例教学时，必须选择一些贴切、典型、具有说服力的案例，突出针对性、运用性、新颖性和前沿性。同时，案例的运用也应本着必要、谨慎和少而精的原则，不能不加分析地过多地使用案例，使课程的讲解成为案例的罗列和堆积。案例运用得不恰当、不严谨，也会削弱案例教学的效果。[1] 在进行案例教学时，教师一定要吃准、吃透教材内容，要深刻领会教学内容的实质，紧紧围绕教学重点、难点搜集相关资料，并进行认真的分析、整理和论证，选取最能准确表达和反映教学内容、内涵的案例，发挥好案例教学的作用。

（二）归纳整理生活实例，科学设计教学案例

案例不是对生活实例的照抄照搬，而是来源于生活又高于生活。这就是说，现实生活中的实例在被选择作为教学案例时，要有一个加工和提炼的过程。因此，在运用案例教学时，除了要考虑所选择的实例的典型性和普遍性，还要在其内容结构、逻辑关系、语言文字、篇幅长短等方面进行分析、归纳、整理，使之语言简练、措辞得体、概括性强、问题明确。案例中的问题设置要有隐含性，要留给学习者一定的思维和分析空间；案例设计要尽量深入浅出，紧密联系实际，最好是发生在本地区有影响的典型案例，这样更易被学习者理解和接受。

（三）理清课堂教学思路，适时准确切入案例

准确地把握好实施案例教学的切入点，是发挥案例教学良好效果的重要

---

[1] 张新平：《论案例教学及其在教育管理学课程中的运用》，载《课程·教材·教法》，2002(10)。

保证。找准时机实施案例教学，就是把所要运用的案例准确、适时地穿插在课堂教学中。培训者在准备案例教学的过程中，一定要结合课堂教学的实际，对课堂教学程序或教学环节进行认真、科学、合理的设计和安排。只有理清教学思路、准确把握教学中心、设计好教学步骤，才能将选择好的教学案例恰当地安排在教学环节中，从而使教学案例发挥应有的辅助教学的作用。

（四）及时总结教学经验，不断更新教学案例

案例教学作为中小学校长培训课堂教学的一种手段或方法，运用的目的在于收到良好的课堂教学效果，培养和提高学习者的能力。但熟练地运用案例教学非一日之功，需要教师在教学实践中不断地摸索和总结。特别是随着时代发展，培训教材、课程体系不断变化，所以中小学校长培训课堂中的案例教学也不可能一成不变，需要不断更新。对案例教学的效果，还要进行跟踪调查，加强信息反馈，以扬长避短，不断提高教学水平。

案例教学是创新课堂教学，改进教学方式，提高教学质量的有效途径。案例教学能提高中小学校长的综合能力，是实现中小学校长培训内涵式发展的关键。案例教学有效地变革了以往的灌输式教育模式，使教学过程从以"教"为中心，转变为以"学"为中心；从知识的传授和学习，转变为能力的培养和提高。在课堂教学中，案例教学的运用使教与学产生了互动，鼓励学习者自由探索、大胆质疑，及时提出自己的看法和见解，充分尊重学习者的意见，为学习者提供了产生创新思维的良好教育环境。案例教学作为一种好的教学方式和教学艺术，一种有利于理论与实践有机结合的培训模式，应在中小学校长培训课堂教学中加以推广。

第三节 "问题为本"培训模式研究

中小学校长培训趋向内涵式发展。以"问题"关联培训设计，从培训

理念和培训模式的层面进行突破与创新,培训中生成的"问题为本"培训模式,引导学员在培训中反思问题、分析问题和解决问题,在问题中领会与提炼教育理论,再用教育理论指导实际行动,促进培训双方学习共同体的产生语法。

一、"问题为本"培训模式的内涵与发展

(一)校长培训的价值取向

中小学校长培训是一种专业培训,是成人干部教育,其对象群体的特殊性决定其必须具有针对性和实效性。其实校长参加培训,本身就带有很强的目标指向性,即希望通过培训学习,获取可以直接用以解决问题的方法或策略,其培训动机显然是以解决现实工作中存在的问题为导向的。

中小学校长参加培训,仅通过传授和灌输获得的教育理论知识是有限的。纯粹的教育理论传授对参加培训的校长来讲是比较枯燥的,而他们所期待的是针对教育问题的具体解决方法。从逻辑上讲,从一般的远离具体情境的理论出发,很难得出独特情境中具体行动策略的结论,而只有通过对特定情境与条件下的实际问题进行"庖丁解牛","大白"问题的内核或症结,并实施对应的策略,才能真正让学员领悟其中的道理和掌握解决问题的方法。

校长培训的变革创新首先是要重构培训理念,选择有效的培训模式。"对于传统学校里那种权威式的传授知识的方式要重新进行估价,学习者可以在互相讨论问题与课堂讨论中,获取知识。"[①]"问题为本"培训模式,不同于以往由学术性学科来组织管理课程的传统模式,它是从校长面临的实际管理问题入手,在分析、解决问题的操作实施中进行学理阐述,"特点是将学术性和正规的知识基础置于为专业服务的地位,并提供了一种主动的教学形式,这种形式的特点是尊重并建立在学习者先

---

① 联合国教科文组织国际教育发展委员会:《学会生存:教育世界的今天和明天》,教育科学出版社,1996。

前的知识经验之上"。① "问题为本"模式改变了传统培训模式中学员被动地接受理论灌输的方式,而是将教育理论融合于实践问题的解决当中,为理论与专业实践的衔接找到了一种解决方案,并衍生创造合作学习、以学习者为中心等新的培训机制和策略。

(二)"问题为本"培训模式

"问题为本"教学思想可以溯源至东汉时期,我国数学家刘徽在《九章算术》和《九章注》中提出"问题→解法→原理→应用"的问题教学程序,②强调从问题出发,进而分析问题,再上升到原理,然后找到适用的方法。而"问题为本"教学模式源于19世纪美国哈佛大学医学院首创的"以问题为本的学习"模式(Problem-Based Learning,简称PBL),其要义是通过提出问题对学员进行训练,旨在解决教学与学生在未来工作中遇到的复杂问题相脱节的问题。这种教学模式在法学教育、工商管理教育中得到了广泛的运用,在军事教育领域、人才学教育方面也发挥着重要作用。随后,PBL模式被引入教师教育领域,冲击了传统的校长培训模式。美国斯坦福大学教育管理学教授埃德温·M·布里奇斯(Edwin M. Bridges)认为,"问题为本"培训模式在校长培训中更有生命力与应用价值。"问题为本"培训模式可以成为传递或展示概念、原理的一种直观方式,一旦其中隐含的理论问题或基本原理被揭示出来,就可以被用来考察新"问题",产生不同变式。

其一,学习需要始于"问题"的存在。以往的校长培训受建构主义思想影响,强调学科性,较少关注现实情境和实际问题。而"问题为本"兼顾理论和实践操作的学习,"先问题,后学习",强调以问题为导向,尊重并以学习者原有的知识为基础,鼓励学员探索问题的解决方法。

其二,学员是主动学习者。在"问题为本"模式中,学员是学习者,培训教师实际上是旁观指导者,从讲台前站到了学习者的背后,巧妙地营造开放情

---

① 陈永明:《田爱丽关于加强中小学校长队伍建设的研究》,载《集美大学学报(教科版)》,2006(1)。

② 查有梁:《教育建模》,桂林:广西教育出版社,1998。

境,调动学习者的积极性和能动性,使学员围绕问题寻求务实的解决方法,在甄别言论和观点过程中进行理性反思。

其三,因为教学中的"问题"来自于教育实践,很多是受训者经历的事情,所以他们能设身处地地从实际出发,设想可能遇到的种种障碍,为解决问题而思考多种可能解决方案。对于问题,基本上没有既定的答案,使学员们逐渐习惯教育实践的不确定性与不可预期性,增强他们应对教育实践问题的本领。

二、"问题为本"培训模式的教学实践

"问题为本"培训模式是从学校教育实践中存在的问题出发,引导中小学校长围绕问题进行讨论,通过校长和校长之间、校长和培训教师之间的合作对话与交流,展示中小学校长解决问题的理论与实践认识,促使其反思自己的理论,寻求切合实际的解决问题的方法。培训教师在每一个教学环节中,都以学员所拥有的理论为基础,引导学员对话与反思,并针对教学中出现的问题采取对应的培训策略。

(一)"问题"的生成环节

确定问题是解决问题的前提。作为培训内容的"问题"来源是多元的:一是由培训者进行教育管理实践调查与研究而产生的典型、共性问题;二是受训者提出自己工作实际中存在的困惑及由此衍生的一些个性化问题;三是培训机构根据基础教育改革发展和实施新课程改革的情况,结合培训工作的要求来设计的。这些问题都是在具体的实践中产生的,培训者要精心梳理,使之服务于培训教学。

培训者在以"问题为本"时,目标指向一定要明确,要切实把握问题中蕴含的教育理论与教育原则等,要充分地考虑和预想此"问题"在培训中将会出现的种种情况。在培训中,还要把握问题的主题性。选择的主题既要有代表性,又要能启发学员的思考和研究,还要以受训者为中心,鼓励校长以相对应的角色进入问题情境。另外,问题的难度要适中,以求满足大多数学员的

需求。

(二)反思性探究环节

确定好问题后,培训者可以通过情境模拟的方式来进行陈述。这样可以使受训者的思维指向集中,及早地进入问题情境当中,并对问题进行分析和反思。问题分析一定要做到宏观与微观并重。在宏观上关注理论层面,要作系统的分析,整体把握问题的基本架构,揭示理论背景。在微观上要侧重于实践层面,要作具体的分析,放大问题的细节,挖掘其蕴含的深层次思想。

值得注意的是,不能以局外人的身份对问题进行纯粹学术性的分析,"而应以当事人视角来看,将问题视作主体高度卷入的学习,强调情境体验和角色体验"。[①]"假如我是校长应该怎么办?"每位学员应认真分析、思考和评价,具体分析实际事态和期望事态,以及把实际事态变为期望事态的条件,还要探究解决问题可能会遇到的物质的、制度的、心理的、哲学的等方面的障碍。培训者要鼓励学员大胆地质疑,要引导其进行自我管理实践的批判性反思,认真思考问题解决方案中隐含的理论、价值观念和信念,并使学员在反思中"顿悟",自觉调整、改进自己的管理思路和行为方式,为今后问题的解决做准备。

(三)对话与交流环节

对话是一种面对面的交流,能使学员不断澄清对相关理论和概念的认识和理解,从而更为深刻和清晰地掌握理论。培训教师要营造平等和谐的合作对话氛围,让学员成为对话发言的主体,为学员提供表达设想的机会,鼓励他们提出尝试性的设想或解决方案。其实,学员在解决实际问题时,经常受到其内在的观念和意识的影响。而这种合作对话的方式,通过一种批判性的对话和方案质疑,使学员倾听不同的声音,判断自己的想法是否合理。特别是由于环境等变量因素处于动态变化状态,一些问题的解决需要改变某种习惯

---

① 周俊:《中小学管理案例教学》,北京:教育科学出版社,2004。

性的思维和观念,进而指导实践的改革,修正自己的行动理论,获得理性自主科学的解决方法。

培训教师要做好主持人,放手让学员充分展示自己,同时接受别人的评价与质疑。重视教师与学员、学员与学员之间的平等交往与彼此尊重和信任,注重相互之间的理解与沟通。培训教师要处理好观点与言语方面的冲突,引导学员冷静倾听他人的意见、观点、评论,并正确理解、宽容和评价他人的观点。

(四)反馈与总结环节

培训教师要善于引导学员的对话,控制对话过程。尤其当讨论处于平淡或无序状态时,培训教师要发挥作用,引导学员分析向纵深方向发展。

当对话进行到观点对立或水落石出的时候,培训教师要进行总结,"总结的内容应集中于'我从中学到了什么',它可以是规律和经验,也可以是获得这种知识和经验的方式"。[①] 培训教师要总结学员对问题认识和理解的深度,明确正确的分析方法、思路和观点,对问题解决方案形成科学的论述,而不是什么"标准的""唯一的"答案,重在启迪思路,促进反思,以切实帮助学员深化认识,使培训起到良好的效果。

三、"问题为本"培训模式的运用绩效

"问题为本"培训模式是通过问题分析和教学双方对话,在抽象的理论学习与具体的管理实践之间架起一座桥梁。

(一)有助于培养中小学校长的创新精神

"问题为本"培训模式的着眼点不是获取那些固定的原理、规则,而是培养学习者的创造精神和创造能力。这种培训模式突出了问题意识,利用问题情境的复杂性,激发中小学校长突破定式思维的局限,针对实际情况进行思

---

① 王雪:《现代培训管理》,北京:中共中央党校出版社,2004。

考,从而培养和提高他们的创新能力和实践能力。

(二)有助于促进中小学校长内化培训知识

"问题为本"培训模式有效地沟通了现实世界与学习理论,中小学校长通过在做中学的形式,缩小教学情境与实际问题的差距,使获取的知识与理论更具有可接受性和生命活力。在问题解析中,中小学校长激活了原有的理论,启发自己重组经验和知识,有效整合和加工解决问题的方法,最终将其内化为一种解决问题的能力。

(三)有助于调动中小学校长的学习积极性

在"问题为本"培训模式中,培训教师可以把课堂讲授转变为对中小学校长的指导,尽可能地发挥他们的主体性。在该模式中,培训教师引导中小学校长进入问题情境,让他们运用已有的理论知识和经验,努力寻求解决问题的方法,从而激发他们的求知欲望。这样,有助于提高中小学校长的讨论技能,增强他们对学校管理活动"不确定性"的容忍度和面对困难解决问题的自信心。

第五章　中小学校长培训的组织与管理

第一节　中小学校长培训的历史与现状

我国中小学校长培训工作发展较快,国家与地方层面都加强了对校长培训工作的组织领导,不断地理顺和完善管理体制,优化培训机制环境,培训工作逐渐向科学化、规范化和制度化发展。

一、中小学校长培训的发展历程

自中华人民共和国成立以来,中小学校长的成长便与培训紧密地联系在一起。参照我国社会政治、经济、文化教育发展的情况,中小学校长的培训历程以1989年印发的《关于加强全国中小学校长培训工作的意见》全面启动校长培训为分界点,大体上可以分为两个阶段。

第一阶段:我国在逐步实现社会主义改造时,经济建设和教育事业不断发展,要求培训大批干部,包括中小学校长。当时的校长培训在国家统一领导下,有目的、有层次地进行,引导校长向又红又专的方向发展。十一届三中全会后,党的工作重点转到了经济建设上来,并将教育列为发展的重点之一。政治、经济的发展需要大批专业人才,这对中小学校长又提出了新要求。1979年前后,全国各地先后恢复或重建了教育学院,相继成立了教育干校或教师进修学校,初步形成全国基础教育系统校长培训机构体系。1982年,国务院转发了《加强教育学院建设若干问题的暂行规定》,教育部制订并下发了

《关于加强普通教育行政干部培训工作的意见》,这两个文件是普通学校校长培训基地建设和干部培训的指导性文件。

第二阶段:1989年,国家教委印发了《关于加强全国中小学校长培训工作的意见》。文件要求在三五年内,以岗位职务培训为主,采取多种形式对全国近百万中小学校长轮训一遍,以达到进一步提高中小学校长的政治思想水平、专业理论水平和学校管理水平的目的。随后又颁布了《全国中小学校长任职条件和岗位要求(试行)》,对校长的上岗标准和培训规范作出了明确的规定。为提高中小学校长队伍的整体素质,促进基础教育的改革和发展,1999年教育部发布了《中小学校长培训规定》,明确了参加培训是中小学校长的权利和义务,对培训的内容、形式、机构都作了明确规定。《中小学校长培训规定》是针对当时基础教育改革的发展方向是素质教育而提出的,对校长的培训具有现实指导意义。

人力资源是社会经济、科学技术、文化长期、持续发展的第一资源。经济社会的飞速发展对教育和人力资源开发有极大的需求,要求教育必须适度超前。教育的改革发展要围绕经济社会建设的实际需要来开展,不仅要培养尖端高科技人才,还要培养具有较高综合素质的复合型人才、高级管理人才,提高劳动者的受教育水平。基础教育是整个教育大厦的基础,带有基础性、全面性、先导性和战略性。教育发展影响校长培训,主要是通过党和国家的教育方针、教育的政策法规来实现的。教育发展的方向、教育结构的调整、发展的规模、课程的改革等引起学校管理的变化与改革,教育的改革发展对校长提出了许多新要求,也对校长培训提出了新要求。而教育改革发展能够有效促进中小学校长培训的发展。

参加在职培训是校长提高专业素质的重要途径。现阶段,我国中小学校长的在职培训分为任职资格培训、提高培训和骨干校长高级研修三种形式。任职资格培训是按照校长岗位规范要求,对在任校长或拟任校长进行以掌握履行岗位职责必备的知识和技能为主要内容的培训。提高培训是面向在职校长进行的以学习新知识、掌握新技能、提高管理能力、研究和交流办学经验为主要内容的培训。骨干校长高级研修是对富有办学经验并具有一定理论修养和研究能力的校长进行的旨在培养学校教育教学和管理专家的培训。

由入职培训和在职培训组成的专业教育体系，是中小学校长获得专业知识和能力、形成并巩固专业理念、不断促进自我专业发展的主要途径，高质量的校长培训体系是校长获得专业素质的有效保障。因此，教育主管部门力求建立高质量的职前、职后的校长培训制度，促使校长的选拔、培养、入职和在职培训成为一个有机的终身教育整体，使得校长专业素质的提高是一个持续的过程；让校长培训机构和中小学校之间形成伙伴关系，实现教育理论和教育实践的有机结合；在建立资格证书制度的同时，建立保证校长培训质量的保障体系，确保校长培训质量。

西方国家也比较重视把校长培训转化为政府行为。如法国早在20世纪七八十年代两次提出关于中学校长培训的指导意见，阐明职前和职后培训的准则，把培训的具体任务安排给地方团体。澳大利亚从1992年开始实施"未来学校计划"，联邦政府的教育部为支持这项改革，成立了全国校长业务提高协会，与州政府教育部门共同组织开展培训工作。而美国、加拿大等由于实行分权制，联邦政府一般不直接管理教育，所以中小学校长培训主要由州政府负责，各州分治，对培训机构没有统一要求和管理，基本是各自为政，未形成统一完整的培训体系。具体培训任务由高等学校的教育学院，或特设的学校管理者学院以及中小学校长协会等承担。

二、中小学校长培训存在的问题反思

经过多年实践，我国的中小学校长培训逐步走上法制化、规范化发展轨道。但同时校长培训中也伴生着复杂多变的问题，如政策的不完善与执行不协调的问题，专业师资水平整体偏低与兼职教师队伍不稳定的问题，培训教学重"量"轻"质"与重"上"轻"下"的问题，以及校长培训工作的延迟性、重复性、不均衡性，培训发展的"高原平台"状态，等等。

（一）内容上的不适应问题

针对我国校长队伍的素质现状，国家教育主管部门曾经提出了关于校长培训的指导性意见,下发了较为规范的培训教学大纲,组织编印了较为系统的培训教材和资料(详见第三章),规定了颇为明确的培训学科内容。与此同时,各地还自行开发了一些地方性课程或特色性课程,一方面对国家课程进行体系结构上的补充,另一方面对校长管理经验进行案例性总结。但随着时代的发展,校长培训工作者和校长们越发感受到以往开发的课程内容不能满足校长职业发展的需要,已难以适应学校改革发展的需要。因此,在教育新形势下,如何科学地选定培训内容,即解决内容上的不适应问题,是相当迫切的问题。

(二)形式上的不适应问题

在培训过程中,经过校长培训教师和校长学员们的共同努力,培训形式不断改进。校长任职资格培训主要属于"补课"性质,主要采用讲授式或称"经院式"培训,可以进行"研讨式"培训的尝试。而校长提高培训,主要属继续教育性质,重在实践性,因此应探索一些研讨、考察、课题研究等实用的培训形式。总的来看,尽管人们不断改进校长培训形式,由于受国家和地方培训大纲规定的课程、课时等任务要求的制约,培训教学仍大多是讲授式。所以,培训形式与内容的"老一套"成为校长学员和培训工作者的共同问题,亟须研究与解决。

(三)管理上的不适应问题

一般而言,我国地方的校长培训管理主要是两条线。一是行政管理,由教育主管部门进行宏观管理;二是业务管理,由各级培训机构实施微观管理。然而,受校长培训工作理念、资金、条件等因素影响,尤其是受两条线各自的管理水平及相互协调水平的制约,校长培训的管理问题较为复杂,如培训权利的过分集中或分散导致培训工作"统得过死"或"放任自流";培训过程不规范导致教学质量不高、评价走过场,以及乱发证、发假证等。其中,突出的、根本性的问题是培训法规、制度的不完善及执行的不到位,主要体现在政策落实上软弱乏力。事实上,随着教育改革形势的快速变化,这两条线的管理力度均有所削弱。

从上述可见,由培训视角反映出的问题可以说是方方面面、形形色色的,而问题产生的原因是复杂多样的。但其共性的、根本性的原因是"自上而下"单一的培训体制问题。单一的"自上而下"的培训体制已成为影响和制约校长培训工作的严重障碍,它与教育改革发展的开放新机制相距甚远。

(四)其他视角洞察出的校长培训问题

从具体的校长培训流程考察,可以进行深入分析:第一,在培训目标中,由于过分关注总体目标的要求,容易忽视对校长发展实际需求的研究,缺少对校长现有经验的关注,缺少对校长在办学实践中遇到问题的关注,导致经过培训的校长总是感觉不满足,出现"想学的学不到,学到的用不上"等问题。第二,由于过于注重专业知识的培训,导致整个培训工作难以取得新的进展。第三,培训内容过于注重专业知识培训,缺乏对校长的专业能力,尤其是专业精神的培养,导致校长在培训之后面对复杂的问题,还是觉得难以应付。第四,很多培训是以专家讲课水平的高低来判断培训效果,所以容易导致盲目聘请专家,培训中出现培训专家多次重复讲课的现象。同时,由于过分关注培训的即时效果,导致对培训跟踪问效不够,使培训的影响力减弱。第五,培训没有实现分类分层培训。校长所在学校的类型不同,比如有公办学校、民办学校、城市学校、城乡结合部学校等之分。不同类型的学校具体情况不一样,校长所面临的管理环境、管理任务和问题就不一样,培训需求自然不同。分层主要是根据校长的专业水平和成就划分,一般有新任校长、胜任校长、专家型校长等。在不同的专业发展阶段,校长所具有的知识、能力、经验、阅历等不一样,工作中面临的主要问题和主要矛盾也不同,培训的需求也应有所区分。

第二节 中小学校长培训的发展规律与制度建设

中小学校长培训规律是校长培训内部固有的本质联系,具有客观性、复杂性、稳定性等。对培训规律的认识和自觉遵循,将会增强校长培训方法的科学性,也将产生良好的培训效果,使培训工作收到事半功倍的效果,并可持续地发展。建立校长培训制度,规范校长培训的工作秩序,使校长培训目标明确、层次分明、按需施训、评价有据,有利于促进校长培训管理的科学化和法制化,也有利于提高校长培训的自觉性和有效性。

一、中小学校长培训的基本规律

中小学校长培训是促进校长发展进而成功办学的重要途径。校长培训必须与时代发展的客观需要相适应,必须与校长自身的发展过程相适应,必须与校长职业的特点相适应,必须与校长办学的实际需要相适应。具体来说,校长培训必须为社会发展和教育事业发展的客观需要服务,为校长自身成长的需要服务,为校长职业的发展服务。校长培训工作必须遵循培训的规律和特点,适应社会、教育发展和学校科学管理的需要,适应校长队伍建设以及校长自身修养提高的需要。一般而言,中小学校长培训的基本规律主要有如下几点。

1. 中小学校长培训为建设高素质、专业化的中小学校长队伍服务。中小学校长培训通过全面提高校长的素质和管理水平,促进校长走向专业化,向教育专家方向发展。

2. 中小学校长培训为促进基础教育的改革与发展服务。校长培训通过全面提高中小学校长素质和增强他们的管理能力,提升他们的专业化水平,实现办优质教育、优质学校,办人民满意的教育的目的。

3. 中小学校长自身的培训动机态度、知识修养、能力水平等素质状况是内在的动因。

4. 中小学校长培训应将理论与实践相结合作为培训的根本原则,把实现理论与实践的有机融合作为追求目标。

中小学校长培训是一个动态系统,是由多种要素组成的,研究校长培训系统的诸要素组成及其相互关系,有助于揭示中小学校长培训规律。

在第二章的"校长成长的阶梯理论"中提到了中小学校长发展一般要经历五个阶段,即职前预备期、上岗后的适应期、称职期、成熟期和创新期。中小学校长培训应根据校长发展的阶段性规律,从处于不同发展阶段的中小学校长的实际需要出发,按照校长岗位需求进行分阶段培训。

1. 职前预备期培训。职前预备期培训主要是让中小学校长后备干部接受上岗前的培训,即岗位任职资格培训。通过岗位任职资格培训使中小学校长初步具校长必备的基本专业知识、专业能力和专业精神,取得任职资格。

2. 适应期培训。适应期的中小学校长绝大多数是来自教学一线的优秀教师或具有一定学校管理经验的中层干部。他们多数为中青年,年富力强,工作热情高。但是,他们极少是教育管理专业出身,并未接受过教育管理专业培训。虽然经过任职资格培训取得校长任职资格,但是他们对于校长岗位工作还有一个适应、熟悉的过程。所以,他们要把已有理论同实践结合起来,在学校管理实践中不断学习、不断总结经验,才能逐步适应,逐渐提高管理学校的能力。对于适应期的中小学校长,可进行分岗专业培训或教育管理专业学历培训。

3. 称职期培训。处于称职期的中小学校长,一般都有 6—10 年的学校管理经历,具有中级及以上专业技术职务,办学指导思想比较端正,注意科学管理,有一定创新精神,在师生中享有较高威信。但是,从校长队伍的整体状况来看,这个阶段的校长,教育管理专业的素养仍然不高,他们虽有一定的管理经验,但难以总结上升到理论的高度,教育科研和改革实验的能力较差,所以,对他们进行教育管理专业学历(硕士或博士)教育培训,进一步提高其岗位素质,使之尽快进入成熟期,逐步成长为校长队伍的骨干,便是称职期校长继续教育的目标。

4.成熟期培训。处于成熟期的校长,长期从事教育和学校管理工作,既有较扎实的教育理论和学校管理理论基础,又有丰富的学校管理经验,管理有创新,办学有特色,是中小学校长队伍的骨干。但是,他们的年龄一般在50岁以上,学校工作繁忙,社会活动较多,很少有充足的时间和精力来认真总结经验。同时,随着教育事业的改革与发展,他们会不断遇到新问题。所以,他们强烈要求补充和更新知识,提高教育科研能力,以期在之后的教育工作中得心应手。为满足成熟期校长的需要,应举办高级研究班,内容应以理论研究、教育科学实验和实践经验反思总结为主。同时,也要及时帮助他们补充更新知识,促使其逐步成为中小学教育专家。

综上所述,校长培训必须从校长队伍的实际状况和校长的个体需求出发,根据校长发展的规律、校长发展过程的不同阶段的特点展开,这样才能不断提高培训质量和培训效益,否则就会事倍功半。校长培训必须适应校长的个体发展和校长队伍的整体建设需要,校长发展和校长队伍建设有赖于校长培训的推动、促进和引领。

二、中小学校长培训的影响要素

(一)中小学校长培训的政策影响

改革开放以来,最早从1982年教育部《关于加强普通教育行政干部培训工作意见》中提出"建立起中小学干部定期轮流离职学习的制度""学习期限为半年至一年"开始,[1]拉开新时期校长有序培训的帷幕。特别是在中小学校实行校长负责制后,对中小学校长的素质与能力要求不断提高,促使我国中小学校长培训与队伍建设的制度建设速度加快。

多年实践证明,最直接影响中小学校长培训发展的是党和国家的政治路线和组织路线,特别是组织要求,直接影响中小学校长培训目标的确定,影响中小学校长培训的课程内容、过程和评价。

---

[1] 《中华人民共和国教育大事记(1949—1982)》,北京:教育科学出版社,1983。

我国中小学校长培训与队伍建设的主要制度(1982—2015)

时间	发文单位	政策文件	主要内容	意义
1982年	教育部	《关于加强普通教育行政干部培训工作意见》	"建立起中小学干部定期轮流离职学习的制度""学习期限为半年至一年"。	拉开新时期校长有序培训的帷幕。
1989年	国家教育委员会	《关于加强全国中小学校长培训工作的意见》	争取用三到五年时间将全国中小学校长再轮训一遍。	第一次提出全员培训。
1990年	国家教育委员会	《关于开展中小学校长岗位培训的若干意见》	公布《全国中小学校长岗位培训指导性教学计划(试行草案)》。	首次提出编写全国中小学校长岗位培训的教学大纲及教材;同时制作配套的教学录音、录像带。
1991年	国家教育委员会	《全国中小学校长任职条件和岗位要求(试行)》	明确规定了中小学校长任职的基本条件、主要职能和岗位要求。	是选拔、任用、考核、培训中小学校长的基本依据,可以看作我国建立中小学校长资格制度的开始。
1992年	中央组织部 国家教育委员会	《关于加强全国中小学校长队伍建设的意见(试行)》	开展培训要与对校长的任用、考核、奖惩紧密结合。中小学校长参加岗位培训的成绩应存入本人档案,作为对其任用、考核、晋级的重要依据之一。	中小学校逐步实行校长负责制。提出中小学校长一般不实行任期制。
1994年	国务院	《关于〈中国教育改革和发展纲要〉的实施意见》	为了加强对中小学教师教学工作的管理,提高校长的领导水平,要制定中小学校长岗位规范,实施"百万校长培训计划",争取1997年左右在全国实行中小学校长持证上岗制度。	第一次提出实行中小学校长持证上岗制度,可以视为校长资格证书制度的正式确立。

续表

时间	发文单位	政策文件	主要内容	意义
1994年	国家教育委员会	《全国中小学校长岗位培训评估工作指导意见》		第一次规范校长培训的考核评估工作。
1997年	教育部	《实行全国中小学校长持证上岗制度的规定》		中小学校长持证上岗制度全面落实。
1999年	中共中央国务院	《关于深化教育改革全面推进素质教育的决定》	提出"试行校长职级制"	
1999年	教育部	《中小学校长培训规定》	新任校长或拟任校长必须取得"任职资格培训合格证书",持证上岗。在职校长每5年必须接受规定时数的提高培训,并取得"提高培训合格证书",作为继续任职的必备条件。	将中小学校长资格证书制度作为一项政策规范化与固定化。
2001年	国务院	《关于基础教育改革与发展的决定》	积极推进校长职级制	为校长职级制改革提供了必要的政策支持
2002年	教育部办公厅	《关于进一步加强和改进中小学校长培训工作的意见》	出台《全国中小学校长任职资格培训指导性教学计划》《全国中小学校长提高培训指导性教学计划》,并研究制订新世纪中小学校长培训具体目标,在课程设置、课程结构、培训内容、培训方法等方面作出相应调整。	提出把加强对中小学校长的计算机应用能力和外语应用能力的培训作为课程改革的重要内容。
2006年	人事部教育部	《关于义务教育学校岗位设置管理的指导意见》《关于普通高中岗位设置管理的指导意见》	明确中小学校长由教育行政部门依法聘任。提出应聘校长岗位的人员应符合国家规定的管理岗位基本条件。	校长应具有中级(含)以上教师职务任职经历;一般应从事教育教学工作5年以上。

续表

时间	发文单位	政策文件	主要内容	意义
2013年	教育部	《义务教育学校校长专业标准》	依据《专业标准》调整校长培训课程计划,编写校长培训教材。	将《专业标准》作为义务教育学校校长培训的重要内容。
2013年	教育部	《关于进一步加强中小学校长培训工作的意见》	建立培训学分管理制度;建立培训与使用相结合制度。	强调以专家实地评估、学员网络匿名评估和第三方评估等方式,加强校长培训的过程评价和绩效评估。
2015年	教育部	《普通高中校长专业标准》		提出构建教师队伍建设标准体系

(二)中小学校长培训的实施要素影响

中小学校长培训工作受多种因素影响,有宏观的社会政治、经济、文化等发展水平的影响,特别是教育改革与发展的水平影响;有微观的教育行政部门领导、培训业务单位工作水平的影响,有校长自身的素质水平影响,等等。

1. 各级党组织和政府的重视及其影响。我国中小学校长培训是一种有组织的活动,培训目标、培训机构的建立健全,培训师资的队伍建设,培训对象、培训经费都是由各级党组织和政府决定的。各级党组织和政府领导人对中小学校长培训的重视和投入对中小学校长培训有较大影响。

2. 培训基地建设对校长培训影响至关重要。中小学校长培训基地建设包括领导机构、师资力量、实践基地、管理制度、教学设施及经费投入等,其中师资力量水平是最基本的并起决定作用的因素。

(三)中小学校长培训的校长自身要素影响

校长培训最核心、关键的要素还是校长自身。比如,学员的培训动机与素质水平等直接制约着培训质效。人的动机、积极性非常关键,是做事、行动的关键。如果校长没有正确的动机,抱着应付的态度,那么校长培训机构无论怎样努力也不可能实现预期培训目标。校长学员的素质层次水平也是影响培训质效的重要因素。如果校长的思想素质、能力素质、文化素质等均与所参加的培训班的要求差距较大,那么,也是难以实现培训目标的。

1.校长自身的素质是其发展的基础。它是校长成长的一种内因,是决定一个校长能否做成一件事,以及能把这件事做到何种程度的重要因素。作为一名校长,应努力在学问、涵养上下功夫,并不断提高自己。同时,还要经过实践的历练,将所学到的知识付诸实践,培养各种能力。校长的教育思想、敬业精神、人文素质及其教育理论水平与业务素养,在很大程度上决定了一所学校的办学目标、办学风格与办学水平,同样决定着这所学校的教育特色与学校个性。同样是优秀的校长,可以办出不同特色、不同个性的学校,这就是优秀校长个人的影响力所致。没有个人影响力的校长是平庸的、不称职的校长。校长是在办学的过程中显示个人的思想、人格、学识能力、作风气派等。教育创新的关键在于校长要敢于进行教育组织再造,而再造的前提是校长要有个人魅力。

2.校长发展需要动力。校长的价值追求是校长发展的动力,决定校长的发展方向和成就高低。校长发展的正确方向应是走向专业化,成为学校管理专家、专家型学者、教育专家应该是每一位校长的理想。校长的理想是其对未来有可能实现的奋斗目标的向往和追求。作为校长,应该有一种激情,有一种创新冲动,有一种不断挑战自我的成就动机。

三、中小学校长培训的需求与矛盾分析

(一)中小学校长培训中的主要矛盾表现

中小学校长培训的主要矛盾是经济社会、教育发展要求与中小学校长现有状况和水平之间的矛盾。社会、经济、科技、文化思潮的变化与发展,必然对中小学校长培训产生影响。

教育的变化发展对中小学校长培训有最直接的影响,尤其是党和国家的教育方针、政策法规,是中小学校长培训最重要的依据。教育的改革发展引起中小学教育教学管理的重大变革,对中小学校长提出一系列难点、重点与热点问题,使得中小学校长有参加培训的需要。如基础教育新课程改革,新

课程的目标、课程观念、课程结构、教材、教学模式、课程评价、课程管理等变化发展，对中小学校长、教师提出了新的要求。中小学校长在领导教师实施新课程前必须接受培训，他们要不断提高实施素质教育的能力，不断提高创新能力，不断提高领导、管理的能力。

1.校长培训中的发展性矛盾。成人教育和普通教育的最大区别是成人教育的功利性和普通教育的储备性。成人参加培训一般都是在职学习，学习的目的一是为了谋生，二是为了胜任本职工作，都是缺什么补什么，用什么学什么。中小学校长培训也属于成人教育，也具有很强的功利性，但中小学校长培训的功利性不同于对企业职工的培训，也不同于对党政领导干部的培训，主要区别在于中小学校长培训的目标任务、课程内容和要解决的问题都有特殊性，中小学校长参加培训是从本人和学校亟须解决的难题出发，寻找具体的解决方法。校长培训开发的一些课程和内容是从党和国家对中小学校长的需求和校长自身及学校长远发展考虑的，校长往往对这部分课程内容不感兴趣，因此在校长培训教学工作中应该做到将功利性和发展性结合起来，从解决中小学校长遇到的问题入手，引导解决长远发展性的问题。

2.统一性和多样性的矛盾。中小学校长培训的目的和方向是统一的，在教育部印发的《全国中小学校长任职资格培训指导性教学计划》《全国中小学校长提高培训指导性教学计划》中，对课程设置、教学目的和要求、主要内容、学时都有规定。但是各地教育发展不平衡，甚至同一地区、同一类学校也有差别，不同学校的校长也具有特殊性。校长各自的实际状况不同，处于不同的阶段，呈现出多样性。校长的要求和需要解决的问题是多样的，而统一的课程内容只是提供分析研究和解决问题的一般的方向思路和方法。

3.工学矛盾。中小学校长参加培训学习，难以真正做到脱产培训，在时间分配上产生了一定的工学矛盾。

(二)中小学校长培训的需求分析

随着基础教育改革不断深化，对中小学校长培训的要求不断提高。培训质量是"第一生命力"。然而，多年来校长培训一直存在效率低下、质量不高的现象。究其原因,在于培训内容、培训模式针对性不强,培训者大多忽视了校长的培训需求。提高中小学校长培训质量,关键是要对校长需求进行科学分析,并采取相应的策略。

现代关于人的发展理论认为,人的一切行动的原因不在于他的思维,而在于他的需要。重视需要动力意义的心理学家把需要看作一种原动力,认为个体的需要是个体行为积极性的源泉。把学校建设成为培育人才的摇篮,自己成长为成功的校长,这是广大校长的心理需求。因此,研究校长的发展需要并给予满足是培训的出发点。

1. 了解校长各种需要,将培训目标分层分类。不同任职期限、不同成熟度校长的心理需求不同,不同层次、不同类型学校校长的心理需求也各不相同。这是确定培训目标的重要依据。《中小学校长培训规定》中把"按需施训"作为培训工作的基本原则,要求培训工作要深入了解校长的需要,从不同层次、不同类型、不同年龄、不同影响力校长的需要出发,而且培训目标要分层分类,加强针对性、实效性,充分满足校长的需要,使校长们各得其所。

2. 把握校长优势需要,使培训内容贴近办学实际。在每个人的需要系统中,往往有一种占主导地位、最迫切要求满足的需要,这就是优势需要。不同工作环境、生活阅历使得校长的优势需要各不相同。培训内容要贴近学校发展和校长发展的需要,要把握好"两个结合",一是与基础教育的核心问题和重点问题密切结合;二是与学校的教育教学改革和提高学校管理水平密切结合。培训中开展以问题为中心的校长培训,就是为了满足校长的优势需要。这种培训是从习得"书本知识"转变为探讨问题解决方法,它借鉴新知识、新观念、新方法,着重研究教育改革和发展中的热点、难点或重大理论问题与实践问题,特别是解决问题的方法,从而满足校长提高自身思想政治修养、教育理论水平和教育科研能力的需要。

3. 激发校长高层次需要,培训过程强调因势利导。美国心理学家马斯洛认为,需要的不断发展是人们改造世界的强大推动力量。遵循需要发展规律,校长培训要从目标、内容、方法、心理上因势利导,刺激校长追求高层次需要,使校长认识到高层次需要对自己适应社会、胜任工作是极其重要和必需的。同时,对校长已产生和形成的高层次需要予以支持和鼓励,并为之创造与其相符的理论研究和实践探索的校长培训条件,使校长的发展需要焕发出可持续发展的强大动力。例如,培训骨干校长一定要确定高目标、制定高标准,在导师带教、引导学习、指导研究、帮助总结等方面提供服务,帮助他们实现高层次需要。

4. 研究校长的元需要,培训原则注重以校长发展为本。元需要是人们对自身需要的研究和探索的需要。它对个体当前需要的比较、选择、决策具有监控、协调、统合的作用,进而对个体行为产生重大的影响。元需要可以使人进入一种领悟状态的高峰体验,这种体验使人认识到什么是应该追求的并将其纳入自身价值的范畴,所以元需要对基本需要层次系统具有一种组建功能。元需要能力是现代领导者的重要素质,当然也是中小学校长的必备素质。校长的元需要表现为监控、协调、统合三方面需要的关系:长期需要和近期需要的关系;表面需要和本质需要的关系;系统理论学习需要和实践工作指导需要的关系。这些关系体现了以校长发展为本,使校长稳定地、不断地、持久地发展。校长培训原则要注重为其元需要能力的提高提供有效的理论指导和实践的探索。

(三)中小学校长培训制度建设分析

科学、健全的校长培训将促进校长持续不断地发展。现代校长培训制度应该符合以下几个特征:

1. 与时代对校长的要求相结合。校长的工作要求在不断变化,校长的能力、素质也要随之变化。

宏观思考能力的培训。校长应根据自己的办学思想和学校的实际情况制定学校发展规划,能够结合实际情况把自己的教育理念付诸实践。

教育科研能力的培训。现实中许多校长都是"教而优则仕",是由教学岗位提拔到校长的岗位的,但是面对教育发展日新月异的形势,传统的经验已经难以跟上时代发展的要求,校长必须要及时研究新形势。

2. 与校长发展的共性需求相结合。不同校长的专业发展过程必然有一些共同之处,抓住这些共性,对校长进行适当的培训就会起到很好的效果。有一份研究在分析大量校长评价资料的基础上,根据教师对校长的满意程度,得出如下结论:

(1)增强校长的双向交流能力。这里主要指校长要让教师明确决策与评价过程。比如对教师的评价,教师必须明确知道他们被期望的成绩与校长对自己的评价。校长要培养聆听的能力,目前的校长更加倾向于支配谈话,很多男性的领导在这个问题上表现得更明显。校长要善于与教师分享信息,可以充分利用学校的网络。

(2)培养校长与教师的合作精神。可以对教师进行培训,引导他们学习团队合作、解决冲突、建立共识、评价自我。经常激励教师,让教师参与决策,通过提供资源与调查员工的满意度来不断提高团队合作效率。

(3)提高校长对奖励和鼓励教师、提高教师工作满意度的重视程度。在学校中,校长要认可多样性,让所有参与者一起进步;要认可教师的独立性,让他们独立承担责任,完成任务;要认可所有人在任何水平上取得的成就。

3. 与校长个人的发展情况相结合。每一位校长都是独一无二的个体,所处的环境不一样,所面对的问题也是不一样的,因此对校长的培训必须注意校长发展的独特性。每一位校长都有个性,具有客观存在的个性差异。校长群体正是由个性不同、能力不同、素质不同的校长个体组成的。在现代社会,不能让所有校长都坐在同一驾马车上,应当把他们的差异当作一种资源来开发,让每位校长都各尽其才、各尽其能。另外,办学环境和条件的差异,也影响着校长的个性发展。我们不能脱离实际情况用同一个标准和模式去要求所有校长,而要从实际出发,根据不同地区、不同学校的不同校长个体提出适当的要求,承认和正视校长的差异,使他们在原有基础上得到发展。校长要认真审视自己的知识、管理风格,构建属于自己的管理风格;要有持续提高质量的理念,将理论运用到具体实践中。

四、中小学校长培训的制度建设

中小学校长培训制度是培训组织所制定的在校长培训过程中应遵守的行为规范，它对校长培训过程的科学管理和有效运行有着极为重要的作用。我国的校长培训体系比较健全，并充分发挥了作用。目前，全国上下已形成校长培训管理系统、校长培训执行系统双线五级网络体系，且分工协作，各负其责。

我国中小学校长培训工作体系

工作体系 管理层级	校长培训管理系统	校长培训执行系统
国家层面	国家教育行政主管部门	国家培训基地
	教育部教师工作司	国家教育行政学院 教育部中学校长培训中心（华东师范大学） 教育部小学校长培训中心（北京师范大学）
省级管理	省级教育行政主管部门	省级培训基地
	省、市、自治区教育厅师资处	师范院校 省级教育学院
市级管理	市级教育行政主管部门	市级培训基地
	市、州、盟教育局人事科（师资科）	师范院校 市级教育学院
县级管理	县级教育行政主管部门	县级培训基地
	县、区、市教育局人事科（师资科）	县、区、市教师进修学校（教师发展中心）
学校管理	中小学校	参训校长 校本培训

校长培训管理机构主要是国家、省、市、县（区、市）教育行政部门。校长培训工作体系对应的是国家级培训基地、省级培训基地、市级培训基地和县（区、市）培训基地。另外，教育部以国家教育行政学院为国家层面培训基地，还在华东师范大学设立了全国中学校长培训中心、在北京师范大学设立了全国小学校长培训中心，负责培训全国重点中小学校长等。

我国的中小学校长培训体系不断健全,实行的培训制度主要包括以下三项。

(一)培训组织制度

培训组织制度是一种由教育行政部门主管、培训部门实施、组织领导机构和培训机构各司其职、各负其责的制度,对校长培训过程实施宏观领导与调控。在目前的实践过程中,各地因地制宜地设立了组织制度:有的是政府负责制,由当地政府分管教育的领导人担任校长培训领导,有的是教育行政部门负责制,由教育主管行政负责人牵头负责。无论是哪种类型的校长培训领导制度,都应有清晰的管理职能层次、明确的职责分工、流畅的信息沟通渠道、准确的信息反馈系统、有效的协调体系、完善的组织机构。

(二)培训管理制度

制定科学、合理的培训管理制度,规范培训过程,将使培训的价值有效实现。培训管理制度包括培训机构的资格审批(认证)制度、培训基地建设标准、培训的形式和方法、教学管理制度、奖励表彰制度等。培训管理重在规范,在培训基础建设、师资队伍、教学条件以及具体的培训班管理方面应确立相应的工作标准。

(三)培训评估制度

只抓校长培训过程,忽视对培训结果的考评,就像只知耕耘不问收获一样,培训是难以取得应有的效果的。做好培训综合评价,可以保证校长培训质量,切实提高校长的政治业务素质和管理能力,促使他们运用管理理论改进学校管理工作。而要使考评科学化,除了要有明确的考评范围,拟定具体的指标体系,采用正确的考评程序和方法,还必须制定相应的考评制度,使校长培训考评制度化。考评制度可从两个方面来确定,一是综合考核办法。首先,根据国家有关中小学校长培训文件的精神,确定考核范围,如学习态度、理论知识、工作能力、工作实绩,重点考核学员是否具备正确的办学思想,是否坚持全面发展的教育观,是否按教育规律、教育政策法规办事。其次,规定考核程序和方法。考核程序包括四个环节:组建考核小组、校内考核、校外考核、综合评价。二是督导评估办法。督导评估主要是指培训部门根据教育部关于中小学校长队伍建设的方针政策、培训目的、任务,对一个地区或培训院校的工作和实际效果进行鉴别、检查和评价的活动,它对校长培训工作起价值导向作用,为校长培训主管部门进行宏观指导和优化管理提供依据。同时通过评估可以肯定成绩,指明不足,可以激励先进,鞭策后进,鼓励创优,从而调动培训院校的积极性。

第三节 中小学校长的培训管理

加强中小学校长培训管理需要实施培训基地能力建设与认证制度,实行学分制管理和柔性管理,开展质效评估。

一、培训基地建设与认证

培训基地是开展中小学校长培训工作的主要场所。提高中小学校长专业培训质量的关键在于加强对培训基地和培训教师的建设与管理。开展中小学校长培训基地的培训能力和资格认证,是中小学校长培训工作持续开展的基础,是促进中小学校长培训业务发展的重要举措。实施校长培训机构资格认证制度,不仅对促进培训基地建设,基本形成与培训任务相适应的多级培训网络,起着导向性作用,还有利于加强培训机构之间的横向联系,有利于充分利用和挖掘教育资源,以引入竞争机制提高培训基地主动适应社会需要的能力,增强培训的吸引力和生命力。同时,把培训基地能否取得培训资格提上了法定程序,使校长培训工作步入依法施训轨道,突出以认促建、以认促改的作用,为构建中小学校长培训质量保障体系打下了基础,有力地推进了中小学校长培训工作健康发展。

（一）师资队伍建设

师资队伍建设是校长培训质效高低与能否持续发展的关键所在，培训机构应积极创造条件，优化和整合师资资源，加强培训教师队伍建设，提高培训能力。

1.深掘与共享区域内教育资源。随着教育改革不断深化，当前的校长培训常训常新，一所学校固有的师资力量难以满足变化迅速的培训需求。因此，要充分利用区域内高等院校、科研院所先进的办学条件和雄厚的师资力量，聘请专家学者作兼职教师，以充实培训教学的力量。同时，要组建区域师资库，对应中小学校长的培训需求来设置培训的科目，形成一支专兼结合、水平相应的培训师资队伍，适应校长培训对业务知识和技能大容量、高质量、全方位的需要。

2.优化教师队伍，适当引入人才竞争机制。重视对中青年教研骨干和学术带头人的培养，充分发挥骨干教师的示范作用。建立健全校长培训教研网络，加强教师继续教育，及时更新知识，增强理论水平和研究能力。要鼓励教师参与教研科研和学术交流活动，转变教师的思想观念，促进课堂教学改革，增强教师的研究能力和创新意识。组织教师进行校际互访互学，有计划地组织专职教师到中小学挂职锻炼，丰富实践经验，不断提高教学水平。

3.加强培训管理者和研究者专业队伍建设。加强对培训管理工作者的培训，注重提高理论政策水平、培训管理水平和管理能力。要成立专门的校长培训研究机构，吸引更多的培训管理者和培训者关注校长培训，致力于校长人力资源开发的研究，组织力量系统科学地研究校长培训制度、管理模式、课程体系等，提高校长培训质效。

（二）实施基地资格认证的实践

实施培训基地资格认证，逐渐将培训工作由政府行为转化为社会行为，同时作为反馈和调控手段，加强行政主管部门的宏观指导，有效地督导培训基地办学。培训基地的资格认证,实质上也潜在地把教育政策、指导思想通过评估指标形式进行正确地导向,使培训基地明确发展目标与内涵,有效地规范培训行为,确保培训质量。

资格认证分成两个部分,第一部分是对承担培训任务的办学单位进行综合性评估,包括对培训基地工作中各个子系统的工作水平进行评估,具有一定的科学性、政策性和技术性。第二部分是基于评估结果,由教育行政部门比照要求,通过法定程序来赋予行政认证。具体从三个方面实施。

1. 设计认证方案。根据培训指导思想和目标,本着兼顾现实状况和长远规划的原则,结合实际设计认证方案。确立认证方案首先要设计一套科学的、合理的评估指标体系。评估指标的设计既要有现实意义的稳定性指标,作为培训基地基本具备的条件,也要有考虑日后发展的变动性指标。需要注意的是,指标也要根据教育发展的需要作出相应的调整。评估指标体系能够比较完整地反映认证的目的和期望,要根据工作的侧重点来赋予项目权重,量化处理各项指标,实行递级量化赋分,以便于操作。评估指标体系采用两级定标的方法,所列指标的标准也基本上是培训基地应具备的标准,通过论证和调研,确定基准线,分为"合格"与"不合格"两个层级。

2. 组织实施评估。组织专家研究制订实施细则,加强对评估人员的培训,开展试点工作,在总结经验后全面实施。在进行评估时,要运用听、查、谈、察、议五种形式,即听取培训基地对办学总体情况的汇报;查阅文件材料;与学员、教师代表座谈,听取意见;实地考察各项教学条件和后勤保障设施;提出整改措施,形成综合评估报告。评估人员负责收集整理评估信息,科学客观地分析评估结果,作出形成性评价和发展性评价,通过评价找出存在的问题,提出改进方案,给予客观的培训评估结论,做出总结报告。

认证评估工作中要坚持三条基本原则:坚持自评与他评相结合原则,把被评估对象的自评作为重要考量,充分发挥各方面的积极性;定性评价和定量评价相结合原则,以求弥补不足;多种评估方式并举原则,相互印证,以求客观有效地实施评估。

3. 教育行政部门认证。认证工作的程序是先由培训基地提出申请，对照资格认证条件进行自查并写出书面报告，再由教育行政部门具体受理审核，安排专家进行评估。

培训基地资格认证评价指标及权重

一级指标	二级指标	三级指标	评估内容	分项权重
1 培训组织 （0.22）	1.1 组织机构	领导重视	在教育行政部门的指导下成立校长培训工作领导小组，主要领导分管校长培训工作	0.01
		管理部门	成立专门的校长培训管理部门，负责组织实施工作	0.01
			配备专职人员从事培训教育管理工作，工作职责明确，有完备的工作制度	0.02
	1.2 培训教学	课程计划	按教育部、省级指导性教学计划制订培训教学实施计划	0.02
			按要求开设全部课程，统编教材与地方教材结合使用	0.04
		教研活动	参加国家、省校长培训教研会议，定期组织开展教研活动，与其他培训机构加强协作	0.03
	1.3 培训管理	管理制度	健全培训班级管理制度、奖惩制度、实践考察管理制度、综合考核考评制度	0.02
			严格学籍管理、结业发证	0.04
		培训收费	办班收费按主管部门的有关规定执行，不以营利为目的	0.03
2 教师队伍 建设 （0.41）	2.1 专职教师	教师学历	培训基地专职教师必须具备本科及以上学历，省级基地的专职教师具备硕士以上学历者应占80%	0.04
		教师职称	省级培训基地专职教师职称副高及以上的应达到60%；市级培训基地专职教师职称为中级以上的应达到70%～90%，其中副高职称的应达到40%；县级培训基地专职教师具备中级职称以上的应达到70%	0.06

续表

一级指标	二级指标	三级指标	评估内容	分项权重
2 教师队伍 建设(0.41)	2.1 专职教师	教师人数	省级培训基地10人,市级培训基地6人,县级培训基地4人	0.08
		教师培养	安排教师外出培训学习,参加学术交流	0.04
			安排青年教师到中小学挂职(2个月以上),加强实践锻炼	0.06
	2.2 兼职教师	组成结构	聘请高校教师、科研部门专家、教育行政部门干部和优秀中小学校长或学员作为兼职教师	0.05
		教师人数	连续兼职授课1年以上者为兼职教师,与专职教师的比例应达到1:1,省级培训基地10人,市级培训基地6人,县级培训基地4人	0.08
3 办学设施 (0.37)	3.1 教学条件	教学场所	配备校长培训专用教室	0.03
			提供学习计算机的微机房,保证上课时一人一机	0.05
			有固定的教育实践考察基地	0.06
		图书资料	专供校长培训学员学习和校长培训教师查阅的资料	0.02
			定期向学员开放图书馆或资料室,每周最少两次	0.04
		教学手段	运用传统电化教学手段,如幻灯、投影、录像等进行教学	0.02
			运用现代多媒体教学手段,如多媒体课件教学、互联网教学	0.04
	3.2 生活设施 与服务	就餐情况	有学员就餐的专门食堂或窗口	0.04
		住宿情况	住宿实行公寓化管理	0.06
		业余活动	有开展文化、体育活动的场所	0.01

资料来源:《安徽省中小学校长培训基地资格认证意见》(安徽省教育厅 2002)

结合评估结论,教育行政部门根据工作安排,对培训基地进行认证。被认证为"合格"的培训基地将取得培训资质。教育行政部门负责颁发培训资格认证证书,明确它们的职责和承担培训任务的范围。被认证为"不合格"的培训基地自认证结果公布之日起不再具有培训资质,需认真整改,然后再次提出认证申请。

资格认证工作是开放式的，认证方案可作发展性的调整，培训基地认为条件成熟的便可申请，待教育行政部门受理后组织认证。未经资格认证的培训院校，不再承担中小学校长培训任务。不过，将随机进行检查，继续对它们进行工作督导，强化对它们的宏观管理。

(三)资格认证敦促培训质效提升

资格认证是对培训基地的校长培训工作的整体评价，也是直接衡量和评估培训质量的重要手段。资格认证为培训发展带来的影响，突出表现在以下几个方面：

1.激活竞争机制。现行的培训工作一直是政府行为，是计划管理体制的产物，不能适应当前市场经济体制和教育发展的需要，缺乏竞争力，也就缺乏生机和活力。对于资格认证工作的实施，各地视其为发展的契机和动力，不等不靠，对照标准，加大投入力度，有效地形成了竞争办学机制。资格认证有利于优化整合教育资源，调动多方面的积极性和能动性，使校长培训逐渐走出政府统包的窠臼，开始走向社会，为校长培训工作开辟了一条新的通途。

2.促进基地建设。认证评估指标明确提出培训基地各项办学设施量与质的要求，各培训基地对照标准，加大投入力度，增添教学设施，完善生活服务，优化资源配置，有力地推进校长培训基地标准化、现代化建设，为今后中小学校长培训工作持续发展提供了物质保证。

3.营造大培训的氛围。通过资格认证，培训基地端正了办学思想、规范了培训行为、摒弃了就培训论培训的思想、改变了以往把培训工作当作任务看待的旧眼光，逐渐消除了以培训谋利的现象，而是把校长培训作为树立培训基地品牌的一个重要方式，充分表明校长培训所具有的巨大社会效应。在认证工作中，教育行政部门和培训者、参训者都会在一定程度上更新思想观念，对培训工作进行再认识和再思考，充分认识中小学校长培训工作在基础教育改革与发展中的地位和作用，不断增强使命感和责任意识，逐渐使培训工作由被动变为主动，初步形成一个良性发展的大培训环境。

二、中小学校长培训的学分制管理

培养高素质、高水平的中小学校长,创新培训机制是关键。尤其在校长培训的管理模式上,要"以人为本",进行科学的规划与安排。美国哈佛大学校长查尔斯·艾略特认为,因为人的能力、素质存在差异,所以教育不能采用相同的模式。中小学校长群体也存在类似问题,而这些因素一直阻碍培训实效性的提高。认真分析中小学校长队伍素质结构和群体特征,结合成人干部教育的特点,中小学校长培训引入了学分制,这将提升培训的有效性、实用性、参与性。

(一)学分制的内涵和特点

学分制起源于18世纪末德国的"选课制",是以学员选课为前提和基础,以学分为计算单位衡量学员学习能力和学习状况的教学管理制度。与传统意义上的学年制相比,学分制给学员提供了相对宽松的学习时间和空间,更有利于体现以人为本、以学员为主的现代教育理念,是更为先进的教学管理制度。

学分制是以学分为计量单位,以取得必要的最低学分作为任务标准的。与以往教学管理模式相比,学分制具有两大特点:一是以指导性代替指令性来组织教学。学分制改变了过去一张课表、一个教学计划的指令性教学模式,而是一种使学员在学习中更具自主性与选择性的教学组织方式。二是以一种灵活和具有弹性的制度来实施教学管理。学分制的主要特征就是教学组织灵活,学员在一定范围内可以根据教学计划、教学要求自由选课,根据社会需求设计自己的知识结构,自由安排学习计划和学习进程,更注意学员主体、个性的发展,充分发挥学员的能动作用。

由于学分制符合现代教育发展规律,目前美国、法国、德国、日本等国均在教学管理制度上采用了学分制。学分制在成人教育和干部培训上的运用越来越普遍。

(二)中小学校长培训采用学分制

中小学校长培训学分制是指在一定期限内,采用多样的教育方式和较灵活的管理方式,规定学员在一定时间内修完规定学分,以获得上岗、评优和晋升资格的一种学习制度和管理制度。对中小学校长培训实行学分制,不仅仅是一种制度的变革,也会形成新的培训态势和局面。

1.学制弹性化,有效地解决了工学矛盾。现在的中小学校长培训一般都是集中几个月脱产进行,而大部分参训校长名为脱产,实际上工作量没有减少,繁重的工作压力会在不同程度上影响学习,有时他们甚至不得不放弃参加集中学习的机会。实行学分制为学员提供了便利,学员在时间安排上具有一定的弹性。参训学员可以根据自己的工作实际,自主地选择课程,安排时间,做到学习、工作两不误,有效地缓解了工学矛盾。

2.选课个性化,充分体现"因材施教"。参训校长的基础知识水平和接受能力往往参差不齐,统一的校长培训管理模式极易导致参训校长的分化,即导致部分校长"吃不饱",而另一部分校长"吃不了"的情况出现。校长培训学分制能够有效地解决这个问题,能够充分尊重学员的兴趣和需求,让参训者根据自己的具体情况,突出知识结构优化,实现个性发展。学员们自主地安排学习时间和进度,也能最大限度地发挥自己的潜能和优势。

3.有助于实现"学以致用"的目的。通过学习获得最新的专业理论知识和技能技巧,提高实际工作能力,往往是参训校长较为直接的学习动机。但由于他们所在学校不同,对培训的需求也不同。通过实行培训学分制,实行课程设置"菜单化",开设选修课,可以使他们根据自己的特长和工作性质,自主地选择课程,使自己学以致用的需要得到最大限度的满足。对于培训组织来说,有利于挖掘培训教师开发新课程的潜力,切实提高培训效益,实现资源配置最优化。

4.学习自主化,有助于激活学员的积极性和主动性。学到有用的专业知识技能,不断提高各方面素质,是每位参训学员的目标。而实行校长培训学分制,不仅为这一目标的实现提供了基本保障和更多的机会,而且充分体现了"自学为主"的培训原则,使参训学员可以自主地安排学习时间和进度,自主地选择所修课程,从而提高其学习的兴趣和主观能动性。同时,校长培训学分制本身对参训校长就是一个极为有效的激励机制,使他们的学习更加主动、努力,有利于良好学风的形成。

(三)中小学校长培训学分制的运行策略

1.课程设置。实行培训学分制必须改革现有的课程设置体系,综合考虑教育事业发展需要和参训对象的自身需求,从切合中小学校长岗位职业能力入手,依托丰富的优质培训资源,突出课程的价值,体现科学精神与人文精神的统一、继承性与发展性的统一、社会需求与校长需求的统一,切实把培训理念与工作现实、教育理论与管理实践进行有机结合,融入培训的全过程。建立基础性课程、发展性课程、综合性课程三大动态模块的培训内容结构体系,做到专业性、包容性、实用性、开放性和特色性并重。

2.学分分配和计分办法。根据培训课程设置,使三类课程分别占一定的权重。参考高校人才培养的做法,根据学科学时数确定学分系数,明确每门课程的标准学分值。所有的学科学分计分均分为基本学分和奖励学分两类。实行考试与考评相结合的考核方法,达到基本要求的计基本学分,特别优秀的计奖励学分,奖励学分不得超过该门课程总分的一半。

3.学习要求。校长培训学分制以 3~4 年为一个周期,要求校长在此期间必须达到一定的学分。总学分值可根据工作岗位和工作性质来确定。如对于正职校长,宏观综合管理能力和组织协调能力的要求就高一些,对于分管校长,学习的重点则是业务管理方面的知识和能力。

(四)建立校长培训学分制运行的质量保障体系

为了保证校长培训学分制的实施,真正实现实行培训学分制的目标,必须建立健全与之相适应的质量保障体系。

1.转变管理观念。校长培训学分制相对于过去校长培训方式有比较大的改革,要以学分制的要求形成学分制教学管理制度,实现教学管理的规范化、科学化、程序化和现代化。学分制的实施在一定程度上增强了教学管理的灵活性与复杂性，必须加强学分制管理制度建设，同时，必须树立现代教育观念及管理理念，运用科学化、程序化、现代化的管理技术及手段，提升对课程建设、教学过程、教学评估、学籍管理、教材发行等工作的管理水平。

2.完善考核考试制度。学分制实行目标管理，参加培训的学员原则上必须修完课程并通过考核方能获得学分，或以学时（含实践教学学时）折算学分。目标管理对学习过程的管理相对粗放一点，但是要严格把握考核关，以考核来衡量教学结果，确定学分。考核实行教考分离，建立题库，全面真实地反映学员学习的效果。

3.严格学分认证制度。学分认证首先要有真凭实据，如培训结业证书、课程合格证书等，确保学分认证的准确性。还可以使用微机辅助管理软件系统，实行 ID 卡电子芯片管理。为保证学分登记公开透明，每年学分汇总前要公示。同时要建立健全校长培训学分登记档案和相关制度，作为中小学校长调转、交流、任职、评优等的依据。

三、中小学校长培训的柔性管理

柔性管理是适应新经济时代发展的人力资源管理模式，在组织管理中具有"润滑剂"功能。相对于刚性管理，柔性管理侧重于以人为本的理念。以中小学校长心理和情感管理为主的柔性管理模式往往是围绕校长个性心理特征，充分展现柔性管理独有的人本性、情感性、权变性、间接性等优势，探索性地提升校长培训工作实效。

当前，随着教育领域综合改革的深化，传统的单纯以"规章制度为中心"，凭借制度约束、纪律监督、奖惩规则等手段进行的层级分明、上施下效的刚性管理模式，在教育实践中日渐显露弊端，难以满足现代人才资源管理的要求。近年来，"以人为本"的柔性管理思想逐渐被引入中小学校长培训中，并取得了良好的效果。

（一）柔性管理的内涵及运用于校长培训的现实意义

20世纪初，有"科学管理之父"之称的美国著名管理学家泰勒写的《科学管理原理》一书出版,可以看作刚性管理思想形成的标志。泰勒的研究成果理论促成经验管理向科学管理的转变,形成了一种纵向的高度集权的管理思想与管理模式。此种管理模式试图将人塑造得适合于工作岗位,而不是将工作岗位设计得适合人。而柔性管理恰恰与之相反。相对于刚性管理而言,其内涵是"在研究人们心理和行为规律的基础上,采取非强制方式,在人们心目中产生一种潜在的说服力,从而把组织意志变为人们的自觉行动的一种管理形式"。[①] 柔性管理具有明显的内在的驱动性、影响的持久性与激励的有效性。国内不少学者把柔性管理的特征概括为内在重于外在、心理重于物理、身教重于言教、肯定重于否定、激励重于控制和务实重于务虚等,将柔性管理的职能定位为"教育、协调、激励、互补"。

柔性管理是在研究人们心理和行为规律的基础上,采用非强制的方式,以一种潜在的说服力,把组织意志变为人们的自觉行动的管理形式。尊重人性是柔性管理的思想精髓和核心理念,其本质是和谐管理。鉴于人性是现代管理理论的重要问题,管理者要理解人心、顺应人性、宽容与尊重他人,彰显柔性管理的独有魅力。

柔性管理方式介入中小学校长培训是对以制度为中心的传统刚性管理模式的超越。柔性管理包括心理管理、行为管理、环境管理、形象管理等内容,要求培训者时刻遵循以人为本的管理理念,把握参加培训的校长心理规律和内在需求,有针对性地开展各种柔性管理活动,如激励、引导、暗示等实现感召、启发与诱导,充分调动学员的自我管理、自我约束的积极性,使其潜移默化地接受外部规范化的约束管理。

著名的马斯洛需求理论提出了人的需求有五个层次:生理、安全、社交、尊重、自我实现。随着人们文化素养的不断提高和物质生活的不断满足,人们的社交、尊重和自我实现的需求更加强烈,人们更加追求宽松、和谐的生活和工作氛围,更加看重成就感、尊重感、荣誉感和归属感,更加强调自我管理、自我改善和自我实现的人性化的生活和工作方式。将这个理论运用于成人

[①] 郑其绪:《柔性管理的辩证法》,载《石油大学学报(社会科学版)》,1995(4)。

教育的校长培训，显得很有必要。柔性管理恰恰能满足校长的需求，因而能深层次地激发校长的学习动机，增强校长的责任感，使其自觉挖掘自己的潜能，发挥积极性。柔性管理还能把组织意志转变为个人的自觉行动，有利于培训班内部形成相互协作的氛围。

（二）柔性管理敦促组织管理形态的转变

《中小学校长培训规定》一方面突出制度的规范化，同时强调因地制宜、讲求实效的原则。针对中小学校长自身的特点，柔性管理旨在将校长把外在的规定转变为内心的承诺，并最终转变为自觉的行动，突出表现其内在的驱动性、影响的持久性以及激励的有效性方面。

1.提升内在驱动力。对校长的管理方法一般分为外在管理和内在管理两种。外在管理主要是通过刚性制度对校长的行为进行制约。这种管理带有明显的强制性和不可抗拒性。外在管理对优化校园环境，维护教学秩序无疑是必要的、有效的。而内在管理着重采取潜在的、润物无声的方式，引导校长将规定内化成自觉的行为，这种柔性管理方式充满感情色彩，校长对于管理者的意志不仅认可和理解，而且以自觉行动将其变为现实，这种结果恰恰是柔性管理的指向和目标。柔性管理不是依靠权力的影响力，而是依赖于校长的心理发展过程，依赖于校长内心深处的主动性、内在潜力和创造精神，只有当校长将组织规范内化为自觉认识，将组织目标转变为自发行动，才能在行动上表现出自觉。

2.实现教学换位思考。在培训教学中，培训者要进行换位思考。要求培训者用心教学，解除师生之间的心理壁垒，使教学内容和管理措施更容易被学员接受。传统培训者一般都运用讲授的方式正面灌输理论，但对于在学校工作多年的校长学员来说，培训者一定要从校长的角度出发，让他们愿意听、愿意学，进而引导他们自觉地把所学知识付诸行动，做到知行合一。

3.评价激励的有效性。校长是一校之长，他们比较在意自己在教师、同行和社会中的形象和影响。培训者在对学员进行评价时，要多用肯定的方法，通过鼓励激发他们的潜能。坚持肯定重于否定原则，是符合人性的基本规律的,更符合成人教育、干部培训规律。校长们都希望个人的表现得到承认,自己的所作所为得到认可。培训者对其进行评价时,要充分肯定其成绩,给参加培训的校长带来心理上的满足,使他们快乐地参与培训。

(三)中小学校长培训工作中柔性管理的创新取向

将柔性管理思想系统而全面地融入中小学校长培训管理之中,变革培训管理模式,成为加强中小学校长队伍建设的现实之需。科学运用柔性管理,其最终目的是弘扬以人为本的教育管理理念,创建有利于人的发展的学习环境,弥补传统教育管理中对情感特质以及学员情感发展长期忽略的不足,从而最终实现校长的主动性、创造性、情感性的最大发展。

1. 科学构建柔性管理模式。要使柔性管理在校长培训工作中发挥更大的作用,必须构建一套科学、合理的柔性管理模式。一是要制定柔性规范。有了柔性规范就可以充分发挥学员的个性,培养学员积极进取的创新精神。二是进行柔性决策。教育决策是现代教育组织及其领导者和管理者的首要任务,管理者在管理中也要运用民主、科学的柔性决策方式,培养学员的主人翁责任感,使管理目标在全体学员的共同参与中不知不觉地得以实现。三是运用柔性策略。校长个体差异大,培训者要根据情况的变化,相应地调整管理方式和策略,不断变化教育方式,因材施教,以达到最佳教育管理效果。

2. 优化校长培训评价体系。校长培训评价的结论也将对被评价者的行为和情绪产生积极或消极的影响。所以,在校长培训工作中不断优化评价体系,对增强管理效果有着重要的意义。传统的校长培训对学员行为评价得过于量化,容易使学员产生逆反心理等,因此柔性管理主张进行模糊性的评价。因为柔性管理的对象是身处教育一线的中小学校长,其培训行为和学习活动本来就无法以数字形式体现,实施模糊性的评价体系恰恰能够做到尊重和信任学员,体现出人文关怀,使学员积极地参与评估活动,可以提高学员自我检查、自我分析、自我教育的能力,有利于学员的自我改进和自我完善,反过来,评价结果也会对学员起到警示作用。同时,柔性管理十分注重对过程的动态评估,即在培训结业后,跟踪了解校长身上存在的问题,并及时指出和纠正,要求其进行反省与总结,力求改进与完善,而非仅仅针对最终的培训评价结果消极地作出调整与适应。①

3. 情感管理协同与有效沟通。柔性管理操作具有非强制性特点。管理者应认真把握校长培训的规律,顺应人性、尊重人格、理解人心。柔性管理强调情感管理,在这种模式中,管理者以真挚的情感,与被管理者之间建立情感联系和开展思想沟通,以满足被管理者的心理需求和生存发展需求,从而形成和谐融洽氛围。在柔性管理中,最重要的是发挥"心理"作用,因为心理沟通最能够体现柔性管理的影响力、感召力与亲和力,其核心是激发中小学校长的积极性、主动性和创造性,消除消极情绪与畏难心理,通过主体与客体之间的心理双向交流、积极沟通,实现柔性管理效能的最大化。校长在一所学校担负着引领学校和师生发展的重任,大多希望能实现自身和社会价值,而在理想的实现过程中,他们需要得到更多的鼓励和指导。如果培训者能够给予他们充分的鼓励和肯定,就能促进校长主动学习的潜在力量发挥,从而有效地将"要我学"转化为"我要学"。同时,在中小学校长培训中创新运用情感投入的柔性管理,还将有利于促使中小学校长之间的相互协作,达到学习者共同提高的目的。

---

① 钱立青:《柔性管理:中小学校长培训管理的一种科学范式》,载《中小学校长》,2012(9)。

第六章 中小学校长的选拔与评价

第一节 中小学校长的选拔

中小学校长是学校工作的领导者、组织者、协调者、控制者,是一所学校的灵魂。一所学校的好坏在很大程度上取决于校长所发挥的作用。如前所述,校长强有力的领导是学校取得发展的关键,所以选拔优秀的人才做校长尤为重要。校长的选拔与任用是校长专业发展的重要内容,是管理校长、选好校长、用好校长的重要环节。

要想从众多的教师中选拔出一名校长,就涉及一个标准问题,也就是校长的任职条件和岗位要求。自中华人民共和国成立以来,由于诸多原因,迟迟未能对中小学校长的选拔条件提出统一要求,直到1991年国家教委颁布了《全国中小学校长的任职条件和岗位要求(试行)》,其中规定的任职条件和岗位要求为各级各类中小学校长的选拔提供了基本依据,为把真正德才兼备的优秀管理人才选拔到校长的领导岗位上来提供了指导性意见。其中中小学校长任职的基本条件有:(1)乡(镇)完全小学以上的小学校长的文化程度应不低于中师毕业,初级中学校长的文化程度应不低于大专毕业,高级中学校长应不低于大学本科毕业;(2)中小学校长应分别具有中学一级、小学高级以上的教师职务,都应有从事相当年限教育教学工作的经历;(3)都应接受岗位培训,并获得"岗位培训合格证书"。在中小学校长的岗位要求方面提出:要坚持四项基本原则,具有一定马克思主义理论修养和热爱教育事业、实事求是、勇于创新等基本素养；要具有一定的政治理论、国情知识、教育政策知识、学校管理知识、教育学科知识等知识；要具有计划能力、教育激励能力、表达能力等能力。

一、中小学校长选拔的制度

校长的专业发展是现代学校管理的基础，只有受过专业训练、拥有专业知识的校长，才能灵活机智地应对时代变迁和挑战。现代学校发展要求校长角色定位从"职务"向"专业"转变，要在专业发展的基础上实现职业化，使校长由实实在在的行政职务发展成为人们追求的一种职业。促进校长的专业发展不仅要更新思想观念，改变思维方式，更重要的是通过制度引导实践。因此，科学民主的校长选拔制度是促进校长专业发展的最有力手段之一。

根据人力资源管理中有关员工甄选的理论可知，有效的人员甄选的目标是使组织具备更高的人力资本，同时使被选者的个人特点（能力、经验等）与工作要求相匹配，从而获得较高的工作绩效和较高的工作满意度。

由于校长是学校的领导者及全面负责学校教育教学工作的管理者，因此对校长人选的才能进行考评时不能只注重他的学历水平或教学成绩，更要考察他的领导和管理能力。因此，运用不同的测评方法全面权衡校长能力，按照严格的选拔程序进行校长人选的评测与确定，是教育行政部门选拔校长的基本原则。

任用是指在严格考查的基础上，按照一定的程序，确定校长人选，也就是校长的任命和职务的安排。校长的任用必须遵循一定的任用制度，在我国，常用的任用制度有委任制、选任制、考任制和综合制。自中华人民共和国成立以来，我国校长任用的主要形式是委任制，即由上级行政机关直接考评并任用校长的一种制度。随着教育体制改革的推进，校长任用制度的改革也在不断深入，1999年全国中小学教师继续教育和校长培训工作会议明确提出：要按照素质教育的要求，加强中小学校长队伍建设，建立健全与人事制度改革方案相适应的校长选任机制，不拘一格选拔校长。2001年国务院发布的《关于基础教育改革与发展的决定》再次明确："中小学校长由县级教育行政部门选拔任用并归口管理,推行中小学校长聘任制,明确校长的任职资格,逐步建立校长公开招聘、竞争上岗的机制。实行校长任期制,可以连聘连任。"

校长的任职年限由终身制逐渐过渡到任期制,并可连聘连任,是校长职业专业化并逐步得到社会认可的外在表现。职业专业发展的一个表现就是从业的长期性和稳定性,因此,实行任期制并可连聘连任,增强了校长做长远规划、不断进行自我专业发展的信念。

聘任制要建立在校长职业资格认证制度的基础之上。校长的专业发展必然使校长职业资格认证成为其职业生涯的重要内容,只有获得了校长职业资格证书,有志于从事校长职业的人士才有资格被聘任为校长。因此,在选任体制中,专家认为应加强对中小学校长的入职认证,严格控制选任程序及形式。到目前为止,虽然校长的"持证上岗""聘任制""职级制""培训制度"都在不断发展,但校长的任职条件和岗位要求却维持在1991年的水平,"持证上岗"的"证"还只是对岗前和在岗培训合格证书的要求,职级制中的职级认证并没有被充分重视并合理利用。不断完善选任体制,及时更新选任体制中的资格与标准要求,是校长入职并保持持续发展的前提。

二、中小学校长选拔的形式

(一)中小学校长的选用方式

我国的中小学校长的选用方式大致有如下四种。

1.委任制。委任制也称"直接任命制"。先由教育行政主管部门及其组织人事部门,会同学校领导一起,提出入选对象。然后经过一定的考察,并在听取群众意见的基础上,提出是否选用的意见。最后按当地任免校长权限规定审批。在委任制下,因为校长是上级教育部门任命的,所以有可能会出现不满足岗位要求的教师混入校长队伍的情况。

2.选任制。自教育体制改革以来,一些地方根据需要,主要是对于个别学校,领导无法提出合适的校长人选,或者曾经选派的校长难以胜任工作,不得不实行学校内部公开选举校长,然后由主管部门进行任命。这是目前我国一种比较特殊的校长选拔方式。选任制的优点是选出的校长对工作环境比较熟悉,受大多数教工的拥护,很快就能胜任工作。通过选任制选出的校长合民意,却未必合"官心",在工作上不一定得到上级部门和领导的支持。

3. 考任制。考任制也称"公开招考制"。不少地方根据特殊需要,公开向社会招聘校长,先由个人自愿报名,然后通过专业与综合考试,并进行适当的面试,择优录用,由教育行政主管部门予以任命的校长选择方式。这种方式与国外的招聘方式类似。但由于我国学校的公办性质,再加上公开招考校长时,往往追求的是高学历,忽视了实际工作经验,使选拔出来的校长空有抱负,难有大的作为。

4. 综合制。综合制就是综合采用推荐、自荐、职能部门考察、群众评议、考试和答辩、主管部门任用的方式选拔校长。综合制是遵循公开招聘、平等竞争、择优录用的原则,采取用人单位和具有校长资格的公民之间签订具有明确任职期限的聘任合同,明确双方的权利、义务和责任,形成劳动契约关系的一项制度。

从发展趋势来看,中小学校长的选用大多是向民主选举与领导任命相结合的方向发展。也就是说,原先比较民主的国家,加强了对教育的控制,中小学校长的选拔也不例外;原先比较集权的国家,则加大了放权的力度,增加了民主选拔的成分。

目前,我国中小学校长的选拔仍然以委任制为主,因为委任制在校长任免中有其优越性:便于上级政府或部门制定的政策及时有效地得到贯彻;权力集中,便于统一管理,上级行政主管部门对校长有较强的控制作用;有利于不同地区的学校领导进行交流调剂,便于薄弱学校的改造;程序简单,选择校长的直接成本较低,等等。但随着教育体制改革的逐步深入,以委任制为主的校长选拔制度也暴露出许多问题。

(1)容易使校长产生"官本位"思想。由于校长是上级政府部门直接任命,带有浓厚的行政管理色彩,校长"官本位"思想弥漫于学校管理过程中。校长的角色与学校的性质不符,学校与政府之间的关系难以理顺,职责不清。

(2)缺乏有效的权力制衡,校长容易专权或滋生腐败思想。委任制产生的校长由于处在"上面够不着,下面不敢言,自己管不住"的特殊位置,难免会出现这样那样的问题。对校长的监督,从表面看有很多制约,上有主管部门,下有教代会、工会等,但实际上都难以发挥作用。

(3)校长缺乏群众基础,难以树立真正的威信。委任的校长,群众基础往往比较薄弱。一所学校谁来做校长,在公开宣布之前是个谜,教师群体对其一无所知,没有知情权。校长上任后,急于通过管理出政绩,他们往往仅靠简单的、命令式的行政手段进行管理。

(4)校长水平良莠不齐。通过委任制确定校长候选人时,虽然会做一些调查,但所获得的信息是非常有限的,再加上目前干部的任免方式还是以论资排辈为主,选择的范围较小,导致不少真正有理想、有能力的人难以进入校长队伍。

(二)中小学校长的选拔标准

制定科学合理的选拔标准是建立校长选拔制度的前提。中小学校长的选拔标准主要是指校长的任用条件和岗位要求,选拔标准是对校长候选人进行区分的基本依据,能否通过选拔制度对校长的专业发展进行引导,首先表现在制定和使用什么样的选拔标准上。因此,选拔标准应当体现校长专业发展要求,并有利于促进校长专业化。我国目前主要按照中央有关文件规定和《全国中小学校长任职条件和岗位要求(试行)》,结合当地实际情况选拔聘用中小学校长。但是上述文件规定对中小学校长的一般要求是比较全面的,而对校长的选拔标准表述比较简单,不利于在选拔实践中使用,不能充分体现对校长专业发展的要求。

有利于体现校长专业发展要求和促进校长专业发展的选拔标准应体现如下基本要求:专业精神和职业品质方面的要求,包括事业心、责任感、科学精神和献身精神、政治品质、职业思想和道德行为;专业知识和教育教学经验方面的要求,校长选拔标准应坚持业务能力与管理能力的统一,校长候选人不仅要有比较广博的知识基础和学校管理方面的专业知识,还要有教学和管理方面的成功经验;教育思想方面的要求,如是否善于接受新思想、新观念并贯彻到实际工作中去;教育领导能力方面的要求,如分析判断能力、计划决策能力、组织管理能力、教学领导能力、教育科研能力、教育评价能力、协调沟通能力、社会交往能力、开发和利用资源的能力、适应变化的能力等。有人认为,校长还应当具有"经营"能力,即敏锐地感受学校需要,对学校的发展、办学条件的改善、教职员工福利待遇提高等负有重要责任。创新精神的要求,学校已有的办学条件、已有的发展水平和存在的问题是客观的,但问题的发现、分析、决策、解决是主观的,只有具有创新精神的校长才能创办特色学校。

三、各地中小学校长选拔制度比较

(一)选拔条件

校长是一校之魂,办好一所学校的关键在校长。世界各地对中小学校长的选拔都非常重视,并制定了一些具体规定。

发达国家对中小学校长资格的要求普遍高于我国。有些国家早在20世纪的五六十年代就通过立法对校长资格作出了明确的规定。从选拔条件看,世界各国普遍强调四个方面:有正式教师资格,持有教师资格证书;学历要求方面,美国、加拿大规定,小学校长必须是大学毕业,获得学士或硕士学位,中学校长必须有硕士或博士学位;教龄要求方面,美国、英国规定,中学校长一般要有5年以上教龄,我国对此则没有严格规定;要取得校长资格证书,美国、加拿大两国法律规定,中小学校长在取得教师资格的基础上,必须修满校长资格培训课程。美国有的州还规定,校长不仅在上岗前要接受培训,在任职5年后,还要继续参加培训,以掌握新的知识和技术。此点与我国目前的校长提高培训做法基本上一样。

(二)选拔程序

世界上许多国家都实行校长负责制,但校长的配备编制一般不要求统一,如加拿大规定,规模较大的中小学,一般设校长1人,副校长1人,校长助理1人。在法国,中小学设校长1人,教头(相当于副校长或教导主任)1人,负责管理教务工作。我国同发达国家中小学一样,也实行校长负责制,但比别的国家多一个党的组织机构,校长(校领导)的编制数略比其他国家多一点。

目前,各国中小学校长产生的办法不尽相同。相对于我国中小学校长任用的情况,其他国家的做法多半是有所侧重,有的是地方政府任命,有的是学区任命,有的是学校民主选举。但从发展趋势看,大多是向民主选举与领导任命相结合的方向发展。从选聘过程可以看出,国外大多面向社会招聘校长,注重公开竞争,而我国则偏重从校内选拔,缺少竞争性,选择面小。

美国选聘校长的流程:面向社会招聘校长—校管会建立选拔校长的专家小组—地方教育委员会派人参与工作—选拔小组评审应聘人选—校管会根据选拔小组提交的考核材料进行讨论—做出决定。

德国选拔中小学校长大致分为四步:

第一步,刊登招聘广告,由区政府进行初选。

第二步,对初选合格者进行考察:听课,了解参选者的教学水平;让其对年轻教师进行评价,看其有无指导教师的能力;召开一次教师大会,看其组织能力如何;检查对教育政策法规掌握的情况。

第三步,根据考察结果,区政府与学区教育局协商确定推荐人选。

第四步,上报州政府任命。有些州在任命之前还组织考试,合格者才被任命。

(三)我国台湾地区校长遴选制度的特点

我国台湾地区义务教育阶段中小学校长任期为四年,在同一学校可连任一次。校长遴选考评程序包括校长自评、教育局主管科室和督学室考评(含家长会及教师会平时意见)、教育局总评三部分。考评的内容分成"政策执行""经营管理""专业领导""办学绩效"等四个领域。现行的校长遴选制度有三个特点:公平竞争、择优选才;民主精神、多元尊重;教授治校、参与校务。

1. 遴选制度适应了教育民主化的潮流。台湾地区校长遴选制度打破了过去官派校长的黑箱作业,无论是从甄选委员会成员的组成,还是从选拔的方式和过程来看都充分体现了民主的精神。尤其是校长遴选委员会专业化和多元化的人选构成和运作,适应了教育民主化、教育权力下放的趋势。专业化是为了提升遴选的教育品质,多元化则兼顾了社会人士共同参与的期望,扩大了社会参与的层面,保障了教师和家长与学生的话语权益。这样做既提高了决策品质,又能引起社会各界的支持,也使学校社区化的精神有了具体落实的契机。

2.选拔过程突出对知识、素养、人品、能力的考查。台湾地区校长遴选制度引入了市场竞争机制,选拔并储备了大量的校长后备资源,使得不称职校长能被及时淘汰。遴选制度引入竞争机制对许多校长而言是一大考验,除了要具备校长任用资格外,由于遴选制有层层的关卡,校长候选人还要在学校的家长会和教师会上提出自己的办学理念、学校经营改革计划,要调整心态、自我推销才有机会出线,这对校长候选人而言是种巨大的压力。

3.以校长回任制取代终身制。台湾地区中小学校长采用任期制,在原校最多只能连任一次,期满需要再参加其他学校的遴选或选择回原校当教师,从而杜绝了过去校长迁调皆由主管机关决定,使校长成为傀儡的弊端。同时也可以消除校长终身制所产生的惰性心理。

4.政府牵头,各方参与。地方教育行政部门、高等院校和遴选委员会共同参与,各司其职。其中,教育行政部门牵头,并具体负责建立选拔和考核中学校长的政策和原则;高等院校则利用其教学力量,开设培养学术性、职业性和实际工作技能的课程,负责校长候选人的培养工作及在职校长的进修;由各方面代表组成的遴选委员会则负责选拔和考核校长的具体过程。

第二节 中小学校长职级制

在职业生涯中,职级晋升是激励个体不断追求自我职业价值的有效方式。对于专业人员,追求专业领域内的专业水平认可,获取不断提升的专业地位与社会声誉,是专业发展的最直接目标,科学合理的职级晋升制度是专业人员自我专业评定和组织评定的参照标准。

长期以来,我国实行的是校长职位与行政级别挂钩的教育管理制度,即中小学校长的职务级别与学校的行政级制挂钩,套用机关行政级别,并享受相应的干部级别待遇。这种职级形态无形中强化了"官本位"意识,造成教育行政部门与学校之间的管理关系不顺。随着教育改革及人事制度改革的推进,这种管理制度越来越不利于中小学校长队伍的建设,不利于校长作为专业的学校管理者的职业发展。在校长的专业发展过程中,职级制作为一种促进校长不断提升专业职能、不断追求自身专业成长的促进因素,极大地影响着校长群体和个体的专业发展。

一、校长职级制的内涵

校长职级制是指将校长的职位,按照不同的任职资格、条件、岗位职责要求,分为若干个等级,形成职务等级系列,为校长的任用、考核、奖惩、晋升、工资待遇提供依据和管理标准。它既是针对校长专业技术职称的管理制度,也是校长学识、资历、教育教学水平和管理能力以及业绩的综合体现。实行校长职级制,不仅是教育部门的事,还需要组织、人事、财政、社会保障等多个部门的支持和配合,相关政策也要得到省、市政府的批准。

(一)校长职级制的属性

校长职级制是 20 世纪 90 年代中后期,我国中小学校长管理制度改革中出现的一项革新举措,其根本目的在于创造一种公平的竞争环境,以激励校长积极进取,在教育改革中有所作为。校长职级制具有以下特点:

1. 取消校长行政级别。实行校长职级制度后,校长的职级完全从行政级别分离出来,也不再与学校的等级(如重点中学、完全中学或初级中学)挂钩。新任校长或副校长,即使在重点中学或完全中学,也很可能是三级一等校长,而长时间在初级中学担任校长或副校长,如有较高的管理水平和办学成绩,也可被评为一级甚至特级校长。

2. 校长职务等级自成序列。将校长的职级划分为五级十等或五级十二等,并规定各等级的比例限额。每个职级的任职资格条件在职责、水平、能力和业绩上会有不同要求。

3.建立比较科学的校长素质测评指标、考评标准和方法。评定校长的职级,主要依据校长个人的学历、资历以及德、能、勤、绩。重点考查和测评校长的教育教学水平以及管理能力、所取得的实际成绩,以科学的、严格的考评手段和方法,规范的评审程序,经过由教育行政领导、专家组成的校长职级评审委员会评定。

4.建立与校长职务等级系列相匹配的校长职级工资制度。为了刺激中小学校长工作的积极性和创造性,使他们努力提高办学水平,要适当提高校长的工资待遇。在实行校长职级制的同时,可以实行校长职级工资制度。校长职级工资是与校长职级评定相配套的,是以校长岗位为主要特征的工资制度,体现了职务、责任、能力、实绩与合理报酬相统一的原则。

(二)实行校长职级制的意义

长期以来,受校长管理体制的影响,中小学校长的职务级别与学校的行政级别挂钩,享受相应的干部级别待遇。校长按行政级别划分,造成校长在不同层级的学校间流动难,不利于学校整体布局调整和薄弱学校改变面貌,也使校长之间缺乏竞争激励机制,难以激发他们的开拓创新精神。

1989年以后,一些地区在任命学校干部时,虽然不再明确干部的级别,但住房、医疗等待遇仍按照任职学校原定的级别确定。校长的工资待遇一般都执行教师专业技术职务工资标准,没有明确的专为校长设立的工资保障体系,专业能力、工作绩效不与薪酬体系挂钩,不利于调动校长工作的积极性,不利于校长主动、自觉地进行自我专业发展,提高专业水平,从而提高办学实绩。实行校长职级制的重要意义体现为:有利于形成教育行政部门宏观管理与校长行使办学自主权相结合的管理体制;有利于促进校长由抓创收、抓事务、抓升学率转向抓教育、抓管理、抓质量、抓效益(主要指社会效益)、抓发展;有利于形成符合中小学特点和校长成长规律的、稳定而有效的竞争激励机制;有利于保障党组织的政治核心作用和工会、教代会参与民主管理和进行民主监督的作用;有利于形成校长"职级能上能下,待遇能高能低,位置能进能出"的动态管理机制。另外,推行校长职级制可以实行校长薪酬制度。

二、校长职级制的实践

1993年,上海市针对中小学管理制度改革问题,提出了加强中小学校长队伍建设,建立校长职级系列的改革目标。随后,率先在静安、卢湾两区进行试点,取得了明显成效,很多校长主动到薄弱学校施展才华,有利于"职务能上能下、待遇能高能低、流动能进能出"的动态管理机制形成。[①] 到2001年8月底,12个区县已完成了上海市中小学一级和特级校长的申报和认证工作,这标志着上海市校长职级制改革已向全市推广。从2003年9月起,上海市开始进入第二轮校长职级制改革阶段。上海市试行校长职级制并取得了较大成效,为各地提供了良好的经验。

(一)树立正确的指导思想

以国家人事部对事业单位人事制度改革实行"脱钩、分类、放权、搞活"为依据,逐步实现中小学校长的职级与行政级别脱钩。以理清政事职能、实行政事分开为原则,建立市、区、县教育行政部门以宏观管理、调控和指导为主,与校长依法实行任用、分配和自主管理相结合的人事管理体制。以公开考核程序、公平竞争和公正客观评价为标准,建立起符合中小学管理特点和校长成长规律的持续、稳定、有效的校长职级制度,以激励广大校长积极进取。以明确职责、规范实施为手段,建立起校长负责,党组织发挥政治核心作用,与工会和教代会的参与相互协调、相互制约的学校内部管理制度。

(二)建立一套完整的实施办法

1. 在校长职位与行政级别脱钩后,重新规定一套校长职级系列。2000

---

① 《学校属哪级告别机关化上海推行中小学校长五级十二等职级制》,载《人民日报》,2000年4月19日。

年2月,中共上海市委组织部、中共上海市教育工作委员会、上海市教育局印发了《关于上海市推行中小学校长职级制度的实施意见》的通知,具体做法是中小学各设置五级十三等。

上海市中小学校长五级十三等职级表

职级	级次	等次	评定比例
特级校长		特级校长	一级校长总数的20%以内
一级校长	1	一级一等校长	共10%
	2	一级二等校长	
二级校长	3	二级一等校长	共50%
	4	二级二等校长	
	5	二级三等校长	
	6	二级四等校长	
三级校长	7	三级一等校长	共35%
	8	三级二等校长	
	9	三级三等校长	
	10	三级四等校长	
四级校长	11	四级一等校长	共5%
	12	四级二等校长	

资料来源:《关于上海市推行中小学校长职级制度的实施意见》(上海市教育局)。

2.确定校长职级工资系列,使校长的工资与其级等对应起来。《关于上海市推行中小学校长职级制度的实施意见》规定,校长职级工资由级等工资、基础工资和能绩工资三部分构成。级等工资是校长职级工资的主要部分,体现了校长职级的高低,校长按评定聘任的职级确定级等工资,并随职级的变动进行调整。基础工资是中小学校长按照国家和当地政府规定发放的基本工资部分,基础工资由国家规定的职员职务等级工资(或中小学教师专业技术职务等级工资),以及政府规定的随工资发放的各种津贴、补贴等构成,这部分工资按现行的政策规定执行,并根据国家规定进行调整。能绩工资是校长职级工资中活的部分,能绩工资按校长级等工资和基础工资之和的一定比例核定。上海市实行校长职级工资后,各校创收发放的浮动奖和各种津贴、补贴不再发放。

3. 明确各级等校长的任职条件。校长任职条件规定,校长任职必须要具备基本条件和具体条件:基本条件是每一个参加评定职级的校长必须具备的条件,它具有统一性;具体条件是评定不同等级时校长所应该具备的相应条件,它具有导向性。静安区还进一步规定,凡符合基本条件并在教育教学、学校管理、教育科研等方面有重大实绩的校长,考核合格后可破格提升。

另外,为使中小学党支部书记切实履行好自己的职责,充分发挥学校党组织的政治核心作用,保证党的方针、政策和国家法律、法规的贯彻执行,并参与学校重大问题的决策,在推行校长职级制的同时,还建立了中小学党支部书记与校长职级相对应的标准制度。

4. 制定评审各级等校长的指标体系。考核内容包括任职年限、政治思想素质、岗位实际工作能力和贡献、工作实绩等。突出强调考核校长在把握正确的办学方向、落实依法治教、决策的科学化和民主化,以及改革中的主动性和创造性等方面的实绩。以校长的职务职责和所承担的工作任务为考核的基本依据,评分标准一般分为好、较好、一般三个等级,按照二级指标,确定不同的权重进行考核。为了充分体现对校长职级认证的公正性和公平性,上海市教委还组织专家学者制定了《上海市中小学校长职级制考核测评方案》,并将此作为组织实施并认证校长职级的测评依据。校长职级的认证不受学校原级别、规模、类型和性质的限制。首批校长职级的评定比例一般为:中小学一级、二级、三级、四级校长的比例是1:5:3.5:0.5,特级校长一般控制在一级校长总数的20%以内。①

5. 规定考评聘任各级等校长的工作程序。先由校长本人提出申请,然后按考核内容与标准进行自测、自评,在听取学校群众的评定意见之后由教育局评审小组根据校长的自评报告,汇总大家的评定意见以及督导室和业务科

---

① 中共上海市委组织部、中共上海市教育工作委员会、市教育局:《关于印发〈关于上海市推行中小学校长职级制度的实施意见〉的通知》,2000年2月14日。

平时对校长的考核资料,全面客观地评定校长的职务等级,并向校长反馈,最后由局长向校长颁发职级证书。

(三)校长职级制的实施与推广

目前,校长职级制已受到广泛的肯定,北京、广州等地已先后试行。北京市西城区在借鉴上海市校长职级制改革经验的基础上在区属中小学进行中小学校长职级制的试点工作,该制度将中小学校长的职务等级分为五级十等(相较于上海市,其中二级、三级各减少一个等次),将校长职级与办学实绩挂钩,做到职务能上能下、待遇能高能低、流动能进能出,进一步调动了校长办学的积极性,促使校长素质的全面提高和校长队伍的管理更加科学、规范。

校长职级制的实施要点是:规定职级系列(级与等);制定职级工资系列,并与职级等级相对应;明确各级等校长的任职条件;制定评审各级等校长的指标体系;规定考评聘任各级等校长的工作程序。一些没有实行校长职级制的地区,为了体现校长专业素质、办学绩效与收入相匹配的激励原则,对校长的工资制度进行了改革,实行了职级津贴制,将校长的任职年限、办学效益、办学特色、校长个人成就以及群众、社会对校长的评价等作为确定校长津贴职级的考量因素。实行校长职级津贴制是深化学校内部管理机制的探索,它所形成的激励作用在于引导校长提高专业水平,促进校长专业发展、学校办学效益的提高、基础教育质量的提高。

当前的职级制,使校长的工作业绩与自己的专业级别相联系,明确了校长在专业领域内的地位,职级的提升是校长专业地位和社会声誉提升的表现,因此,职级制在一定程度上发挥着激励校长不断提高专业水准的作用。可以看出,校长职级制也涉及多种校长管理制度的改革,它的试行和实施,是综合性、整体性的制度变革。尽管目前还处于试行阶段,还不够成熟,但这种制度的巨大优越性是不容忽视的。

根据《中华人民共和国教育法》规定的"学校及其他教育机构中的管理人员,实行教育职员制度",在上海和北京校长职级制改革试点工作经验的基础上,1999年《中共中央国务院关于深化教育改革全面推进素质教育的决定》

在论及中小学学校管理制度改革时明确提出"试行校长职级制,逐步完善校长选拔和任用制度,鼓励优秀校长到薄弱学校任职"。2001年,《国务院关于基础教育改革和发展的决定》指出:"实行校长任期制,可以连聘连任。积极推行校长职级制。"至此,校长职级制作为校长考核、任用与校长职业发展的管理制度具有了法律依据,将成为今后我国中小学校长管理制度改革的重要组成部分。

第三节 中小学校长的评价

校长的工作水平和工作表现与整个学校的办学质量密切相关,因此有必要对校长的工作予以评价。中小学校长评价是教育评价的一种形式,考核与评价校长是促进校长专业发展的一种重要手段,在教育管理中发挥着越来越重要的作用。评价的目的重在改进校长的工作,为校长的专业发展提供指导信息,促进校长领导水平和管理水平的提高,进而促进学校办学质量的提升。

一、中小学校长评价的历史经验及意义

(一)中小学校长评价的历史经验

综观世界各国的中小学校长评价工作,虽然从关注到深入研究经历了较长的时间,但真正建立起比较完整而科学的校长评价制度的历史并不长。美国和英国都是在"二战"之后才逐渐建立起来,一直到20世纪中后期,美国、英国和德国还普遍使用"评估中心法"对中小学校长进行评价。20世纪70年代,美国心理协会与全国中学校长协会共同对"评估中心法"进行了修订,并重新应用于对校长工作的评价。随后,一些研究者开发了"校长能力测试法""校长同事评价法"等,旨在对校长的业绩进行科学评价。随着人们对校长职业及校长素质研究的深入,校长的职业标准逐渐被明确下来。1998年,美国教师培训机构制定了校长职业国家标准,以此为参照,美国的校长评价

体系在近些年有了很大发展,对促进校长专业化发展起到了很大作用。

在我国,校长评价工作相对于教师评价起步较晚,尚未形成系统的评价模式。诸多教育管理研究者在教师评价、教学评价、学生评价、综合办学水平评价等方面都探索出不少成功的范式,但对校长的评价,至今还停留在不够规范的一般化民主评议形式上。严格来说,目前我国还没有真正意义上的校长评价制度,种种原因导致未能制定符合中小学校长特点的评价标准。

现行的校长评价做法仍是以考核代替评价。这种考核分为年度考核和任期考核,年度考核在学年末进行,任期考核在任期届满前进行。考核的主要依据是《全国中小学校长任职条件和岗位要求》和《关于加强全国中小学校长队伍建设的意见(试行)》中对校长任免、考核、奖惩、待遇等的规定。考核内容总体上是粗线条的,侧重考核贯彻执行教育方针、教育质量和学校办学管理、学校领导班子和教师队伍建设以及遵守职业道德和遵纪守法等方面情况。考核程序是在校长述职后,进行民主评议(测评)、主管部门评议,最后反馈考核意见。考核规定比较简单,已经远远不能满足当前教育发展和校长专业化发展的需要。以考核为主要手段的评价的主要目的在于决定校长的升、留、免、降或褒、奖、惩、戒上,忽视了对校长工作的改进和对校长专业化发展的激励。这种重督轻导的评价取向不利于校长素质的提高。

实际上,教育行政部门也一直在努力推进校长评价制度的建设工作。1999年《中共中央国务院关于深化教育改革全面推进素质教育的决定》中提出了要"试行校长职级制,逐步完善校长选拔和任用制度"。上海、北京等地已经试行了校长职级制。作为一种基于评价制度的晋升制度,职级制主张校长职位与行政级别脱钩,这种探索对于推进评价制度改革乃至整个校长专业发展制度改革都是非常有益的。教育部已着手研究制定中小学校长管理和工作条例,其中明确提出了要建立健全校长考核制度,对于考核的内容和程序都做出了规划。校长评价制度作为校长管理制度的重要组成部分,在制定的时候,可以借鉴国外相对成熟的评价制度,在评价目的、评价标准、评价程序与方法、参与评价的人员等方面做出比较明确的规定。

另外,校长评价主体组成除教育行政部门外,还应吸收教研、科研等部门的人员、教师、学生和家长参加,充分发挥校长专业组织对校长评价的作用是提高评价质量及效果的主要因素。

目前,针对学校及校长评估工作,国家教委于1997年发布了《普通中小学校督导评估工作指导纲要(修订稿)》,对中小学校校长评估的目的、内容、评估工作的组织实施做出了规定。这是一项较为详细的评估工作的指导性纲要,重在对校外评估进行规范。因此,建立自我评价制度与校内评价制度,从制度上保证评价的有效实施是完善评价制度的重要内容。

(二)中小学校长评价的意义

1.有利于国家教育方针政策的贯彻执行。国家的教育方针政策是校长办好学校的依据和指导思想。校长是学校的负责人,是学校的领导者、组织者和教育者。中小学校长评价的一个重要方面就是要看校长能否做到这一点。

2.有利于提高学校的办学水平。校长是学校的法人代表,对外代表学校,对内行使决策权和指挥权,是把办学条件转化为办学成果的关键。所以,对一所学校来说,校长起着至关重要的作用。我国著名教育家陶行知曾经说过:"要想评论一个学校,先要评论它的校长。"陶行知的话深刻地说明了校长和学校的关系。所以,对校长进行评价,就可以促使校长改进工作,发挥其潜能并提高业绩,这对于学校提高办学水平及管理水平都有现实意义。

3.有利于校长的成长和完善。校长是一所学校工作的发起者、组织者和指挥者,工作内容涉及学校的方方面面。校长评价就要用一套客观公正的评价标准和科学的评价方法对校长进行评价,让校长知道成绩有哪些、不足有哪些、哪些是经验、哪些是教训,了解自己的优势和不足,进而弥补不足,这样就能促进校长的成长。

二、中小学校长评价的主要内容

随着经济社会和教育的发展,校长职责在发生变化,校长的岗位要求也变得越来越高。到底从哪些方面对校长进行评价,这是一个值得探讨的问题。目前校长评价的内容大致可分为三个部分,即素质评价、工作评价和绩效评价。

(一)素质评价

素质不是工作本身,而是一个潜在因素。因为中小学校长是一所学校行政工作的主要负责者和领导者,这一职务不仅要求校长具有广博的知识,而且要求他具备不同于一般工作人员的能力和个性。素质评价主要包括以下几个方面:

1.政治思想素质。

(1)政治素质:坚持四项基本原则,坚持改革开放,把坚定正确的政治方向放在首位;具有一定的马克思主义理论修养,能努力运用马克思主义的立场、观点和方法指导学校工作;忠诚党的教育事业,热爱学校,热爱学生。

(2)思想品德:以国家、学校利益为重,勇于承担责任,不计个人得失,能唯贤是举,知人善任,善于开展批评和自我批评。

(3)工作作风:从学校具体情况出发,实事求是,理论联系实际,发扬民主作风。

(4)心理素质:沉着冷静,果断坚决,能承受挫折,积极乐观。

2.文化修养。

(1)教育政策方面:有一定的教育政策法规知识,掌握党和国家的教育方针、政策,合理行使自己的权利并履行相应的义务。

(2)学校管理方面:具有学校管理学、学校管理心理学等方面的知识,掌握学校管理的基本规律及方法、技术和手段。

(3)教育心理学方面:掌握教育学、心理学等方面的知识,了解中小学教学的基本规律和特点,熟悉教学大纲,了解学生的个性心理特点和教学方法。

(4)其他方面:掌握与中小学教育有关的自然科学和社会科学基础知识。

3.领导能力。

(1)组织指挥能力:能充分利用学校的人力、物力和财力,发挥其综合优势;能合理协调学校行政、科学、总务、后勤等职能部门,使之通力合作;能全面指挥学校的教育、教学等各项工作,使之正常运转;能积极组织全校教职工及学生进行教育、教学的创新和改革。

(2)应变交往能力:善于和学校广大教职工进行沟通,增强集体的凝聚力;积极加强与学生、家长、社区的联系,争取各方面的支持。

(3)语言表达和文字表达能力:有较好的口头表达能力,吐字清晰,说话重点突出,逻辑性强,有号召力,能起草一些重要的报告、总结和计划等。

(4)创新能力:要有丰富的想象力和强烈的创新意识,永远不满足于现状,使学校生机勃勃。

(5)决策预测能力:善于运用各种渠道、各种方式,全面了解学校的基本情况及发展动态,能及时、妥善地处理出现的问题,立足学校本身,抓住机遇,合理制定长远的发展规划。

(二)工作评价

对校长的工作评价,主要涉及两个方面:一个是校长的职责,另一个是校长的工作标准。

1.职责评价。校长的职责是指担任校长这一职务所必须承担的管理学校的全部责任。依据《全国中小学校长任职条件和岗位要求(试行)》等文件要求,校长的主要职责包括以下几个方面:

(1)全面贯彻执行党和国家的教育方针、政策、法规,自觉抵制各种违反教育方针、政策、法规的倾向。坚持社会主义办学方向,努力培养德、智、体全面发展的社会主义事业的建设者和接班人。按教育规律办学,不断提高教育质量。

(2)认真执行党的知识分子政策和干部政策,团结、依靠教职员工。组织教师学习政治与钻研业务,使之不断提高政治思想、职业道德、文化业务水平及教育教学能力,注意培养班主任、中青年教师和业务骨干,努力建设又红又专的教师队伍。依靠党组织,积极做好教师和职工的思想政治工作。自觉接受党组织的监督。充分发扬民主,重视教职工代表大会在学校管理中的重要作用,注意发挥广大教职工工作的主动性、积极性和创造性。

(3)全面主持学校工作：①领导和组织德育工作。把德育放在首位，坚持教书育人、管理育人、业务育人、环境育人的工作方针，制定德育工作计划，建设德育工作骨干队伍，采取切实措施，坚持不懈地加强对学生的思想、政治、品德教育。②领导和组织教学工作。坚持学校工作以教学为主，按照国家规定的教学计划、教学大纲，开齐各门课程，不偏科。遵循教学规律组织教学，建立和完善教学管理制度，搞好教学常规管理。深入教学第一线，正确指导教师进行教学活动，努力提高教学质量。③领导和组织体育、卫生、美育、劳动教育工作及课外教育活动。确保学校体育、卫生、美育、劳动教育工作及课外教育活动生动活泼、有成效地开展。努力开展勤工俭学活动。建好学生劳动教育及劳动技术教育基地。④领导和组织总务工作。贯彻勤俭办学原则，坚持总务工作为教书育人和教职工服务的方向。严格管理校产和财务。搞好校园建设。关心学生和教职工的生活，保护他们的健康。逐步改善办学条件和群众福利。⑤配合党组织，支持和指导群众组织开展工作。充分发挥工会、共青团、少先队等群众组织在办学育人各项工作中的积极作用。

(4)发挥学校教育的主导作用，努力促进学校教育、家庭教育、社会教育的协调一致、相互配合，形成良好的育人环境。

2.校长的工作标准。校长的工作涉及很多方面，在评价校长工作时，既要全面看待，又要抓住主要方面。根据校长的主要职责，可以从以下几个方面对校长工作进行评价：

(1)能够组织有关人员制定既符合本校实际又体现国家教育方针、政策的组织目标和工作计划，努力培养适应社会需要的人才和接班人，按教育规律办事，不断提高教育质量。

(2)关心广大教职工的思想进步、业务提高和生活安排，努力建设一支高水平的教师队伍，发挥广大教师的主动性和创造性。

(3)能够深入教学第一线了解教学、参与教学、指导教学。

(4)能够根据实际情况安排体育、劳动、美育、卫生等活动。

(5)能够经常召开班主任工作会议，检查和部署学生的思想政治工作，了解和掌握学生的思想状况，并能根据学生的思想状况开展全校性的教育活动。

另外,校长还要深入实际进行调查研究,要和教师和学生打成一片,教师和学生见不到的校长不是好校长。

(三)绩效评价

对校长工作的成绩和效果进行评价,是一个困难而又必须加以研究的问题。说困难,是因为校长的成绩不能完全用学校工作的好坏来衡量。一方面,学校办得好坏取决于多种因素,如果把学校工作的功过都记在校长头上,显然是不合理的。另一方面,一个人无论做什么事情,都有一个成绩和效果问题。那么,到底应该从哪些方面来评价校长的工作绩效呢?

1.工作业绩。这里所说的工作业绩主要是看学校集体的工作情况,学校的教学情况,校长协调各类人员的关系情况,学校的秩序,资源的分配及使用的效率和效益。其标准为:

(1)能够抓住计划、实行、检查和总结四个基本环节,使学校正常运转。

(2)能够将人、财、物等有机地结合起来,创造最大效益。

(3)能够协调各类人员之间的关系,使他们都能很好地工作。

(4)能够对学校的管理工作进行总结并上升到理论高度,以便能更好地管理学校。

2.工作效率。校长的工作效率主要包括两个方面:一是解决问题的速度,二是解决问题的准确性,这就是人们常说的既快又好。

3.群众威信。学校广大教职工对校长的思想素质、品德、知识能力等表示信任,对校长表示支持和尊敬,愿意听从校长的领导和指挥,配合校长开展工作。

开展校长评价要先确立评价指标体系。指标体系是校长评价的依据,构建评价指标体系是校长评价文案设计的中心环节,也是难度最大的一道工序。指标体系由指标、权重、评价标准和评价量表构成。首先要把校长评价(目标)层层分解为一级指标、二级指标和三级指标,然后赋予各项指标一定的权重,并为末级指标制定相应的评价标准和评价量表。根据校长评价内容的三个部分,评价的指标体系也可以相应地分为校长素质评价指标体系、工作评价指标体系和绩效评价指标体系。

三、中小学校长评价的方法与制度建设

长期以来,我国的教育行政管理对校长的综合评价总体来说,科学性、灵活性、实践性方面均嫌不够。所谓科学性,是指评价方法要全面、准确、客观。所谓灵活性,是指评价方法要灵活多样。所谓实践性,是指评价要讲实效、不搞形式。

(一)中小学校长评价的基本原则

1.客观性原则。对校长进行评价时,要实事求是,一切从实际出发,严格遵照评价的标准来进行,保证评价的真实性和准确性。在制定评价指标体系时,评价标准不能笼统、抽象,应该具体,尽量量化。

2.全面性原则。在确立评价指标体系时,必须考虑到一名合格校长的个人素质及工作情况的各个方面。在强调全面性的同时,要对评价体系的各个方面施以相应的权重系数,突出主次之分。

3.具体化原则。具体化原则就是针对不同的学校,制定具体的校长评价标准。因为学校类型不同,其具体情况便有差异,所以应该采用不同的评价标准。另外,评价标准不能笼统、抽象,而应具体,要具有可操作性,使校长评价能够客观、合理。

4.民主性原则。在校长评价过程中,要紧密地和群众联系,既要注重上级对校长的评价,又要关注群众对校长的评价。学校处于社会之中,与周围的联系日益密切,校长工作需要群众的支持,必须重视与教师及社区的联系。

5.重绩效原则。重绩效就是在校长评价过程中,既要看校长人品、才能,又要看其工作的实际成绩。因为前者如果脱离后者,就没有了实际意义,而后者是前者的综合反映。

6.科学性原则。对校长进行评价,要求整个评估内容、程序和方法都必须遵循教育规律、符合实际,具有科学性。同时,评价指标体系、评价标准都

要简便易行,能为校长所掌握和操作。

(二)中小学校长评价的方法与流程

1.自下而上型评价。

(1)面谈评价法。邀请10位左右学校教职工代表参加面谈,评价校长过去一年的工作表现,讨论学校的现状,总结经验教训,了解教职工的期望,探讨未来的发展计划。这种评价方式要求教职工代表能积极参与,具有一定的责任意识。

(2)问卷调查评价法。编制问卷,一般设计问答题、选择题等题型,要求部分教师或全体教师进行填写,问卷调查一般采用无记名方式进行。大家对这种评价方法的意见不一,反对者认为教师和校长接触机会有限,无法真实反映校长的工作状况;问卷所反映的意见是否属实值得怀疑;校长不能获得解答批评和表明态度的机会,等等。赞成者认为问卷的成本较小,而且比起当面提意见,更能反映真实的问题。

2.自上而下型评价。

(1)校外专家评价法。邀请校外专家主持校长评价工作。校外专家在参观学校后,召开教职工代表座谈会,讨论校长一年以来的工作优点与不足,听取教职工反映的各种意见、提高工作效率的计划,等等。很多校长认为,校外专家评价法是"富有挑战性的,也是激发动机的",能够合理地、全面地、令人满意地审查他们一年来的工作表现。

(2)视导员评价法。主管部门为每所学校配置一名视导员,这些视导员一般由经验丰富的教育行政官员或经验丰富的老校长担任。视导员充当地方教育部门和教师之间的桥梁,负责校长的评价。他们为校长确定今后的努力目标,帮助和支持校长实现目标,分析校长不能实现目标的内部原因和外部原因等。

3.评价流程。从评价的流程来看,一般要经过四个步骤,每个步骤中包含多种方法。

(1)收集校长评价的资料。具体方法有四种:①调查法,向校内学生和有关工作人员进行调查;②观察法,就是对校长的日常工作、生活进行观察,也可以在选定的场合进行观察;③查阅记录法,就是利用校内外各种记录、文件来收集有关评价信息;④问卷法。

(2)资料的整理。第一步,对材料进行分类归拢;第二步,对材料进行鉴别、筛选,使资料具有完整性、真实性、准确性、典型性;第三步,根据评价指标体系对材料进行编号建档。

(3)采用具体的评定方法。评定方法一般有等级评定法和记分评定法等。等级评定法就是事先确定每项评价指标的等级数,同时每一等级都有相应的客观标准,再以客观标准为依据,根据掌握的评价资料,给被评对象评定等级;记分评定法是事先确定每项指标、标准的满分数,作为最高分,根据收集来的评价资料,评定出每项指标和标准得分。

(4)汇总评定结果。为了对评价对象作出全面的分析、判断,就必须对每项评价指标评定结果加以汇总。一般会采用两种方法,即直接求和法和加权求和法。

另外,现在常利用模糊数学评判理论对评价对象作出综合判断,这种方法能全面地汇总各个评价者的意见,较少地损失评价信息。

(三)中小学校长评价的制度建设

1.中小学校长评价制度的现状。我国对校长评价的研究始于20世纪80年代中期,就评价研究来看,虽然人们在教师评价、教学评价、学生评价、综合办学水平评价等方面都探索了不少成功的途径,但是对学校法定代表人——校长的评价,还停留在很不规范的一般化民主评议上。在实践中,我国还没有严格意义上的校长评价制度,只是对校长进行一年一度的年度工作考核和不定期的考查。在多数情况下,评价目的仅仅是决定校长的免、降、升、留或惩、戒、褒、奖,导致我国长期以来一直未能制定出符合中小学校长特点的评价标准。目前对校长的考核主要依据1991年颁布的《全国中小学校长任职条件和岗位要求》和1992年颁布的《关于加强全国中小学校长队伍建设的意见(试行)》中对校长任免、考核、奖惩、待遇等的规定。因为这两个文件的规定比较简单,颁布的时间较早,没有进行过修订,所以已经远远不能满足当前教育发展和校长专业化发展的需要。

目前,我国校长评价工作仍以考核为评价的主要方式,考核分为年度考核和任期考核。年度考核在学年末进行,任期考核在校长任期届满前进行。考核内容包括:贯彻执行教育方针,实施素质教育,提高教育质量情况;学校办学条件与管理情况;学校领导班子和教师队伍建设情况;遵守职业道德、勤奋敬业情况;遵纪守法、廉洁自律情况。考核程序为:校长述职;民主评议和民主测评;学校主管部门评议;学校主管部门反馈考核意见。这种以考核为主要手段的校长评价,重督轻导的评价取向不利于校长素质的提高,忽视了评价对校长工作的改进和对校长专业发展的推进。

2.运用科学方法考核评价校长。

(1)由学校评价转为校长评价。评价要着眼于校长在学校的发展变化中所起的作用和所做的贡献。实践证明"一个好校长就是一所好学校"。一所学校的强弱兴衰,与校长的素质、能力,以及办学思想、教育理念、敬业程度、奉献精神都有直接的关系。因此,无论是选拔校长,还是评价校长都应首先着眼于校长自身。学校的现实业绩在某种程度上能够反映校长的工作成效,但并不是校长工作的全部。一个好校长,他给学校带来的并不仅仅是眼前的利益,而是学校可持续发展的长远利益。在现实中,以牺牲长远利益换取眼前利益甚至以虚假成绩掩盖潜在问题的情况并不少见,这也是以学校评价代替校长评价的弊端。所以,要改变现在仅以学校完成年度目标任务考核评价校长的做法,要建立校长综合评价体系,科学地评价校长的综合素质和工作绩效,为校长的定等定级、晋职晋级提供科学依据。

(2)由横向比较转为纵向比较。评价要着眼于学校在原有基础上的发展变化。由于各个学校的基础、条件、师资、生源、环境等不同,很难通过学校与学校的比较来反映一所学校的真实情况,即使是同一类型的学校,由于办学特色不同,也很难类比。因此,评价校长对办好一所学校所起的作用和所做的贡献,主要应看这所学校在原有基础上有哪些新的发展,这些发展对学校未来的发展又会产生怎样的影响,尤其是为学校长远的发展奠定了怎样的基础,创造了哪些条件,因为,校长不仅要对自己任期内的工作负责,更要为学校的长远发展负责。

(3)由单一的目标任务考核转为综合办学水平考核。建立校长任期目标责任制是对校长工作进行有效监督和检查的必要措施,也是考核评价校长工作的基本依据。因为教育工作具有特殊性、学校工作具有复杂性、影响教育因素具有多样性,所以校长目标责任的确定带有相当大的模糊性和不可预见性。因此,用单一的目标任务指标考核校长工作并不科学,而且在实际操作中遇到的问题也不少,尤其是对一些不能量化只能作定性分析的目标任务,很难做出客观、准确的评价和结论。从综合办学水平出发,能够对学校的历史、现状以及师资、生源等做出比较全面、客观的分析。在此基础上对校长的工作进行考核,相对于目标考核似乎更科学、更准确一些。同时也可以防止校长为完成任务而做出急功近利的短期行为或不顾条件地盲目蛮干。

(4)由教育行政评价转为教育督导评价。用教育督导评价代替教育行政或组织评价,可以有效地避免用人者凭主观印象用人的弊端,增强评价的客观性和用人的公正性。按照传统的做法,考核评价者就是决策用人者,这会导致很多问题出现。若将考核评价和用人决策分开来,决策用人部门便可以不直接参与考核评价,而主要是对评价进行监督、检查和指导,对其评价结果进行评估认证,并考察评价本身是否科学公正,所提供的信息资料是否准确可靠。这样,不仅可以防止出现用人方面存在不规范现象,而且有利于增强督导部门或机构的责任意识,不断改进和完善考核评价方法,增强考核评价的客观性、准确性和科学性。

(5)突破固化模式,形成多元化评价。长期以来,对校长综合评价总体上来说科学性、灵活性和实践性都不够。教育管理中不能总是采用常规的"自下而上"或"自上而下"的考核模式,因为这样做不仅方式僵化、单一,而且容易流于形式。要坚持科学性,评价方法要全面、准确、客观。要强调灵活性,评价方法要灵活多样。要突出实践性,评价要讲实效、不搞形式。就是除采用常规方法外,还要采取其他方法,相互印证。一是采取自我评价法。作为校长,应该定期回顾和总结自己的工作,包括工作成绩和经验教训。二是采用校外专家评价法,或者称为"同行评价法",即邀请校外专家主持校长评价工作。校外专家分别与校长、教职工代表座谈,了解校长工作情况、教职工的各种意见,等等,从第三者视角来公正评价。三是校长互评法。由多位校长组成一个互评小组,校长们依次作为被评价对象,接受其他校长的评价。另外,从评价组织人员来讲,除教育行政部门工作人员外,还应吸收教学、科研等相关人员参加,充分发挥校长专业组织对校长评价的作用,提高评价质量及效果。

(四)国外通行的主要评价方法

1.自我评价法。自我评价法是一种非常有效的评价方法,这种方法可以帮助忙于日常事务的校长系统地回顾工作业绩和经验教训,为他们制定努力目标作准备。自我评价法包括等级评价法、书面评价法和首要问题评价法等。等级评价法是一种美国式的评价方法。首先,由评价者提供一份内容详尽的选择题问卷,包括领导才能、灵活性与开创性、自律能力、下放决策权、书面交往、人事管理、师资发展等多项内容。每项内容下设低于标准、达到标准和超过标准三个不同等级的选择答案,供校长本人选择。校长在选择答案的同时,可以附上相应的证明材料。书面评价法是先由评价者到校长所在的学校召开座谈会,了解校长工作的情况,然后列出一系列题目,由校长从中挑选若干题目,撰写一份书面评价材料。在书面评价材料中,校长应列举自己工作的优点和需要改进的方面。最后,由评价者向其他教师、学生、学生家长等核实评价对象的书面评价材料。首要问题评价法是由评价者列出许多(一般为10至20个)首要问题,将其作为校长评价的依据,这些问题应涉及校长工作的各个方面。

2.360°校长评价法。这是近些年英国一直采用的一种校长评价方法。360°校长评价大致包含他评与自评两个方面。所谓他评,就是以校长的管理工作为中心,由教育行政主管官员、教育督导人员、同行校长、教职工、家长、社区人士以及校外顾问分别从不同的角度,独立地对校长的工作表现和效果进行分析与评价。评价的意见一般由校外顾问向校长传达,这样既可保证评价信息的全面性、匿名性,也会使评价信息反馈的现场气氛不那么紧张。所谓自评,并不是让校长针对列举的项目进行自我打分,而是先让校长对学校教职工进行评价,然后根据评价结果,对学校的工作机制、工作气氛以及校长自己的领导风格与学校环境特征之间的适应性等进行反思。

3.同行评价法。此方法又称"校长互评法"。由5位校长组成一个互评小组,5位校长依次作为被评价对象,其余4位校长作为评价者,对评价对象进行评价。为了保证评价工作的有效性,要求小组成员之间既不存在密切的朋友关系,也不存在竞争关系。评价小组首先要召开预备会议,会议地点分别安排在校长们所在的学校,让各校职工意识到校长评价工作的重要性,了解校长互评小组的工作性质和工作步骤。在评价环节上,一般要举行两次面谈。第一次面谈时5位校长都参加。每位校长先后作为被评价对象,根据事先确定的议题进行讨论。第二次面谈是由担任评价者的4位校长和被评价对象所在学校的副校长参加。在面谈前,被评价对象所在学校的副校长要根据拟定的调查提纲,就校长的管理工作广泛征求教职工意见。两次面谈结束后,担任评价者的4位校长共同起草一份评价报告,然后简要地将评价报告内容告诉接受评价的校长本人。两周或三周以后,这5位校长再次进行面谈,讨论报告内容的准确性,听取并吸纳被评价对象的意见。

第七章 中小学校长专业化发展

第一节 中小学校长专业化理论探析

在社会转型的大背景下,基础教育正经历一场深刻的变革。随着"办好让人民满意的教育"办学宗旨的确立,基础教育改革正全方位的展开,必将打破传统的教育格局和管理模式。而中小学校长作为学校教育改革的引领者和学校管理的第一责任人,若要实现学校和谐持续发展,就必须改变传统的仅靠行政权力管理学校的方式,实现校长专业化发展。

校长专业化是我国教育改革发展新形势下对校长队伍建设提出的时代要求:通过对传统校长队伍建设理念、实践缺失的反思,确立现代校长专业化发展的新理念,增强专业化发展的主体意识,掌握校长专业化发展的内涵,明确专业化发展的实现路径与行动策略,自觉走上持续专业化发展之路。

一、校长专业化发展的基本内涵

(一)校长的"职业"和"专业"

1.职业与专业的含义。《中华人民共和国职业分类大典》认为,职业是从业人员为获取主要生活来源所从事的社会工作类别。职业具有目的性、社会性、稳定性、规范性和群体性。一些学者认为,职业具备几个关键特征:①从业者以获取报酬为目的;②能为社会提供有用的产品和服务;③有普遍的社会需求和较大的从业群体；④工作内容独立而稳定；⑤有一定的从业规范。

"专业"一词最早是从拉丁语演化而来的，原始的意义是公开地表达自己的观点或信仰。《现代汉语词典》中关于"专业"的解释是：①高等学校的一个系里或中等专业学校里，根据科学分工或生产部门的分工把学业分成的门类；②产业部门中根据产品生产的不同过程而分成的各业务部门；③专门从事某种工作或职业。

2.职业和专业的区别与联系。从社会分工与职业分类的角度看，职业是人赖以生存的社会分工，是谋生的工作；专业又称为专门职业，是一个社会学的概念，是指一群人经过专门的教育或训练、具有高深和独特的专门知识与技术、按照一定专业标准进行专门化的处理活动，从而解决人生和社会问题，促进社会进步并获得相应报酬、待遇和社会地位的专门职业，专业是社会分化的一种表现形式，是人类认识自然和社会达到一定程度的表现。可见，专业高于职业，专业更强调从业人员的社会责任感和社会服务精神，而职业只是一种谋生手段。专业与职业的区别主要表现在：①职业无需以高度学理作为基础，只按照例规行事。而专业需要有科学的知识基础，有非同寻常的深奥知识和复杂技能。②专业需要接受长时间的专业化训练，而职业主要通过个人体验与经验总结。③专业需要不断地面对变化，需要不断地进修，并做出创新；职业更多地体现为工匠式的特点，一旦掌握，即可不断重复。④专业更多地提供一种独特、明确、必要的社会服务，且服务表现侧重于经济利益的回馈，而职业则侧重于后者。

从一般性职业到专业性职业需要经过一个长期的、系统的发展过程，职业的专业发展是任何一种职业都要面对的问题，只不过不同职业的专业发展水平是有差异的。

3.校长职业的专业化。专业化是一个社会学概念，是指一个职业经过一段时间后不断成熟，逐渐符合专业标准，成为专门职业并获得相应的专业地位的动态过程。随着社会的发展，越来越多的职业会进入专业领域，专业化已经成为社会职业发展的重要趋势，专业性也成为衡量职业成熟度的重要指标。校长职业也不例外。只有提高校长的专业水平，才能提高学校的管理水平和办学质量,才能提高校长职业的社会地位,才能满足社会变革和教育发展的需要。

中小学校长是一个被独立界定的职业类别。在《中华人民共和国职业分类大典》里,中小学校长被列为一个独立的职业,具体描述为:中小学校长是在中学、小学担任领导职务并具有决策、管理权的人员。而在加拿大的职业分类词典中将校长职业描述为:校长,通过部门负责人和监督人员,对某一公立、私立或商业学校的教师职员和辅助工作人员的活动给予计划、组织、指导和控制。

中小学校长作为一个对教育乃至整个社会发展具有重要作用的特殊群体,他们所从事的工作越来越引起人们的关注,如果用上述定义来衡量中小学校长的工作,则中小学校长具备职业的所有特征。根据专业发展程度的不同,社会职业一般可分为专业性职业、半(准)专业性职业、非专业性职业三类。从校长的职业现状看,校长职业还没有达到专业性职业的水准,尚处于准专业职业阶段。从职业群体的角度看,校长专业化过程就是指校长职业由准专业阶段向专业阶段不断发展的过程。从校长个体的角度看,校长专业化是指校长个体专业持续发展、不断完善的过程。专业化是职业不断发展的过程,因而,校长专业化是内在专业结构不断更新、演进和丰富的过程。

社会职业专业发展程度分类表

职业类型	代表职业	技术特征
专业性职业	医生、律师、会计师等	技术含量高
半(准)专业性职业	护士、图书管理员等	经过一定时间的学习和培训能够胜任
非专业性职业	售货员、操作机器的工人等	简单培训就能达到

在今天,校长专业化是指校长在逐步深化对教育意义认识的基础上,不断增强历史使命感与专业精神、不断提升道德与伦理追求、不断提高领导学校专业技能与能力的过程。而校长专业化的外延还包含校长专业精神、专业知识、专业能力、专业伦理、专业意识等方面的发展。从逻辑上看,校长专业化必须以职业为前提,即校长的专业化是指职业的专业化。校长是一种职业,如果校长工作不能成为一种职业,对校长专业化的讨论就失去了逻辑

起点。

(二)校长职业化与校长专业化之争

随着终身教育观念深入人心,人们对中小学校长问题研究逐渐提上了日程。2001年前后,教育理论界就校长发展问题展开了讨论,即"校长职业化"与"校长专业化"的争论。当时的争论是以北京为中心的,首先由清华大学王继华教授提出了校长职业化的观念,并提倡运用职业培训的理念组织中小学校长培训,在全国教育界引起了很大的轰动。而以北京师范大学的褚宏启教授为代表的专家运用人力资源管理理论提出校长专业化的观点,双方观点相悖。广大教育管理学者和实践工作者积极参与研讨,一时在全国形成学术研讨的高潮。道理是越辩越明的。争论之后,诸多理论文章和专著发表、出版。

从2004年2月起,《中国教育报》的《校长周刊》以《校长角色与职能》为专题,先后7次组织讨论,一时形成讨论高潮,令人瞩目。这场"辩论"对澄清"校长角色""校长职业化""校长专业化"等重要问题颇有裨益。关于校长角色,学者们从不同的视角进行研究与表述。褚宏启认为:"任何一种职业都有其特殊的、区别于其他职业的角色定位。校长的职业角色不同于教师,校长既是教育者,又是领导者和管理者。"[1]陈如平结合自己的研究认为,校长的角色和职能虽然在不断变化,但主要有三种状态:校长是教育专家,能够通过自己的专业知识不断促进学校教学和课程水平的提高;校长是学校的管理专家,他指引学校的发展方向,制定行动计划,筹措和分配各种教育资源,有效实现学校教学和财务目标;校长还必须是社会活动家,要善于处理与社会、家庭、企业、媒体等各方面的关系,赢得学校发展的有利条件。[2] 李轶提出"当前校长角色和职能定位的参照系":一是基础教育(特别是义务教育)的主导属性,政府投入的主要模式,而不是市场运作,校长的权利和义务更加复杂;二是学校属性,学校的天然职能就是培养人,校长最根本的作用就在于保证

---

[1] 褚宏启:《对校长专业化的再认识》,载《教师理论与实践》,2005(1)。
[2] 陈如平:《校长发展在美国——美国中小学校长的历史考察》,载《中国教育报》,2004年4月20日。

学校育人职能的有效实现,如果校长是教育家将更有利于学校使命的达成;三是教育内的劳动分工,教学和管理的分化要求校长扮演"首席教师"的角色,管理工作进一步分化、细化为德育管理、教学管理、后勤管理、科研管理、信息和知识管理等,导致校长的角色分化、细化,且教学的不断分化组合对校长提出了更多的职能要求。[①]

　　回过头来看,理论争论背后有一个共同的关注点,那就是在当今不断变化的社会和变革的教育中,中小学校长究竟如何发展问题。江苏教育学院王铁军教授对此问题作了理性分析,一针见血地指出,强调校长职业化或专业化,关键是"科学定位"问题,即要分析校长的职业性质,演绎出校长专业化的理念、内涵和外延。

　　当时争论的焦点是校长是否是一种"职业",不是职业要职业化,而是职业要专业化,这是很浅显的道理。教师是一种职业,并无异议。那么校长呢?中国社会科学院曾进行过"21世纪中国职业声望与市民价值取向"的社会调查,在所调查的69个社会职业中,没有把校长单列为一种职业。教育研究者对一些校长做了访谈,提问:"你认为你的职业是什么?"一些校长认为校长是一种独立的职业,但也有不少校长认为他们的职业是教师,校长只是教师职业中的一个职位。这说明人们(包括校长)对校长是否是一种职业,并没有形成共识。

　　由此可见,长期以来人们对校长角色的定位一直比较模糊,许多校长都认为校长只是教师中的一员,因为中小学校长大多是教师出身。

　　实际上,随着教育结构的分化和教育规模的扩大,学校管理工作已经与教学工作逐渐分离开了,促进了管理的相对独立性与有效性,也使得校长职业从教师职业中逐渐分离出来,成为一个独立的职业类别,具有了职业本身所具有的社会独立性。校长职业是人类社会发展和教育活动发展的必然产物,校长作为独立的职业逐渐得到认同。

　　从我国校长的职业现状看,与国际公认的专业化标准还有相当大的差

[①] 李轶、褚宏启:《校长角色与职能的再认识》,载《教育理论与实践》,2005(7)。

距。中小学校长是一个独立的职业类别虽被界定下来,但由于多数中小学校长原本是教师,而且在从事校长工作时还兼有教学工作,加之社会各界对教师的研究多于对校长的研究,导致人们对校长这一职业的认识并不清晰具体,很多校长本人对这一职业也存在许多模糊认识。因此,提高中小学校长职业的社会认同是促进中小学校长专业发展的前提。

(三)校长专业化发展的内涵

专业化是一个社会学概念,是指一个职业经过一段时间后不断成熟,逐渐符合专业标准,成为专门职业并获得相应的专业地位。

1957年,美国社会学家欧内斯特·格林伍德在《社会工作》杂志上发表了《专业的属性》一文,提出任何团体都必须具备专业权威、社区认可、一套规定的伦理守则、一种专业文化、一套系统化的理论体系特质才构成专业。同时,归纳了"专业"的5个属性,即专业的知识体系、专业的判断标准、专业的道德及信条、获得社区的认可、专业的文化。从我国校长的职业现状看,与国际公认的专业化标准还有相当大的差距,应该说还处于准专业化阶段。如何促使校长朝着专业化方向发展,在专业精神、专业知识、专业能力、专业伦理及自我专业意识等方面不断完善,是值得研究的问题。

从职业群体的角度看,校长专业化是指校长职业由准专业阶段向专业阶段不断发展的过程,即在整个职业层面上逐渐达到专业标准的过程。从校长个体的角度看,校长专业化被称作"校长专业化发展",是指校长的内在专业结构不断更新、演进和丰富的过程。

校长与社会上的其他岗位不一样,校长岗位是一个需要专业技能的岗位。因此,在有关校长专业化问题的研究上,不少人把校长的专业化自然等同于校长专业技能的提高。其实,从社会对校长的要求越来越高来看,校长专业化有着越来越丰富的内涵。

1.从职业群体的角度看,校长专业化就是指校长职业由准专业阶段向专业阶段不断发展的过程,即在整个职业层面上逐渐达到专业标准的过程。详而言之,校长专业化就是向下述目标靠近的过程:①校长都经过长期的专业训练;②有完善的知识体系作为从业的依据;③建立起系统的伦理规范以约束校长的管理行为;④有明确的校长从业标准和要求;⑤进入校长行业有严格的资格限制;⑥校长具有专业上的自主性;⑦校长拥有较高的社会声誉和经济地位;⑧已经建立起校长自己的专业组织并且发展成熟。

2. 从校长个体的角度看,校长专业化也被称作"校长专业化发展",是指校长的内在专业结构不断更新、演进和丰富的过程。内在专业结构是指专业精神、专业知识、专业能力、专业伦理、自我专业意识等。国外学者提出了专业发展有5个阶段:新手阶段、新兴阶段、胜任阶段、熟练阶段和专家型阶段。也有的学者从职业角色的角度,把专业发展划分为5个时期:角色确认时期、适应时期、成熟时期、高原期时期、发挥骨干作用时期。不同的校长处于不同的发展阶段,校长应主动设计自己的职业生涯,校长培训机构应该为校长的职业生涯设计和个人专业发展提供有效的指导。

3. 从我国校长的职业现状来看,与国际公认的专业化标准还有相当大的距离。国外校长专业化标准主要体现在:①具有现代教育理念、管理理念和强烈的服务意识,以此作为自己专业行为的理性支撑;②构建以教育管理知识为核心的复合型知识结构,形成一种通识型、通才型、一专多能的知识结构;③具有学校管理的专业能力,主要包括校长的决策能力,理解他人和与他人沟通、交往的能力,指挥、组织、协调的能力,学校经营和公共关系的能力,反思与探索研究的能力等;④具有学校管理的智慧与艺术,这是管理知识、才能、经验、技能技巧在校长身上的有机结合,是校长管理学校的最高境界;⑤接受专业养成教育和专业训练。这是提高校长专业化水平的重要途径。目前中小学校长的专业化程度比教师低,因为教师上岗要经过几年的专门训练,而校长却缺乏系统的专业训练。而且以往的校长培训在培训理念、培训内容、培训模式、师资队伍素质等方面还存在不少问题,亟待改变。

二、校长专业化发展研究

校长专业化发展是专业化研究的一个特定领域,就其概念而言,有静态和动态两种理解。从静态角度来看,校长专业化发展是指校长在学校管理活动中形成校长的特定职业时段,换句话说,就是校长职业真正成为一个专业,校长成为专业人员得到社会承认。从动态角度来看,校长专业化发展是指校长在严格的专业训练和自身不断主动学习的基础上,逐渐成为一名专业人员的发展过程。在这一发展过程中,不仅需要校长自身主动学习和努力,以提高自己的专业能力,而且需要外部的推动和良好环境的创设,如入职标准和选拔机制、专业组织和专业规范、职前教育和在职培训。多年来,人们的传统思维习惯往往把校长专业化设定在校长职业形成的结果时段,现在我们理解校长专业化就不能仅限于形成校长职业那一刻的结果状态,而应把它看作一个纵向的持续不断的运动过程,即校长专业化的过程就是校长自身与学校组织成员和环境等多种因素互相关联、相互影响的过程,是校长持续专业性提升的动态过程。

校长专业化发展作为校长持续专业性提升的动态过程,实际上是指为提高学校管理绩效,改善学校管理的作风、方式等,对校长进行的有计划、有组织的教育培养活动以及校长个体的自我专业发展活动。校长专业化发展要求校长必须具备从事学校管理工作的专业能力;要求全社会及校长本人把学校管理工作视为一种专业,把校长视为持续发展的专业人员,需要通过不断学习与探究来丰富职业内涵、提高管理水平,并逐渐达到专业成熟境界的专业人员。换句话来说,校长专业化发展不仅要求校长为提高学校管理绩效,要改善学校管理的作风、方式,要把学校管理工作视为一种专业,要把自己视为一个持续发展的专业人员,通过个体的自我学习与探究来丰富专业内涵、提高管理水平,也需要对校长进行有计划、有组织的教育培训,并在组织化的培训、学习和自我反思实践的基础上,逐步达到专业成熟的境界。因此,可以说,校长专业化不仅是许多国家中小学校长队伍建设的重要发展趋势,也是我国教育改革发展、学校管理创新对校长队伍建设的时代要求,还是中小学适应当前的教育变革、推进学校持续创新发展的关键因素。

校长专业化有其内在的专业性结构。一般来说,校长的专业性结构包括专业精神、专业知识、专业能力、自我专业意识等方面。具体为:①教育管理观念,包括学校观、教育观、教育活动观、学习观及自我观;②教育管理知识,包括学校管理的知识、学习者和学习的知识、教学和课程知识、情境处理的知识、法律法规知识。这里所说的知识不仅包括"原理""规律"或书本知识，而且包括含有价值、情感、审美等因素的"个人特征"的知识。校长不仅要吸收已有的获得确证的知识，而且要拥有历经自身体验的"实践智慧"，并在学校管理的具体实践中不断完善自己的知识体系；③教育管理能力。校长不仅要有个人智力方面的一般能力，还要有专业能力，这种能力是与校长管理实践直接相联系的特殊能力，如领导决断能力、情势判断力、学科敏感性，具体包括对改革过程进行规划、引导和控制的战略领导艺术和现代管理技巧，这些能力有利于深化校长对管理实践认识的研究能力及自我完善能力；④专业态度和动机。校长职业活动和行为的动力系统直接关系到校长工作绩效，涉及校长的职业理想、专业态度、专业动机和专业满意度等。总之，校长的专业化实际上就是通过积极有效的行动策略，以实现校长的专业性结构不断改善、专业能力和专业化水平不断提升的成长与发展的过程。

(一)校长的专业化知识架构

校长作为学校教育管理的专业人员，获得系统而明确的专业理论知识是专业发展的一个重要维度。学校管理的教育性、综合性与复杂性要求校长具有符合教育者、领导者和管理者角色要求的知识结构。

1. 校长专业化知识的评价标准。褚宏启认为，校长专业化所需要的知识应该是能促进校长群体提升职业活动水平的知识，能为校长职业的群体活动提供有效指挥的知识。这是一个实践取向很强的评价标准。应该以校长的专业化发展实践为取向，只能依据校长专业化的内在要求来确定。校长专业化所需要的知识应该是能促进校长群体素质提升和职业活动水平提升的知识，能为校长群体的职业活动提供有效指导的知识。校长专业化所需要的知识应符合效用、数量和质量标准，做到有用、够用、好用。

(1)效用标准(有用)：这是最重要的标准，能为校长从事学校管理和自身发展提供有效的智力支持，有助于校长提高管理效率和效能，从而更好地促进学校的发展，促进师生员工和自身的全面发展。

(2)数量标准(够用):能为校长积累起"足够数量"的知识并形成系统的知识体系,不再是零星的、分散的、浅层的知识。

(3)质量标准(好用):要求所提供的知识必须在逻辑上前后一致,表达形式上简明扼要,并且有包容性,对现实问题有较强的解释能力,便于校长们学习和掌握,并能促进校长实践性新知识产生。

2.校长需要的知识是实践性知识。校长最需要的是实践性知识,而不是纯学术性的知识,校长专业化的知识基础应由实践性知识构成,校长应更多地通过反思实践发展成为新知识的生产者。[①] 什么样的知识才算是实践性知识呢?要以问题为中心组织知识体系,以事实为根据组织知识体系,以实践为基础组织知识体系。

3.校长专业化知识基础的建构策略。校长知识基础构建的依据是校长专业发展需求和校长实际工作需要。校长专业化的具体要求就是作为教育者、领导者和管理者三种职业角色的专业化。构建校长专业化知识基础,应该是清理现有的教育管理知识,剥离出已有的实践性知识,建立应然性的实践性知识,生产新的实践性知识,引进国外的先进知识,发现民间的有用知识和校长反思的实践知识。

(二)校长的专业能力建设

校长专业化发展的过程也是校长以发现问题、解决问题为中心的学习过程。校长专业化发展是以专业能力为重要支撑的。

1.判断决策能力。校长要确定明确的办学宗旨和教育管理理念。校长的教育管理理念或教育思想是学校发展的灵魂。校长要确定学校发展目标,构思改革方案,使学校的发展具有明确的方向和持久的动力。

(1)目标决策要求:满足社会的客观需要、符合学校的客观基础、适合办学的客观条件、符合教育的客观规律。

(2)课程决策要求:考虑三个来源,即学科的发展——学科知识,当代社

---

① 储宏启、杨海燕:《走向校长专业化》,上海教育出版社,2009。

会生活的需求——当代社会生活经验,学习者的需要——学习者的经验。

(3)教育资源调配决策:协调三个方面的调配,即人力资源和物力资源、固定资源和流动资源、有形资源和无形资源。

2.组织能力。组织能力是把决策转化为师生员工行为的能力,使师生员工的思想、理念、行为统一到学校目标和阶段决策上,实现学校运作的有序化、规范化、协同化,办学效益的目标化、最佳化,有效地促进教师的专业发展。

3.协调能力。校长需要艺术地协调学校与学校、上级与下级、教师与教师、领导与群众、学校与社会等各种关系,建立良好的沟通网络。校长角色要转变,除了是领导者,还应是社会活动家,负责协调方方面面的关系。

4.评价与诊断教育管理问题的能力。校长要有反思意识,要有敏锐的问题意识,必须能发现自己管理中的问题,洞察矛盾,能有效评价其产生的原因和导致的后果,能果断采取校正的措施,找出解决问题的有效手段。

(三)校长的专业精神结构内涵

校长的专业精神是校长专业化的最高层面。校长的专业精神(专业伦理、道德等)概念主要涵盖责任感、使命感、职业信念、职业思想等。专业精神统整校长的各种角色,是校长的人生观、世界观、价值观等在教育实践上"共享"的体现。无论校长扮演什么角色,其专业精神都是共同的、一致的。

1.校长的责任感、使命感。责任感、使命感指校长爱岗敬业、忘我奉献、理想追求、事业奋斗等高贵品格。把办教育当作自己的天职,把育人奉为终身的使命。如陶行知所言:"做一个校长何其容易,说得小些,他关系千百人的学业前途;说的大些,他关系国家与学术之兴衰。"

2.校长的职业信念。职业信念指校长在从事教育过程中产生的一种坚信不疑的态度、观念,主要包括以人为本、公平公正、民主法治、科学发展等。校长要有博爱之心,爱学生、爱教师、爱学校、爱教育;校长要有公正之心,一身正气,公平处事,胸怀坦荡;校长要有平和之心,尊重人、尊重法规,友好、规范地待人接物;校长要有务实之心,求真求实,讲实际,讲实效,按规律办事。

信念是行动的内驱力,有什么样的信念就会产生什么样的行动。信念的力量是无穷的。校长办素质教育的信念、为家乡子孙造福的信念,真办教育、办真教育的信念等,都是十分宝贵的。

3.校长的职业思想。职业思想指校长结合所在学校的实际确立的办学指导思想、教育指导思想,是校长对办学、教育实践的理性思考、理想追求。校长的职业思想、职业理念是其价值观的核心。校长的办学思想、教育思想主要包括正确的学生观、教师观、校长观、学校观、教育观、教学观、课程观、评价观等。当下,校长的重要任务就是形成自己的办学思想、教育思想。在先进的办学理念、教育思想的引领下,校长要不断努力:办优质学校、优质教育,办特色学校、特色教育;办适合师生成长、发展的学校、教育;办师生、家长满意、人民满意的学校、教育。

第二节 中小学校长专业化的推进与发展

目前,我国在职中小学校长共有53.3万名①,这支中小学校长队伍在我国基础教育发展中起着非常关键的作用。提高这支队伍的素质,使校长队伍更能适应当前多元化、信息化的国际趋势以及基础教育领域的深刻变革,是一个越来越值得关注的课题。由教育部小学校长培训中心、北京师范大学教育管理学院主持的教育部人事司课题"校长专业发展与校长培训研究",对校长队伍的发展提出了专业化发展的新理想,即校长为了适应新形势下的学校教育发展,必须走专业化发展的道路,而要走专业化发展之路就必须研究专业化的校长培训模式。这是由我国中小学校长队伍的现状决定的。主持这项研究的褚宏启教授认为,要保证校长的专业化发展,相应的制度保障和专

---

① 顾泠沅、毛亚庆主编:《校长的十二项专业历练——义务教育学校校长专业标准解读》,北京师范大学出版社,2015。

业化的校长培训体系是两个前提条件。①

一、校长专业化发展的背景与推动力

(一)校长专业化发展是顺应时代发展要求的

当前世界正经历一场深刻的社会变革。伴随着科学技术的突破性进步,经济的全球化、信息的数字化已经成为不可逆转的发展趋势,各国之间的竞争也从来没有像现在这样激烈。这种国与国之间的竞争实质上是综合国力的竞争、经济的竞争、科学技术的竞争,但归根结底是知识、人才、教育的竞争。

当前社会是一个以智慧和人才为支撑的社会,是一个以人力资源及其开发为核心,以信息化、知识化、学习化为根本特征的充满创造性的能力型社会。社会形态的这一重大转变,既对教育提出了严峻的挑战,也给教育提供了难得的发展机遇。教育如何在人类社会的重大转型时期,加快改革和创新,提高人才培养的质量和水平,已经成为衡量一个国家整体发展能力的重要标志。一个国家能否培养出适应未来国际竞争的、具有创新精神和实践能力的人才,已成为国家发展战略的核心问题之一。为应对国际竞争,世界各国纷纷调整自己的国家战略,通过加快教育改革步伐培养适应知识竞争的人才,可以说大力推进教育改革已成为各国政府施政的一个显著特征。

联合国教科文组织国际 21 世纪教育委员会在《教育:财富蕴藏其中》的报告中指出:"教育的使命是使每个个人(无例外地)发展自己的才能和创造性的潜力。"社会经济发展对人才的需求,必然要求我们的教育在培养人才的模式上作出相应的改革。就学校教育和管理改革来讲,主要有以下几方面新要求:

1. 教育目标从一元转向多元。现代教育目标不仅要为国家的改革与发展服务,为社会主义现代化建设服务,还要为办好人民群众满意的教育服务,

---

① 赵小雅:《校长们的未来之路:专业化发展》,载《中国教育报》,2002 年 10 月 19 日。

为广大人民群众服务,为学生的健康成长和持续发展服务。因此,现在教育目标已经不再是过去单一的国家取向、社会本位,而是要满足学生家长的需求和学生个性发展的需求,是对多元价值目标的追求。

2. 教育管理的重心由"外控"管理转向校本管理。传统的学校管理是一种"外控"管理,它主要表现为政府部门对学校控制过紧,社会对学校干预过多,学校不能自主办学、自我发展。而相对于"外控"管理的校本管理,则是一种重视学校自身力量和学校自身发展的教育管理理念,它主张在政府宏观管理和指导帮助下,学校自主办学,实现自我发展。校本管理作为一种崭新的教育管理理念,它强调教育管理的重心下移,强调学校是一个自主管理系统,应有更大的管理自决、自由和自律,学校要成为自我管理、自主发展的主体,应有权根据自身的需要确定学校未来的发展目标和方向,并致力于学校管理的有效性和教育质量的提升,创办有实效、有特色、对社会负责任的学校。可以说,当前教育管理的重心已从"外控"管理转向校本管理。

3. 教育发展从数量增长转向内涵质量提升。在教育资源紧缺的年代,满足人们接受教育的最基本需求的方式必然是增加学校数量和招生数量,扩大学校办学规模。但随着教育普及程度的提高和教育供求情况的转变,人们对教育的追求不仅是有学上,而是追求上好学校,接受高质量的教育。因此,人们开始关注对好学校的选择,开始追求优质的学校教育资源。不再像过去那样完全由学校选择学生,更多的是让家长和学生选择学校,教育的发展也开始由单纯追求数量增长转向提高教育的内涵质量。

4. 学校管理从注重物的管理转向注重文化的管理。在传统的学校管理中,人们关注的重点对是学校物质条件的管理,而对学校文化管理,主要体现在对学校成员的共同价值判断和价值取向的管理。学校文化管理是学校管理理念变革的要求,是学校管理制度创新的呼唤,是学校管理者生命成长的内在需要,也是学校可持续发展的要求。学校文化管理包括知识管理和组织文化管理两个层面,涉及管理者文化、教师文化、学生文化、物质文化、制度文化和精神文化等基本内容。学校文化管理顺应了学校由"必然"走向"自由"的管理发展趋势。

综观世界各国教育发展的趋势和我国教育的现状特别是基础教育的现状,可以说,教育改革已成为世界教育发展的大趋势,也是我国基础教育发展的一个重大的时代命题。

(二)校长专业化发展是校本发展的必然选择

教育改革的深化、学校的持续发展,必然对担负着领导和管理学校重要责任的中小学校长提出更高的要求,并呼唤出现一批高素质、现代化和专业化的中小学校长,因此,建设专业化的校长队伍、实现校长的专业化发展,便成为我国中小学校持续健康发展的必然选择。

1.教育改革发展、学校管理创新要求校长专业化。当前我国正处在一个变革和创新求发展的时代。全国基础教育从目标、体制、课程、队伍、评价等方面提出了改革创新的要求。教育的改革创新是我国教育系统的一个崭新的时代命题。教育改革创新就其本质来说,是指有目的、有组织地寻求教育的改变或变化,是一个以发展为取向、以科学教育理念为指导、以人为核心、以变革为动力的持续变化的实践过程。具体来说,就是以与时俱进的思想为指导,通过对传统的教育思想、教育观念、教育体制、课程内容、教学方式、评价标准等的反思和批判扬弃,依据教育的本质及其自身发展的客观规律,有目的、有组织地进行超前因应性变革,以求教育可持续发展的过程。作为寻求变化的中小学教育创新,必然要求有一支具有创新能力的专业化的中小学校长队伍,这是因为:其一,一所学校教育改革创新的关键在校长。校长是学校的最高领导,肩负着学校教育改革与发展的决策规划、领导组织、协调控制等管理职能。在学校的教育改革创新过程中,校长担负着组织和实施的重任,发挥着关键作用。只有由具有创新能力和专业素养的高素质校长去引领、组织和推动学校教育改革创新,学校教育改革创新的进程才能加快,教育改革创新的质量才能提高。其二,中小学校长的创新素质决定教育改革创新的成效。教育改革创新涉及教育与教学观念、教育体制与机制、课程与教学内容、教育教学模式、教育技术手段、评价与管理方式等诸多方面。因此,如果中小学校长仅有态度和知识方面的基础素质而缺乏与时俱进的高层次创新素质,就不可能实现中小学教育创新的要求。其三,推进中小学教育创新,要求校长由被动执行型向创新发展型转变。教育创新是一种超越式的创造活动,它既没有一成不变的范式,也没有现成的可以直接套用的模式,全靠校长在科学的理念指导下进行大胆的实践探索。因此,推进教育创新,需要校长不断增强教育创新意识、提高创新能力、勇于创新实践,实现由被动执行型向创新发展型转变。总而言之,教育要为经济社会发展提供坚强的人力资源支撑,就必须推进教育创新,而教育创新的大力推进,强烈呼唤建立一支具有创新能力的高素质、专业化的中小学校长队伍。

2.学校转型必然要求校长转型,校长必须实现专业化发展。随着教育改革的不断深化,学校转型问题已由理论研究层面转到实践层面。如"政府依法宏观管理、学校依法自主办学"的教育体制改革的深化,现代学校制度的建立完善,要求教育行政部门加强宏观管理职能和进一步简政放权,要求建立政府宏观调控和间接管理、社会参与、学校自主办学的管理运行机制,要求政府对学校的管理由直接管理转变为通过拨款、规划、政策指导、信息引导、监督评估、提供服务及必要的行政手段等进行宏观管理,明确政府与学校的办学与管理的权利、义务和责任。

第一,在学校与政府、学校与社会等关系重新建构以后,学校与政府和社会在办学与管理等方面将进行权力的重新分配。因此,校长应重新定位自己的角色,成为带领师生实施校本管理战略,走自我管理、自主发展之路的专业化校长。

第二,在校长转型后的职业定位上,校长是专业化的职业,应实现专业化发展。校长如何适应新的形势,做到不断提升自我发展能力?在过去的几十年里,学校的自主权是非常小的,一个好校长的任务就是要不折不扣地执行中央和地方教育行政部门的指令,培养出统一标准的人才。他们无需思想,更无需创新,否则就是"叛逆"。而现在,再也没有人愿意为学校包办一切,校长们拥有了巨大的能动空间。大家都希望"千校一面"成为历史,而特色学校则成为人们的追求。"学校的转型"要求"校长的转型",因此,校长就必须拥有自己的教育思想、理念,必须从实践出发提出自己独特的"施政纲要",必须千方百计把学校办成特色学校。这就要求校长实现专业化发展,以满足转型的需要。

第三,提高学校管理效能目标的实现要求校长专业化发展。当前,许多学校之所以存在管理低效现象,一个很重要的原因就是校长专业化发展不够。实际上,校长的专业素养是承担领导管理责任、发挥领导管理作用的基础,是有效进行学校管理的重要条件。校长是一校之魂,校长的专业素养水平的高低,在很大程度上决定了学校管理水平的高低。随着素质教育的大力推行,我国中小学教育改革力度也越来越大,客观上也要求校长朝专业化方向发展。可以说,没有较高的专业化管理水平,是难以适应现今的教育改革形势的,更不可能带领学校走向成功和辉煌。

(三)校长自身发展追求推动校长实现专业化

面对民族的振兴、世界的挑战,凡是事业心强、有敬业精神的校长必然有强烈的使命感与责任感。我国教育改革与发展需要一大批善思考、能引导的领导者型校长。在今天,好校长应当学会思考。他既要学会对我国教育改革的现实问题展开研究,也要学会对教育未来发展的问题进行前瞻性地思考。同时,他更要善于将自己的教育思想转化为学校教职员工的教育行为,全面提高学校教育教学质量。从校长所处环境的要求及其自身成长发展的规律来看,校长必然最终实现专业化。校长成长发展的规律决定了校长成长的终极目标是专业化。

1. 使命感与专业精神的增强。校长的专业化发展首先是校长专业精神的增强,这种专业精神是建立在校长的历史责任感基础之上的。中小学校长要自觉地担负起历史赋予的责任,以自己的发展促进学校的发展。校长要具有奉献精神,把学生、教师、学校和国家的利益放在个人利益之上,努力使自己成为师生员工的楷模。中小学校长的专业精神包括职业道德、行为规范以及校长的专业态度和动机。作为一名教育者,具备崇高的职业道德并严格遵守自己的职业操守,才能在真正意义上促进学校的发展。校长的专业态度和动机是他们行为的动力系统,直接关系校长专业精神的稳定性和投入程度。

它涉及校长的职业理想、对工作的热爱程度、工作积极性和校长的职业满意度。

2.学校领导的专业能力的提高。专业能力主要指校长有效地开展学校管理工作所必备的一种个性心理特征和实际技能。校长的专业能力可以从书本中学到，领导能力则需要在实践中逐步培养。校长的领导能力在当前就是实施素质教育的能力。这种能力主要有宏观思维能力，即根据社会发展的客观需要、办学的客观条件和教育的客观规律为学校发展准确定位的能力；科学决策能力，即把握影响学校发展关键因素的能力；组织协调能力，即把自己的办学思路转化为学校全体教职员工教育行为的能力；评价与诊断学校发展过程中各种问题的能力以及反思与教育研究的能力等。

3.专业理念和专业发展意识。专业理念是主体在理解专业工作本质的基础上形成的关于专业性质及专业发展的观念。校长的专业理念包括学校管理观、教师观、学生观、教学观等，它决定着校长管理活动的目标、过程及方式，决定着校长对教师、学生的态度及为促进教师和学生的发展所从事的具体实践活动，决定着学校的特色及未来发展方向。校长的专业理念不仅影响其教育行为和教育管理行为，而且对校长自己的学习和成长也有重大影响。专业发展意识是保证校长不断自觉地促进自我专业发展的内在动力。校长的自我专业发展意识，包括对自己过去专业发展过程的意识，对自己现在专业发展状态水平所处阶段的意识，以及对自己未来专业发展的规划意识。如果校长有自我专业发展的意识，又知道专业发展的阶段理论，他就会对自己的专业发展保持一种自觉的状态，及时调整自己专业发展的方向及方式。

二、校长专业化发展的实践反思

在反思性教学成为热门话题的今天，在讨论什么是反思性教学、如何去实践反思性教学、怎样才能成为反思型教师时，更要思考校长如何成为一位反思型教师、反思型校长。

德国教育家伯莱克认为："反思是立足于自我之外的批判地考察自己的行动及情境的能力。使用这种能力的目的是为了促进努力思考的职业知识而不是以习惯、传统或冲动的简单作用为基础的令人信服的行动。"[1]基于伯莱克的观点,有关学者认为反思型校长应该善于通过理智的思考和批判的态度与方法,对学校管理的行为、过程和效果进行有目的的自我解剖,对自己所做出的行为、决策以及由此所产生的结果进行审视和分析,并通过自我学习及与他人的合作谈论,探求学校管理规律和改进管理方式、转变管理行为的方法,从而达到提高校长自身管理水平和提高学校办学效益和质量的目的。

校长专业发展要求校长不仅要有丰富的学校管理知识和学校管理经验,更要具有勇于并善于反思自己行为的意识和能力,要了解反思的内容,掌握反思的方法和技能,在反思过程中丰富和发展自己的教育理念、办学观念、理论知识。

(一)实践反思的内容

校长的反思内容依赖于学校的管理实践,是对学校管理实践的反思,在实践过程中进行反思,在反思实践中提高自己的管理能力。在反思过程中,校长既要对自己的教育观、师生观、人才观、信息观和学校管理知识及经验进行反思,也要对学校管理过程中发生的行为(成功与失败)进行反思,因此,校长的反思不应该是对学校工作的总体概括,而应该是对学校总体工作的反思,更应该是点点滴滴的反思的积累。

(二)实践反思的方法

反思不是随心所欲的,而是对自己的管理行为进行多角度反思,因此必须注意反思的方法。反思的方式有如下几种:一是自我反思。校长通过收集信息资料(包括来自学校内部和校外的)对一个特定问题进行的反思。在这一反思过程中接触到的新信息对校长来说是很重要的。二是合作反思。校长就学校管理过程中的共性问题进行反思。通过向专家咨询、借鉴他人的经验,与其他校长一起对自己所设想的管理目标、管理方案和行为以及管理产

---

[1] 蒋晓敏:《做一名反思型校长》,载《广东教育(综合版)》,2014(6)。

生的结果进行反思;三是群体性反思。学校管理工作不是校长一个人就能完成的,它依靠行政班子和全校师生的共同努力。校长与全体教职员工共同反思学校管理行为,有利于校长广泛听取意见,有利于教师主人翁精神的充分发挥,这一反思有利于学校管理整体水平的提高和团结协作精神的养成。没有教职工共同的反思便是不完全的反思。

(三)实践反思的技能

反思不是对事物简单的回顾或分析,而是从事物现有的状况出发,向更深层次探索,在新的层面上看到现实的不足。这就决定了校长要有下列反思性探究技能:其一是经验技能。校长对学校管理要具有必要的管理经验、理论联系实际的经验,具有善于控制学校局面的经验。其二是分析技能。校长要具有善于对自己的伦理品质、知识体系、管理行为和过程以及结果做出客观分析的能力。其三是判断和评价技能。校长要具有对学校管理的效果进行恰如其分的判断的技能,要善于对反思和探究的结果作出判断,同时要具备客观评价自我和评价学校管理行为、过程及结果的能力。其四是预测技能。校长要能较为准确地预测到学校管理的结果。其五是交往技能,即校长结合自己的反思情况与学校其他人员进行交流的能力和同其他校长共享反思成果的能力。

(四)实践反思促进校长专业化发展

实践反思的过程就是校长专业化发展过程。在反思中不断树立现代教育观念;通过反思性学习完善自己的学校管理理论体系;在反思中完善和发展自我人格,培养意志和品质;在反思过程中营造和谐的人际关系。

1.构建完善的校长专业知识和能力结构。促进校长专业化发展最重要的就是提高校长的专业知识和专业技能。我国曾经开展过多次有关校长素质的综合研究。这些研究,有的是计划经济时代的产物,有的研究样本有限、方法落后,不具有代表性。因此,当务之急是要结合国内外社会和教育发展的新形势、新要求,在人力资源理论的指导下,运用科学的方法研究现代校长的工作内容、工作条件和素质要求,从而构建校长的专业知识和能力结构,为校长的专业化发展和校长的继续教育提供理论依据。

2.确立校长的职业道德和专业伦理。可以看到,在国内各种各样的校长培训中,只有政治思想教育,没有校长自身伦理道德方面的内容。而西方国家是非常强调后者的。如美国州际学校领导者证书联合会的六条校长标准中,第五条就是"教育管理者作为教育领导,要通过正直、公平和道德的行动促进学生的成功",后面才具体论述相关的要求和工作表现。再如美国威斯康星州阿佩里学区规定的核心价值观是:本学区应当在所有成员中发展和培育一种共同体的意识,即所有人在信任的环境中要努力理解和尊重不同的观点与兴趣;有质量的教学以及其他给予学生、员工和公众的服务应当是学区的首要使命。

3.完善校长培养和培训体系。作为专业人员,很重要的一个条件就是必须经过较长时间的专业教育和训练,比如医生、律师都必须经过严格的大学教育。培训体系建设在校长的专业持续发展中的地位是非常重要的,因为我国的校长是从教师队伍中选拔出来的,校长的专业化道路不像教师和医生那样起始于系统的学历教育,而是"半路出家",更多的是依赖自己的经验和反思,但经验和反思往往又是琐碎和浅显的,因此科学系统的培训就成为校长专业化的捷径。但是,以往我国的校长培训体系是以政府为主导的传统行政模式,其特征是其培训投入、培训计划、课程体系、培训组织管理和培训方式基本上都是按照行政指令下达的。这种模式具有良好的组织性和计划性,但也存在统一的培训满足不了校长多样化要求的问题,难以因材施教,教学的内容也缺乏针对性,模式和方法陈旧,缺乏有效性。在新的历史条件下,创新适合校长专业化发展的培训机制、模式和方法十分必要。在校长培训体系建设中,应促进各级各类校长培训机构的竞争,以此带动校长培训的多样化,提高培训质量。同时,要加强对培训的研究,形成生动有效、形式多样的培训方式与方法。

4.不断促进校长的自我发展。校长必须不断地接受教育、吸收新的信息和专业知识,以应对日益复杂的学校管理和教育教学工作。校长必须建立持续发展和自我发展的理念。一方面,上级主管部门要为校长提供充分的接受教育和训练的机会;另一方面,校长自己必须主动地在工作中琢磨业务,总结经验,自觉地学习,不断提高专业知识和专业技能。

5. 尊重校长的专业自主权。校长的专业自主权,即校长对学校事务的决定权,是我国校长一直努力争取的重要权力。在这一点上,应该克服两种不良倾向:一是学校与教育行政部门的职权划分不清,校长不应被捆住手脚;二是校长的权力超出了专业范围,拥权自重,无所顾忌。

6. 鼓励校长成立专业社团组织。社团组织可以对校长进行专业约束,并促进校长的专业化发展。社团活动是校长专业活动的重要内容,也是校长专业化发展的重要形式。但由于多种原因,我国的校长专业社团组织并不发达。在美国,中学校长协会和小学校长协会会员众多,影响巨大。协会承担着制定专业标准、促进专业发展和组织专业交流的任务。此外,协会还直接影响着美国教育政策的制定。

7. 严格校长的管理制度。目前,我国已经建立了比较系统的校长专业化发展制度,但这些管理制度还有许多不足,如制度不系统、缺少理论的支持、跟不上时代的变化、缺乏操作性等。要促进校长的专业化发展,就必须在法律的基础上,依据现代人力资源管理的要求,进一步完善校长准入制度、考核制度和升迁制度等管理制度。

三、校长专业化发展的价值取向

(一) 做思想丰富的领导者

苏霍姆林斯基曾说:"学校领导,首先应是教育思想的领导,其次才是行政上的领导。"李镇西曾为"做一根有思想的苇草"而鼓呼。做思想丰富的教育者,就意味着心灵的自由,就意味着独立思考,就意味着不迷信权威,就意味着让思想的火炬熊熊燃烧。校长是一个学校的灵魂,是教师的教师,校长的思想就是一面旗帜,凝聚着发展的力量,指引着发展的方向,引领着全体教师去追求、奋斗。当前深化教育领域改革,要求校长从学校实际出发,寻求具有本校特色的发展模式和途径；要求校长敢于冲破传统观念、行为方式和习惯；要求校长不断适应新形势，研究新情况，解决新问题，大胆进行理论创新和实践创新。所以，校长要积极推进教育观念创新、人才培养模式创新和管理环境创新，激励广大教职工"敢探未发明的新理"，培养高素质的创新人才。

(二) 做自主办学的经营者

传统的观念认为，校长只是学校的行政管理者，即依照有关政策、法规，把国家给予的人、财、物管好、用好即可。因此，许多校长都把自己的工作定位于管人、管事、管物。在科学管理思想的影响下，一些校长开始不满足于具体的事务性管理，而把工作重心转移到学校规章制度的建设与执行上，试图通过建立完备的学校管理规程与工作运行规则，规范每个员工的行为，达到科学管理的目的。这固然比直接抓人、抓事的管理前进了一步，但仍然是把自己定位为上级教育行政部门任务的执行者，缺少自主办学的主体意识。

朱永新说过，未来的教育家不会在书斋里诞生，也不会在象牙塔里诞生，只能在教育第一线诞生。① 实施素质教育是对所有中小学的共同要求，但怎样实施素质教育却没有千篇一律的固定模式。这就要求校长真正作为独立的法人代表，发挥自主性，把素质教育的一般要求与学校的实际相结合，创造性地把素质教育落到实处，把学校办出特色。自主办学的核心是校长要代表学校树立主体意识，即从学校现有的条件、社会定位与发展目标出发，自主考虑学校的生存与发展，在依靠上级教育行政部门办学的同时，面向社会，积极开发多种教育资源与开拓教育支持渠道，满足学校发展的需要。从上级委派任务的"执行者"到自主办学的"经营者"，校长的角色定位发生了显著变化，从学校的管理者发展成为学校的经营者。校长作为学校的经营者，就是要把办学作为一种事业去经营，不仅要把上级教育行政部门配置的人、财、物管好、用好，还要关心与考虑学校的发展。经营不仅有管理之意，还包括筹划设计、运作发展的意思。

---

① 朱永新：《我的教育理想》，桂林：漓江出版社，2009。

（三）做教育科学的研究者

全面推进素质教育,教育科研是先导。在实施素质教育的过程中,有许多新课题需要研究,如教育观念的转变、教育制度的创新、德育实效性的增强,课程体系、课堂教学和评价制度的改革等,可以说,离开了教育科研,素质教育就寸步难行。"科研兴校"已被实践证明是教育实现可持续发展的必由之路,也是在新形势下全面实施素质教育、深入探索学校教育教学规律的必然选择。在这样的背景下,校长是否把自己定位为教育科学的研究者,是否有较强的教育科研意识与能力,已成为传统校长与现代校长的一个重要区别。校长作为学校实施素质教育的领导者,应该做教育科研的带头人,并使自己领导的学校成为素质教育的实验学校。

一校之长应是教育科研的积极的践行者。作为校长,不仅仅是自身能主持研究几项课题、发表几篇文章,而且还应能在教育科学理论的指导下,通过研究使素质教育的思想和要求转化为外显的可操作运行程式,使之成为一个学校内有目标、有措施、有评价的科研系统,进行素质教育的创造性实践。近年来,在我国中小学已经涌现出了一批"科研兴校"、以科研促进素质教育实施的带头人。辽宁省盘锦市实验中学原校长魏书生就是靠科研和教改获得成功的,他认为:"引导教师进行教育科研,使教师们发现了一个新的更强大的自我,发现了一个新的更广阔的教育天地,提高了教学效率,使老师们的劳动有了双重收获。"校长应把治校与治学结合起来,将教育教学经验提炼上升为教育理论。校长所具有的改革理念、经营和发展战略,以及现代教育思想和理论是学校发展的生长点,然而这些都离不开教育科研,离不开校长对教育科研的积极参与。

第八章 校长专业化发展路径与策略

第一节 校长培训与专业化发展

校长专业化发展是校长专业能力和知识水平持续提升的动态过程。教育改革的不断深化、学校管理内涵的不断丰富、人才培养模式的不断调整都要求校长具备专业能力,获得这些能力需要校长们努力学习,也需要培训机构有目的、有计划地组织培训。

校长专业化培训是校长专业素质提高的一个重要途径。校长专业化培训要准确确定培训目标、不断创新培训内容、不断变革培训方式。

一、深化中小学校长培训改革

当代基础教育面对的是一个不断创新、变化、发展的信息化时代。在深入进行教育改革的同时,人们必然会思索与探讨作为学校管理者与领导者、作为教育改革主体力量的中小学校长的历史使命问题。1996年,国际21世纪教育委员会在向联合国教科文组织提交的《教育:财富蕴藏其中》报告中指出,教育处于社会的核心位置,教育和各种培训已成为社会发展的首要推动力。终身学习是打开新世纪光明之门的钥匙。

自全国"百万校长培训"工程实施以来,各级教育行政部门对中小学校长发展给予了高度关注,把校长培训放在重要位置上,并采取了各种措施推动校长队伍建设,有效地促进校长专业知识与专业能力的提高,有力地促进了

第三节 校长专业化发展的制度建设

  中小学校长专业化发展是中小学校长职业生涯的重要内容。校长专业化发展要求有健全的校长专业化发展制度作保障。校长专业化发展应该从人力资源管理的角度来研究校长专业发展制度的建设问题。校长是重要的人力资源,应根据人力资源管理流程的要求建立健全校长专业化发展制度,通过制度建设促进校长专业化。这些制度包括校长职责制度、资格制度、聘任制度、培训制度、考核与监督制度、职务晋升制度、薪酬制度以及相关的保障制度,这些制度可以促使校长形成自己的专业角色意识,激发校长的职业热情与责任感,激励他们不断提高自己的专业水平。校长的这些管理制度是一个有机联系体,任何一种管理制度的缺失或不健全都会影响校长管理的水平,延缓或阻碍校长专业化的进程。

  改革开放以来,我国建立了一系列校长管理制度,如校长职责制度、校长任职资格制度、校长培训制度。对校长的任免、考核、奖惩、待遇等也有相应的制度。但是从总体上看,校长的管理制度仍处于不完善的状态,需要改进和完善。在制度保障方面,还需要系统的思考,以形成一个良好、完整、均衡的制度框架,这样才有利于校长专业化发展。

一、校长专业化发展制度建设的理论基础

  制度是由人制定的,它能够有效抑制人际交往中可能出现的任意行为和机会主义行为。经济学家诺思认为:制度是一系列被制定出来的规则、守法程序和行为的道德伦理规范,这些规则、程序和规范的直接作用就是减少不可预见的行为和机会主义。任何一项制度都存在于一个普遍认可该制度的共同体中,制度的贯彻必须依靠一定的惩罚,没有惩罚的制度是没用的。制度根据其产生形式的不同可分为内在制度和外在制度。内在制度是从人类经验中演化出来的,它体现着过去曾最有益于人类发展的各种解决办法,如

的出发点和落脚点,扶持困难群体,推动平等接受教育;遵循教育规律,注重教育内涵发展,始终把全面提高义务教育质量放在重要位置,使每个学生都能接受有质量的义务教育;树立正确的人才观和科学的质量观,全面实施素质教育,为每个学生提供适合的教育,促进学生生动活泼地发展。

(三)引领发展

校长作为学校改革发展的带头人,担负着引领学校和教师发展,促进学生全面发展与个性发展的重任;将发展作为学校工作的第一要务,秉承先进教育理念和管理理念,建立健全学校各项规章制度,完善学校目标管理和绩效管理机制,实施科学管理、民主管理,推动学校可持续发展。

(四)能力为重

将教育管理理论与学校管理实践相结合,突出学校管理的实践能力和创新能力;不断提高与完善规划学校发展、营造育人文化、领导课程教学、引领教师成长、优化内部管理和调适外部环境等方面的能力;坚持实践、反思、再实践、再反思,强化专业能力提升。

(五)终身学习

牢固树立终身学习的观念,将学习作为改进工作的不竭动力;优化知识结构,提高自身科学文化素养;与时俱进,及时把握国内外教育改革与发展的趋势;注重学习型组织建设,使学校成为师生共同学习的家园。

续表

专业职责		专业要求
六、调适外部环境	专业知识与方法	54.掌握学校公共关系及家校合作的理论与方法。 55.熟悉社会公共服务机构的教育功能,掌握开发和利用社会资源的知识与方法。 56.掌握与家庭、社会(社区)、学校、各类媒体等沟通的方法与技巧。
	专业能力与行为	57.树立学校的良好形象,加强校际合作,整合办学资源,优化育人环境,争取社会(社区)对学校的大力支持。 58.充分发挥家长委员会的积极作用,接受改进学校工作的合理建议,完善家庭和社会(社区)参与学校管理的机制,主动与社区建立合作关系。 59.健全家校合作育人机制,建立教师家访制度,通过家长学校、家长会、家长开放日以及信息化通讯手段等多种形式,帮助家长了解学校情况和学生身心发展特点,指导家长掌握科学的家庭教育方法。 60.积极发挥学校在社区建设中的文化引领作用,鼓励并组织学校师生参与服务社会(社区)的有益活动。

三、实施意见

(一)本标准适用于国家和社会力量举办的全日制普通高中的正、副校长。各省、自治区、直辖市教育行政部门可以依据本标准制定符合本地区实情的实施意见。

(二)各级教育行政部门要将本标准作为普通高中校长队伍建设和校长管理的重要依据。根据教育改革发展的需要,充分发挥本标准引领和导向作用,制订普通高中校长队伍建设规划,严格普通高中校长任职资格标准,完善普通高中校长选拔任用制度,推行校长职级制,建立普通高中校长培养培训质量保障体系,形成科学有效的普通高中校长队伍建设与管理机制,为实现普通高中教育多样化发展提供制度保障。

(三)有关高等学校和校长培养培训机构要将本标准作为普通高中校长培养培训的主要依据。重视普通高中校长职业特点,加强相关学科和专业建设。根据普通高中校长发展阶段的不同需求,完善培养培训方案,科学设置校长培养培训课程,改革教育教学方式。注重校长职业理想与职业道德教育,增强校长教书育人、管理育人的责任感和使命感。加强校长培养培训的师资队伍建设,开展校长专业成长的科学研究,促进校长专业发展。

2.中部地区中小学校长素质状况调查。本研究以对教育行政部门主管人员、中小学校长、教师和相关人员的问卷调查为主,辅以访谈等形式,探索中小学校长现有素质状况。

3.差异分析。通过对中部地区校长现有素质与理想素质结构之间的整体差异分析,认识到中部地区校长培训的必要性,设计合理的培训内容。

4.建构中部地区中小学校长培训的有效课程体系和培训模式。

(三)本课题的研究方法

本课题主要采用问卷调查的方式,辅以访谈、文献分析等方式。调查的对象涉及中小学校长、中小学教师、培训院校教师、教育行政部门主管人员等。对培训学校、教育行政部门主管进行总体研究,对其他研究对象拟采取多种抽样调查方法获得代表性样本。

1.文献法。在本课题研究中,检索和参阅了人力资源开发与培训的相关文献,以及国内关于校长培训的已有研究成果。明确了校长培训需求的内容和维度,设计了《中部地区中小学校长素质结构》(问卷Ⅰ)和《中部地区中小学校长素质状况》(问卷Ⅱ)两类问卷,以及中小学校长对培训内容、培训模式的意向等调查问卷。

2.问卷调查。本课题主要采用问卷调查法。先后共设计制作两轮问卷并开展调查。《中部地区中小学校长素质结构》(问卷Ⅰ)是为了掌握当今中小学校长应有的素质结构。问卷采取单纯随机抽样的方式,在安徽省合肥、芜湖、滁州、巢湖、蚌埠、亳州等地抽取482名中小学校长、中小学教师、培训院校教师和教育行政部门主管人员作为样本进行调查。通过整理调查数据,归纳中部地区现代中小学校长理想的素质结构。

《中部地区中小学校长素质状况》(问卷Ⅱ)采用分层整群抽样,以行政区划或地理区域为分层标准,按比例进行整群抽样,获得中小学校长培训需求调查的代表性样本。问卷分"校长问卷"和"其他人员问卷"两类。"校长问卷"调查对象为中小学校长,"其他人员问卷"调查对象为中小学教师、培训院校教师和教育行政部门主管人员。问卷调查对象以研究者所在地安徽省为中小学校长队伍专业化程度的提高,在中小学校长整个队伍建设中发挥了重要作用。

以往的校长培训基本上是一种自上而下的培训模式。其优点是有计划、有组织、有统一的要求,这有利于加强领导,把校长培训作为系统工程来设计和实施,效率也比较高。但是要把这种政府行为转化为学员的内在需要和自身行为,则需要做艰苦细致的工作。这种组织行为必须要和广大中小学校长的内在发展要求相结合,变"要我学"为"我要学",才能取得良好的效果。

(一)培训体系的重构

培训工作要引导校长在教育管理中学习教育管理,注重理论学习,更注重实践能力的提高;引导校长不仅注重学习新知识、新方法、新技术,更注重教育观念的更新、心理素质和政治思想素质的提高,真正做到全面提高校长的素质。这种观念强调培训结果要具有实效性。

1. 校长培训主体的多元化。现代教育的重要特点之一是办学主体社会化、多元化。在校长培训中一方面要充分发挥专门培训机构的作用;另一方面要吸引社会各方面的参与,发掘各方面的教育资源。如教育行政部门、高等学校、各级教育学术团体等。

2. 实现培训工作的专业化。培训是教育人力资源开发的重要途径,要坚持"盘活、优化、培育、增殖",抓好培训机构资源开发工作。

3. 实现培训机构的网络化,就是要实现经验分享、网络课程共享、网络资源共享。

(二)培训内容的改革

中小学校长是特定的社会角色,是学校教育改革的关键人物。校长的素质直接关系学校的办学质量与效益,会影响一所学校的教师和学生的整体水平与整体形象。校长培训能促进校长职业品质的发展,它已成为校长接受终身教育的一种重要方式。校长培训不仅能更有效地促进学校管理,还能有效地促进社区的发展、促进教师和学生的发展、促进校长自身的发展。

1.关注我国教育的发展,占领教育的制高点。吃透教育改革的新经验,把握理论与实践的结合点。了解学员实际需求,掌握他们知识的空白点。注重专业性与时代性的统一,开拓校长培训新的生长点。培训课程要多样化,要切实抓好基本课程、专业课程、实践活动课程、特色课程的建设,形成有特色的校长培训的课程体系。培训视野要国际化,要充分利用国外校长培训的资源,将国内外资源有效结合,使校长培训上新档次。以学科课程为中心的培训要转变为以学习者为中心的培训,以培训者为核心的培训要转变为重视培训对象的培训。

2.创立开放课程,解决现实问题。在我国,传统的校长培训过分注重知识性内容的传授,形式比较单一,内容比较枯燥,导致培训内容与实际需要严重脱节,校长们觉得培训所学的课程对于解决现实中存在的问题没有多大意义。专业化的校长培训体系应该符合学校的实际需要,应创立理论知识课程、实践知识课程、问题训练课程等,使校长不仅掌握扎实的理论知识,而且能够把课堂上所学的理论知识运用到学校的管理实践中,解决管理中存在的问题。

(三)培训方式的创新

传统培训模式是以课程、教材、教师为中心。这种模式往往容易忽视学习者的主体需要和自身发展。以学习者为中心,重视培训对象的选择性学习,能够促进培训对象的自主发展,将更有利于发掘中小学校长的潜能。

校长专业化发展需要校长具备教育能力、管理能力、经营能力和自我完善能力等。要使校长具备以上能力,就必须改变传统的一元化、单向度的校长培训模式。专业化的校长培训模式主要有问题会诊模式、双边互动模式、合作学习模式、问题中心模式等。各地培训机构要根据实际情况,因地制宜,创造性地开发出适合本地校长培训需要的个性化培训模式。

二、按需施训策应校长专业化发展的内在需求

当今世界各国都很重视校长培训的针对性、实效性。加拿大安大略省《校长任职资格指南》针对校长工作实际提出培训专题,如学校有效管

理及校长角色意识的领会；校长应掌握的决策、分析、总结能力；校长应掌握的对教职工的检查、有效进行课程管理的技能等。美国斯坦福大学教育学院把校长培训计划分为三个阶段：第一阶段是课程学习；第二阶段是问题处理、学习实践；第三阶段是校长实习。新西兰的校长培训工作十分重视对改革中出现的新情况、新问题的研究，注重开展案例教学和研讨教学。这种以解决实际问题为目的的研讨式培训，在实际工作中取得了比较显著的效果。

（一）培训目标体现分层分类

不同任职期限、不同成熟度的校长的心理需要不同，不同层次、不同类型学校的校长的心理需要各异。这是确定培训内容的重要依据。国家教育部《中小学校长培训规定》中把"按需施训"列为培训工作的基本原则之一。因此要深入了解校长的需要，从不同层次、不同类型、不同年龄、不同影响力的校长的需要出发，使培训目标分层分类，加强针对性、实效性，充分满足校长的需要，使校长们各得其所。

当代教育改革和发展的一个重要特点是注重人的个性发展。同样，在校长培训中许多国家也愈来愈重视校长的个性发展。有学者提出了学会认知、学会做事、学会共同工作和生活、学会促进个人发展的培训目标。学会认知，是指培训在促进受训者掌握新知识、新信息的同时，关注受训者掌握获取知识信息的方法和手段，学会领悟信息、分析信息、综合信息以及运用信息。学会做事是指受训者能够实践他们所学习的知识，发展他们的职业能力、创造能力以及提高组织工作效率的能力。学会共同工作和生活，是指通过培训使受训者正确认识自己，正确认识他人，正确认识组织和社会，在协作中共同生存和发展。学会促进个人发展是培训的终极目标之一。社会发展的目标之一在于人的发展，反过来，人的发展则对组织和社会的发展起推动作用。

校长培训要把校长的个性差异当作一种资源来开发。培训必须倡导选择性学习，让校长在选择中学习，在选择中发展，现代校长培训应是一种专题式、菜单式、积木式的培训，即一种选择式的培训，它允许校长们按自己的需求自由选择学习内容和方式,进行自主学习。校长培训课程应是一种"宽基础＋活模块"的集群式、菜单式的课程体系。校长培训模式也应是一种专题式自主选择的培训模式。这种自主选择式的培训体系和模式能够满足广大校长的内在学习需求,能够促进他们主动地发展,从而使培训具有实效性、针对性。

(二)培训内容要贴近学校发展和校长发展的需要

要把握好"两个结合",一是基础教育的核心问题和重点问题密切结合;二是学校的教育教学改革和提高学校管理水平密切结合。以问题(专题、课题)为中心的校长培训,是将"书本知识"转变为"问题领域",它借鉴新知识、新观念、新方法,着重研究教育改革和发展中的热点、难点或重大理论问题与实践问题,特别是解决问题的方法策略。

例如,中小学校长培训调研座谈提纲:

1.《中小学校长培训规定》指出"新任校长必须取得任职资格培训证书,持证上岗。在职校长每五年必须接受国家规定时数的提高培训,并取得提高培训合格证书,作为继续任职的必备条件。"校长们对此有何认识和看法?

2.中小学校长培训教学应突出针对性和实效性,您对以往的培训模式、教学内容、教学方法等方面有何建议?今后培训院校在加强培训管理方面应有哪些举措?

3.谈谈培训体会与工作打算。(作为校长,您是否感受到参加培训学习后回到工作岗位,迫于学校的办学条件、管理体制等现实情况,难以将培训中所掌握的理论和方法落到实处,难以充分发挥培训的绩效)

4.校长培训内容中政治理论培训、政策法规培训和专业知识培训作为培训的主要内容,您认为三个方面各应侧重哪些内容?

5.培训制度与机制建设方面。校长调训难长期存在,如何解决这个问题,调动学员的参训积极性,以达到"要我学"为"我要学"?如何建立强有力的制约措施,形成严格刚性的培训制度?

6.现行的哪些培训教学形式学员能够接受?还要作哪些改进?试提出有效增强校长培训绩效的建议。

(安徽省教育厅教育管理干部培训指导中心　2003年9月8日)

(三)培训过程强调因势利导

激发校长高层次需要。校长培训要从目标、内容、方法、心理上因势利导,刺激校长去追求高层次的需要,使校长认识到高层次需要对自己适应社会、胜任工作的重要性。培训校长一定要确定高目标,制定高标准,在导师带教、引导学习、指导研究、帮助总结等过程中帮助他们实现高层次需要。

第二节　校长专业化发展的模式和策略

一、校长专业化发展的主要模式

校长的专业化发展模式是多元的。目前主要有四种类型,即主体自我指导模式、观察模式、培训模式和探究模式。

(一)主体自我指导模式

在这种模式中,校长发展的活动内容和形式可能千差万别,但都具有一个共同特征:校长自己确定学习目标,并选择为实现目标需要进行的学习活动。该模式认为,成人学习的愿望受实际工作中的任务和问题的激发而形成,因此应该调动校长自我发展的积极性,因人而异地自主学习。

(二)观察模式

观察模式形式多样,如同行指导、视导和校长评估等。一般来说,他人的观察可促使被观察者进行思考或改进行为。管理是校长独立完成的工作,他人的观察为校长的管理活动提供了"很多双眼睛"。另外,观察和评估对观察者和被观察者双方都会起到促进作用,被观察者受益于对方的评价,而观察者则在观察、评价和与对方共同讨论的过程中得到收获和启示。

(三)培训模式

很多人认为,培训是校长专业化发展的代名词,认为校长经过培训能够提高管理能力。多数校长也习惯于参加由授课人确定内容和活动流程的培训班式的培训课程。通常这种课程有着明确的目标,如对知识和技能的掌握。现代校长培训强调参与式培训,即校长个体要参与到群体活动中,与其他个体共同合作学习,也可以由校长根据自己的需要和条件,即兴创造培训形式。

(四)探究模式

探究模式是校长根据管理实践经验提出问题,并寻求问题的解决答案的模式。探究模式可以以个人形式开展,也可以以小组形式或多位校长一起合作形式开展。探究模式的方式有互动式研究、合作研究、课堂行动研究等。

二、校长专业化发展的基本策略

校长专业化发展采取的基本策略主要有三种,即校本校长发展策略、实践反思和行动研究策略、发展性校长评价策略。

(一)校本校长发展策略

校长专业化发展的基础是学校管理实践。专业化发展不能离开管理,而管理是在学校改革大环境中进行的。因此,学校既是学生学习的场所,也是校长发展的场所。校本校长成长强调中小学是校长发展的场所,注重发挥中小学在校长专业化发展中的作用,强调大学与中小学的合作。通过大学教育工作者与中小学校长的合作研究,在研究解决现实问题的实践中促进中小学校长的成长,使他们获得自我完善与发展。

(二)实践反思和行动研究策略

以问题为中心的实践反思和行动研究,是促进校长可持续发展的重要途径。促进校长专业化发展的"源头活水"是校长自身的管理实践。校长的专业发展意味着要给校长提供反思的机会,反思的主要方法是行动研究。行动研究是社会实践者为提高自己实践的合理性与正当性,增强对实践及其得以进行的情境的理解而采取的自我反思探究的一种方式。

(三)发展性校长评价策略

发展性校长评价对校长工作表现做出价值判断,以促进其专业发展。校长评价是校长专业成长与发展的一部分。通过评价,让校长了解自己管理工作的优点、缺点和专业发展中欠缺的能力,促使校长进行自我进修和自我改进。

一般来说,校长评价有两个目的:一是形成性的评价,以促进校长发展为目的,通过评价使校长认识到自己在管理中的优点、缺点和需求,促进校长工作和自身的双重改进;二是总结性的评价,它把评价结果作为校长晋升和聘任的主要依据。当前,在校长评价中应重视形成性评价,强调校长在评价中的主体地位,允许校长民主参与评价,注重校长的自评和互评,引导校长自我发展目标的实现,帮助校长建立理想的教育目标,在提高学校管理质量的过程中不断追求自身的专业发展。促进校长的专业发展需要有一套完整的校长专业发展计划与标准,可以通过制定校长专业能力发展标准、校长个人专业发展计划、发展性校长评价方法等内容,为校长进行自我专业发展计划和自我评价提供依据,为学校管理一线的校长提供指导和帮助。

校长专业发展评价重在评价校长的专业能力。笔者参照国内外相关中小学校长专业能力发展标准,结合我国中小学校长负责制的实际,在弥补传统校长专业化发展标准不足的基础上,拟订了如下表所示的校长专业能力发展标准。这一标准共分为6个部分,即管理领导、学校管理绩效、学校行政领导、校长人际关系领导、人格特质与基本职责、专业发展。

中小学校长专业能力发展标准

标准指标	二级指标	标准内容
管理领导	营造优质管理环境	1. 能熟悉和掌握最新科技,整合管理媒体,提升管理效能; 2. 能规划与建构适当的无障碍的学习环境; 3. 能更新与维护管理设备,提供完善的管理资源。
	领导课程发展与管理研究	1. 能有效发挥课程发展委员会的功能,落实学校本位课程发展; 2. 能根据教师需求,进行进修研习,促进教师专业化发展; 3. 能引导教师建立管理档案,整理管理资源; 4. 能有效处理不胜任教师。
学校管理绩效	能积极有效地运用学校财务与设备资源	1. 能依学校发展计划编制预算并有效执行; 2. 能提供主动敏捷的行政服务,为教师提供充分的管理资源; 3. 能定期检讨设备资源的管理与使用效能。
	能建立切实可行的行政程序,提升行政效率	1. 能提高教师对学校管理的满意度; 2. 能确定各项行政程序,并使之公开化、制度化; 3. 能保证行政管理科学化,并提升学校行政效率。
	能健全人事制度,有效运用人力资源	1. 能依国家人事政策和法令,建立公开选拔制度; 2. 能落实教职员工奖惩制度,使考核公开化; 3. 能根据教师专长及意愿安排适当职务。
	能建立有效的危机处理机制	1. 能拟订校园危机处理的程序及任务编组; 2. 能定期做危机处理演练,提高危机处理能力; 3. 能建立完善的学校危机处理档案,并落实追踪机制。
学校行政领导	拟订完善的学校发展计划	1. 能根据发展需求,利用学校内外部环境优势或缺点,拟订中长期计划; 2. 能组成学校发展委员会,凝聚师生共识,形成学校愿景; 3. 能结合教育政策、学校条件、个人愿景以及个人理念拟订学校发展计划。
	配合教职工代表大会以及党支部监督、保证规划的运行	1. 能定期检核学校发展计划执行的结果; 2. 能支持教职工代表大会及党支部对校长的工作进行监督。
校长人际关系领导	加强与学校内部员工的联系以及学校与社区的联系	1. 经常与教职员工沟通,注重与教职员工的良好互动; 2. 尊重与关怀教职员工的权益与需求; 3. 重视与家长、社区以及民意代表的沟通与良好互动; 4. 善于利用社区人力、物力资源,协助学校发展; 5. 积极保持与上级以及其他单位的沟通与良好互动。

续表

标准指标	二级指标	标准内容
校长人际关系领导	塑造学校优良形象	1. 能发挥学校特色,塑造学校优良形象; 2. 能主动邀请相关人士参与学校的重要活动; 3. 能定期编发各种刊物,建设网站,把学校的形象传播出去。
	与学校外部相关机构建立良好关系	1. 维持与学校上级主管部门的良好互动关系; 2. 能主动拜访民意代表与社区代表,维持密切的互动关系; 3. 与相关机构建立合作关系。
	与其他兄弟学校建立良好的伙伴关系	1. 能定期办校际交流活动; 2. 能制定校际合作方案,促进学校的发展; 3. 能促进校际间师资、教学、图书等资源的共享。
人格特质与基本职责	展现个人魅力,形成领导风格	1. 有自信心、幽默等,具有人格魅力; 2. 能包容及接纳他人的意见,展现民主风度及亲和力; 3. 能适度表达情绪,并具有挫折的容忍力。
	形成积极的学校文化环境进而促进学校文化的健康发展	1. 精神指向,对学校教育思想的领导; 2. 行为方式,校长行为方式的亲和力; 3. 对比反思,校长人格风范的凝聚力; 4. 积极的学生控制; 5. 形成积极的学习环境; 6. 咨询服务; 7. 学生服务。
	个人领导的伦理道德标准	1. 热爱本职工作,坚守教育为人民服务的宗旨; 2. 能以身作则,道德素质高并在学校中树立榜样; 3. 以宽容的态度、人文的关怀精神对待学校的教师和学生,并促进其发展; 4. 坚持采用民主集中制原则,经常开展批评与自我批评。
专业发展	具备专业知识与能力	1. 具备教育学知识、管理学知识; 2. 具备行政领导能力、沟通能力、协调能力; 3. 具备公关能力,为学校谋取最大利益。
	为教师以及学生的专业发展创造条件	1. 创造条件,为教师提供高质量的专业培训; 2. 营造教师友好合作的氛围; 3. 为教师提供能够满足其需要的高质量的教学设备; 4. 注重对学生能力进行发展性评价。

习惯、伦理规范等,违反内在制度通常会受到共同体中其他成员的非正式惩罚或正式惩罚。外在制度是被自上而下地强加和执行的规则体系,这些规则由一批代理人设计和确立并被清晰地制定在法规和条例之中,由一个诸如政府那样高踞于社会之上的权威机构来正式执行,外在制度配有由法定暴力机构执行的惩罚措施。因此,对于任何一个组织或个人,都要受到其所在共同体的内在制度和外在制度的制约,以抑制和减少可能出现的机会主义的和乖僻的个人行为,使其更具有可预见性,从而促进劳动分工和财富的创造。

  对于校长群体来说,其成员即每一位校长都要受到这个群体本身内在制度的制约,包括校长的职业道德规范、校长的行为准则等;同时还要受到教育行政部门制定并强制执行的外在制度的制约,包括一系列校长专业发展制度,例如选任制度、培训制度、评价制度等,以规范校长的领导和管理行为,减少机会主义及不可预见的行为,对超越制度的行为进行惩罚,以促进校长个体的专业化发展、提高校长群体的专业水平并提高学校的管理效能。校长专业化发展制度是一种通过有效地规范、约束和激励校长及利益相关主体的管理实践和控制行为,实现教育人力资源的优化配置、以公平的政策环境和校长群体内部治理规范为特征的制度安排。

  中小学校长是负责学校教育教学活动的专业人员,具有直接从事教育活动、领导和管理学校事务等多种职能。在教育领域中,中小学校长是重要的人力资源,他们的各种专业活动都将直接决定国家教育目标的实现程度,决定各级中小学校的教育质量,决定数以亿计中小学生的素质和未来发展。建设怎样的校长专业发展制度,才能更好地促进校长的专业发展呢?

  制度的建设要有一个科学、合理的理论依据。由于校长是重要的教育人力资源,对校长的管理主要由国家各级教育行政部门来执行。因此,根据人力资源管理流程建立、健全校长的人力资源管理制度,是符合科学管理理论和国家人力资源的开发与管理的未来需求的。人力资源管理流程一般包括人力资源规划、工作分析、招聘和选拔、培训和开发、绩效评估、薪酬和奖励。根据这一流程,对照流程中的每一个环节,校长专业发展制度应包括校长资格制度、选任制度、培训制度、考核评价制度、晋升制度、薪酬激励制度。因此,建立一个系统、完整而科学的校长专业发展制度体系,是教育发展和校长专业化发展的必要保障。

二、我国的校长专业化发展制度

专业化发展强调的是专业人员在个体的专业发展意识指导下,配合科学的选任体制、资格认证体制、培训体制、保障激励体制及监督评价体制,在专业知识、能力、精神、观念及专业贡献等方面持续发展,它是个体全面发展中具有职业特性的一个重要方面。校长专业化发展是校长个体全面发展的核心内容,校长专业化发展的直接结果是使校长成为推动学校教育改革和学校教育现代化的领导者。

影响校长专业化发展的因素有很多,最直接、最重要的影响因素是校长专业化发展制度。应该通过加强制度建设促进校长的专业化发展。就我国而言,中小学校长的总量已经超过 100 万。这支庞大队伍的素质和专业化水平高低,直接决定着中国基础教育的质量与发展。对如此重要的人力资源要科学地加以管理和开发。怎么样才能做到科学呢？必须在人力资源理论指导下,依靠人力资源的管理流程进行管理,实现专业化。根据人力资源管理流程建立健全的关于校长的人力资源管理制度,即校长专业化发展制度,通过制度建设促进校长的专业化进程。

(一)我国校长专业化发展的主要制度

自 20 世纪 80 年代以来,我国政府从国家宏观层面正式开始有领导、有计划、有目的、有步骤、有措施地对中小学校长队伍进行管理,加快校长专业化发展制度建设,尤其是从 1985 年到现在,我国建立了校长职责制度、校长任职资格制度和校长培训制度,这些制度的建立与实施对提高校长素质、保障教育质量、促进教育改革发挥了积极的作用。

1. 校长职责制度。校长职责制度的具体表现就是校长负责制。1985 年《中共中央关于教育体制改革的决定》中提出:"学校逐步实行校长负责制,有条件的学校要设立由校长主持的、人数不多的、有威信的校务委员会,作为审议机构。"国家教委在《全国中小学校长任职条件和岗位要求（试行）》中明确规定了校长的主要职责。1993年中共中央、国务院印发的《中国教育改革和发展纲要》要求"中等及中等以下各类学校实行校长负责制"。1995年颁布实施的《中华人民共和国教育法》第三十条规定："学校的教学及其他行政管理，由校长负责。"

2.校长任职资格制度。《全国中小学校长任职条件和岗位要求（试行）》规定了校长任职的基本条件和校长的岗位要求（包括基本政治素养、岗位知识要求和岗位能力要求）。在任职基本条件中，明确规定了校长的最低资格要求："乡（镇）完全小学以上的小学校长应有不低于中师毕业的文化程度，初级中学校长应有不低于大专毕业的文化程度，完全中学、高级中学校长应有不低于大学本科毕业的文化程度；中小学校长应分别具有中学一级、小学高级以上的教师职务；都应有从事相当年限教育教学工作的经历；都应接受岗位培训，并获得'岗位培训合格证书'。"1997年国家教委印发了《实行全国中小学校长持证上岗制度的规定》，进一步明确和规范了校长持证上岗制度，要求当年12月31日开始持证上岗。

3.校长培训制度。从1989年起，国家教育行政部门下发了一系列关于校长培训工作的文件，主要有《关于加强全国中小学校长培训工作的意见》（1989年）、《关于开展中小学校长岗位培训的若干意见》（1990年）、《关于加强全国中小学校长队伍建设的意见（试行）》（1992年）、《全国中小学校长岗位培训评估工作指导意见》（1994年）、《中小学校长培训规定》（1999年）、《关于进一步加强和改进中小学校长培训工作的意见》（2002年），等等。

除上述制度外，相关文件也对校长任免、考核、奖惩、待遇等作了一些规定，但比较简单，只是制度建设的雏形，尚未形成成熟的制度。

（三）校长专业化发展制度建设存在的问题与思考

从国家层面上看，目前较为成熟的校长专业化发展制度主要有校长职责制度（校长负责制）、校长任职资格制度和校长培训制度，这些制度为我国中小学校长整体素质的提高、为中小学校长专业化水平的提高发挥了重要作用。同时，也应该冷静地看到，我国的校长专业化发展制度建设还存在许多不足，主要表现在：

1.校长专业化发展制度有待健全。校长负责制需要建立相关制度与之配套。已经形成的几种制度只是整体的校长专业化发展制度的几个方面，不能形成完整、配套、均衡的校长专业化发展制度。不少重要的校长专业化发展制度如选任制度、考核评价制度、监督制度、薪酬制度、奖惩制度等，尚处于缺失状态。这些制度的缺失不仅会影响校长任用、考核、薪酬、奖惩等方面，而且还会影响已有的校长专业化发展制度的健全和完善。例如，校长负责制在实施过程中出现的许多问题，如校长无能、保守、专制甚至腐败等，与任用、考核、监督、奖惩等方面的制度缺失有很大关系。可见，我国以往在校长管理制度建设方面缺乏系统思考，理性化程度不高，没有以先进的理论作指导，没有形成一个良好、完整、均衡的制度框架。这种局面是不利于校长专业化发展的。

2.已有的校长专业化发展制度亟须改进和完善。如1991年颁布的《全国中小学校长任职条件和岗位要求（试行）》所规定的中小学校长任职的最低资格要求，到现在二十几年过去了，该文件规定的中小学校长任职条件和岗位要求明显偏低，已经不能适应教育发展和校长专业化对中小学校长的要求，需要进行修订。另外，已经形成的几个校长管理制度也需完善。而校长培训制度，在培训结构布局、培训基地建设、培训经费投入、师资队伍建设、课程教材管理、培训质量评估等方面也存在很多需要解决的问题。

3.迫切需要建立一套专门的校长人事制度。期望以科学、先进的人力资源管理理论为指导，根据人力资源管理流程的要求，建立一个良好、完整、均衡的校长管理制度框架，为校长专业化发展制度的全面完善奠定坚实基础。已有的校长管理制度之间缺乏内在联系，前后制度之间彼此不协调，也不具有相互制约作用。对于学校层面人力资源的利用，校长的作用至关重要。考虑到校长的特殊地位和作用，国家或地方应该建立一套专门的校长人事制度，而不是一味地按照教师人事制度来选拔、使用和管理校长。这将有利于促使校长形成自己的专业角色意识，激发校长的职业热情和责任感，激励他们不断提高自己的专业能力和水平。

三、国际视野下的校长专业化发展制度建设

(一)校长职业资格制度

职业资格制度是国家对各行各业从业人员规定的职业准入标准。它是在职业的专业化过程中出现的,要求从业人员经过严格系统的教育和培训获得能胜任工作的特殊知识和技能、获取职业资格证书以获得从业资格的一种职业管理制度。

美国的中小学校长是需要经过认证并取得资格证书而获取职业准入的。在美国,由10个专业组织组成的国家教育管理政策委员会(National Policy Board for Educational Administration,NPBEA)制定了中小学校长职业资格标准,要求拟任校长必须经过职业认证并获得职业资格证书,这是保证校长质量的主要机制。

而在英国,校长经过认证并获得资格证书,是为了以资格认证为标准促进拟任校长的专业发展。英国国家校长专业认证机构制定了校长专业资格认证制度(National Professional Qualification for Headship,NPQH),主要从决策、教学、组织、政治和验证五个方面对校长资格进行认证。香港教育局于2002年2月制定了"校长持续专业发展规划",其中规定香港2002年对拟任校长实行校长资格认证制度,即有志成为校长的人需通过三项严格的程序的考核才可获得资格证书。

建立职业资格制度是职业专业化的必然结果,也是社会分工和管理进步的表现,它直接影响职业和行业质量及随之而来的社会声誉和地位。校长资格制度是校长职业专业化发展的基本特征,是国家对专门从事学校教育教学管理的校长的基本要求,是有志成为校长的人士获得校长工作岗位的法定前提条件。资格认证不仅要考核校长人选的学历水平,还要考核校长的思想政治表现、职业道德水平、领导管理能力、教育教学能力、身体条件和个性特征等。建立校长职业资格认证制度是校长专业化发展过程中提高校长社会地

位的一种专业行为规范。目前,我国大陆地区对校长职业准入的要求只是"持证上岗",这个证是"岗位培训合格证书",而非"职业资格证书"。因此,建立适合我国中小学校长专业化发展的职业准入制度,严格控制职业证书的标准和资格的认证程序,是校长专业化发展的必然要求。

(二)校长培训制度

在专业人员的职业生涯中,他们要不断地建立并完善自己的知识结构,其中持续不断的专业教育是促进他们形成系统而完整的专业知识体系的重要途径,这有一个过程,包括专业的入职培训和在职培训。

1. 入职培训。入职培训是使拟从业者全面了解职业领域内容,掌握从业知识和技能,建立正确的职业观念。美国佛罗里达国际大学工商管理学院加里·德斯勒教授认为,"培训就是给新雇员或现有雇员传授其完成本职工作所必需的基本技能的过程"。[①] 它包括解决问题的技能、沟通的技能以及团队建设的技能,在培训中往往要加入强化雇员的献身精神的培训内容。

我国中小学校长入职培训制度的建立可以从《关于加强全国中小学校长队伍建设的意见(试行)》(1992年)、《国务院关于〈中国教育改革和发展纲要〉的实施意见》(1994年)和《实行全国中小学校长持证上岗制度的规定》(1997年)等之中看出端倪。

对于中小学校长,职前培训是指按照中小学校长岗位规范要求,对拟任校长进行以掌握履行岗位职责必备的知识和技能为主要内容的培训,旨在提高其对校长职业的全面认识、对校长角色的全面把握、对校长权利与义务的全面了解,以及对校长素质和能力要求全面认识。

1994年,美国国家校长协会邀请几所知名大学共同确定了"国家校长协会校长领导和管理合作项目"。该项目以教师培训机构制定的校长职业的国家标准为依据,以提高拟入职校长、新入职校长和在职校长的领导和管理能力为目的,开发了一系列职前和职后培训课程。1999年,我国香港成立了校

---

① 杨河清:《人力资源管理(第二版)》,大连:东北财经大学出版社,2010。

长专业化发展小组,并分别为拟任校长、新入职校长和在职校长拟订了专业化发展活动的内容。其中,对拟任校长的职前培训主要内容包括:香港校长专业化发展评估;入职课程;学校领袖发展课程延伸课程。同时,拟任校长的职前培训也是其获取校长资格认证的重要条件。

入职培训能帮助校长更好地完成从教师或中层管理人员到校长的角色转变,在校长专业化发展过程中具有重要的促进作用。

2. 在职培训。在职培训是促进校长专业化发展并贯穿整个校长专业化发展过程的最重要的外部因素,目前主要采取继续教育形式,包括目前通行的校长提高培训和校长研修培训,每5年接受360学时培训,分段实施。

(三)校长晋升激励制度

长期以来,我国实行的是校长职务与行政级别挂钩的制度,即中小学校长的职务级别与学校的行政级别挂钩,套用机关行政级别,校长享受相应的干部级别待遇。这种管理制度随着教育改革及人事制度改革的推进,越来越不适用于校长队伍建设,不利于校长作为专业的学校管理者的职业发展。上海与北京的中小学进行了中小学校长职级制的试点工作,将校长职级与办学实绩挂钩,进一步调动了校长办学的积极性,促进了校长素质的全面提高和校长队伍的科学、规范化发展。

根据加里·德斯勒教授的激励理论,对于管理人员,应实行短期激励与长期激励相结合的激励计划,而为了使管理人员更注重组织的未来发展和长远利益,应更偏重于长期激励;对于专业人员,在保证金钱激励的基础上,更应关注以满足他们的成就感、归属感、荣誉感和自我实现的需要而建立的激励机制。

作为从事学校教育管理工作的专业人员,对校长实施的激励措施应既注重保障他们的经济收入又注重从情感和精神上给予激励。中小学校长是管理者,即是对学校进行管理的专业人员,对校长的激励要充分考虑其作为专业管理人员的特殊角色。因为我国实行校长负责制,加之我国学校管理体制不具备学校股份,所以,校长职级工资是目前较为科学、合理的薪酬形式。对于中小学校长,为他们创造能发挥他们的专业才干、在办学领域内取得成就的各种条件,并对他们的成就给予及时的奖励;同时,以校长负责制为基础,在政府、教育行政机关和学校党组织、教职工的民主监督下,给校长更大的办学自主权,让校长在一定范围内独立、自主地决定学校事务也是对校长的激励;由教育行政机关、校长专业组织为校长提供思想交流、探讨专业问题的机会,并帮助校长解决问题、克服困难,使校长在专业组织和上级领导部门的关心下有归属感,增强他们勇于开拓、创新的信心和勇气,也是一种激励方式;及时、公正地对校长工作进行评价,在指出不足的同时对校长的业绩给予肯定和奖励,满足校长自我实现的需要,则是一种较高层次的激励方式。

附　录

义务教育学校校长专业标准[①]

为促进义务教育学校校长专业发展，建设高素质义务教育学校校长队伍，深入推进义务教育均衡发展，根据教育法和义务教育法，特制定本标准。

校长是履行学校领导与管理工作职责的专业人员。本标准是对义务教育学校合格校长专业素质的基本要求，是制定义务教育学校校长任职资格标准、培训课程标准、考核评价标准的重要依据。

一、基本理念

（一）以德为先

坚持社会主义办学方向，贯彻党和国家的教育方针政策，将社会主义核心价值体系融入学校教育全过程，依法履行法律赋予的权利和义务；热爱教育事业和学校管理工作，具有服务国家、服务人民的社会责任感和使命感；履行职业道德规范，立德树人，为人师表，公正廉洁，关爱师生，尊重师生人格。

（二）育人为本

坚持育人为本的办学宗旨，把促进每个学生健康成长作为学校一切工作

[①] 教育部《义务教育学校校长专业标准》，2013年。

二、基本内容

专业职责		专业要求
一 规划学校发展	专业理解与认识	1.明确学校办学定位,履行实施义务教育的工作使命,保障适龄儿童、少年平等接受有质量的义务教育,着力保障农民工子女、残疾儿童少年、家庭经济困难学生的受教育权利。 2.注重学校发展的战略规划,凝聚师生智慧,建立学校发展共同目标,形成学校发展合力。 3.尊重学校传统和学校实际,提炼学校办学理念,办出学校特色。
	专业知识与方法	4.熟悉国家的法律法规、教育方针政策和学校管理的规章制度。 5.把握国内外学校改革和发展的基本趋势,学习借鉴优秀校长办学的成功经验。 6.掌握学校发展规划制定、实施与测评的理论、方法与技术。
	专业能力与行为	7.诊断学校发展现状,及时发现和研究分析学校发展面临的主要问题。 8.组织社区、家长、教师、学生多方参与制订学校发展规划,确立学校中长期发展目标。 9.落实学校发展规划,制订学年、学期工作计划,指导教职工制定具体行动方案,并提供人、财、物等条件支持。 10.监测学校发展规划的实施,根据实施情况修正学校发展规划,调整工作计划,完善行动方案。
二 营造育人文化	专业理解与认识	11.把德育工作摆在素质教育的首要位置,全面加强学校德育体系建设。 12.将学校文化建设作为学校德育工作的重要方面,重视学校文化潜移默化的教育功能,把文化育人作为办学治校的重要内容与途径。 13.热爱祖国优秀传统文化,充分发挥优秀传统文化的时代意义与教育价值,重视地域文化的重要作用。
	专业知识与方法	14.广泛涉猎自然科学与人文社会科学知识,具有良好的艺术修养和相应的艺术欣赏与表现的知识。 15.了解校园文化建设的基本理论,掌握促进优秀文化融入学校教育的方法和途径。 16.掌握不同年龄阶段学生思想品德形成和健康心理发展的特点与规律,了解学生思想与品行养成过程及其教育方法。
	专业能力与行为	17.绿化、美化校园环境,精心营造人文氛围,建设优良的校风、教风、学风,设计体现学校特点和教育理念的校训、校歌、校徽、校标。 18.精心设计和组织艺术节、科技节等校园文化活动,充分利用好重大节庆日、传统节日等有特殊意义的日子以及学校组织特有的仪式,开展主题教育活动。 19.建设绿色健康的校园信息网络,向师生推荐优秀的精神文化作品和先进模范人物,努力防范不良的流行文化、网络文化和学校周边环境对学生的负面影响。 20.凝聚学校文化建设力量,发挥教师、学生及社团的主体作用,为共青团、少先队、学生社团、班集体活动开展提供必要条件,保证活动时间。

续表

专业职责		专业要求
三、领导课程教学	专业理解与认识	21. 坚持面向全体学生,因材施教,全面提高教育教学质量。 22. 尊重教育教学规律,注重培养学生的责任意识、创新精神和实践能力。 23. 尊重教师的教学经验和智慧,积极推进教学改革与创新。
	专业知识与方法	24. 掌握学生不同发展阶段的培养目标和课程标准。 25. 了解课程编制、课程开发与实施、课程评价的相关知识和教材、教辅使用的政策以及国内外课程教学改革的经验。 26. 掌握课堂教学以及教育信息技术应用的一般原理与方法。
	专业能力与行为	27. 有效统筹国家、地方、学校三级课程,确保国家课程、地方课程的落实,推动校本课程的开发与实施,为学生提供丰富多样的课程教学资源。 28. 认真落实义务教育课程标准,切实减轻学生过重课业负担,不得随意提高课程难度,不得挤占体育、音乐、美术及少先队活动等课程的课时,确保学生每天一小时校园体育活动。 29. 建立听课与评课制度,深入课堂听课并对课堂教学进行指导,每学期听课不少于地方教育行政部门规定的课时数量。 30. 积极组织开展教研活动和教学改革,建立完善促进学生全面发展的教育教学评价制度,不片面追求学生考试成绩和升学率。
四、引领教师成长	专业理解与认识	31. 教师是学校改革发展最宝贵的人力资源,尊重、信任、团结和赏识每一位教师。 32. 校长是教师专业发展的第一责任人,将学校作为教师实现专业发展的主阵地。 33. 尊重教师专业发展的规律,激发教师发展的内在动力。
	专业知识与方法	34. 把握教师职业素养要求,明确教师的权利与义务。 35. 掌握教师专业发展的理论以及指导教师开展教育教学实践与研究的方法。 36. 掌握学习型组织建设的方法以及激励教师主动发展的策略。
	专业能力与行为	37. 建立健全教师专业发展的制度,推行校本教研,完善教研训一体的机制,落实每位教师五年一周期不少于360学时的培训要求。 38. 关注每一位教师的发展,指导教师根据自身发展特点制定专业发展计划,加强青年教师培养,支持教师轮岗交流,推进信息技术在教师专业发展中的应用。 39. 扎实开展师德师风教育,落实教师职业道德规范要求,严禁教师体罚或变相体罚学生,严禁教师从事有偿补课。 40. 维护和保障教师合法权益和待遇,关爱教师身心健康,建立优教优酬的激励制度。

续表

专业职责		专业要求
五、优化内部管理	专业理解与认识	41. 坚持依法治校，自觉接受师生员工和社会的监督。 42. 崇尚以德立校，处事公正、严惩律己、廉洁奉献。 43. 倡导民主管理和科学管理，坚持教书育人、管理育人、服务育人。
	专业知识与方法	44. 把握国家相关政策对校长的职责定位和工作要求。 45. 掌握学校管理的基本理论与方法，了解国内外学校管理的变化趋势。 46. 熟悉学校人事财务、资产后勤、校园网络、安全保卫与卫生健康等管理实务。
	专业能力与行为	47. 形成学校领导班子的凝聚力，认真听取党组织对学校重大决策的意见，充分发挥党组织的政治核心作用。 48. 尊重和支持教职工代表大会参与学校管理的民主权利，定期向教职工代表大会报告工作，实行校务会议等管理制度。 49. 建立健全学校人事、财务、资产管理等规章制度，提高学校管理规范化水平，不得违反国家规定收取费用，不得向学生推销或者变相推销商品、服务等方式谋取利益。 50. 努力打造平安校园，建立和完善学校各种应急管理机制，定期实施安全演练，正确应对和妥善处置学校突发事件。
六、调适外部环境	专业理解与认识	51. 坚持把服务社会（社区）作为学校的重要功能，勇于承担社会责任。 52. 坚持把合作共赢作为学校对外关系准则，积极开展校内外合作与交流。 53. 坚信学校与家庭、社会（社区）的良性互动是办学水平的重要体现。
	专业知识与方法	54. 掌握学校公共关系及家校合作的理论与方法。 55. 了解所在社区、学生家庭的基本情况，积极获取与学生成长、学校发展相关的信息。 56. 熟悉各级各类社会公共服务机构的教育功能。
	专业能力与行为	57. 优化外部育人环境，努力争取社会（社区）的教育资源对学校教育的支持。 58. 充分发挥家长委员会支持学校工作的积极作用，引导社区和有关专业人士参与学校管理和监督，接受改进学校工作的合理建议。 59. 建立健全家校合作育人机制，建立教师家访制度，通过家长学校、家长会、家长开放日等形式，指导和帮助家长了解学校工作情况和学生身心发展特点，掌握科学育人方法。 60. 积极发挥学校在社区建设中的作用，鼓励并组织学校师生参与服务社会（社区）的有益活动。

三、实施要求

（一）本标准适用于国家和社会力量举办的全日制义务教育学校的正、副校长。幼儿园园长、普通高中、中等职业学校校长专业标准另行制定。鉴于全国不同地区的差异，各省、自治区、直辖市教育行政部门可以依据本标准制定符合本地区实情的实施意见。本标准可在执行的过程中逐步完善。

（二）各级教育行政部门要将本标准作为义务教育学校校长队伍建设和校长管理的重要依据。根据教育改革发展的需要，充分发挥本标准引领和导向作用，制定义务教育学校校长队伍建设规划，严格义务教育学校校长任职资格标准，完善义务教育学校校长选拔任用制度，推行校长职级制，建立义务教育学校校长培养培训质量保障体系，形成科学有效的义务教育学校校长队伍建设与管理机制，为实现义务教育均衡发展提供制度保障。

（三）有关高等学校和校长培养培训机构要将本标准作为义务教育学校校长培养培训的主要依据。重视义务教育学校校长职业特点，加强相关学科和专业建设。根据义务教育学校校长发展阶段的不同需求，完善培养培训方案，科学设置校长培养培训课程，改革教育教学方式。注重校长职业理想与职业道德教育，增强校长教书育人、管理育人的责任感和使命感。加强校长培养培训的师资队伍建设，开展校长专业成长的科学研究，促进校长专业发展。

（四）义务教育学校校长要将本标准作为自身专业发展的基本准则。制定自我专业发展规划，爱岗敬业，增强专业发展自觉性；大胆开展学校管理实践，不断创新；积极进行自我评价，主动参加校长培训和自主研修，不断提升专业发展水平，努力成为教育教学和学校管理专家。

普通高中校长专业标准[①]

为促进普通高中校长专业发展,建设高素质普通高中校长队伍,落实立德树人根本任务,推动普通高中多样化发展,根据教育法等有关法律法规,特制定本标准。

校长是履行学校领导与管理工作职责的专业人员。本标准是对普通高中合格校长专业素质的基本要求,是制订普通高中校长任职资格标准、培训课程标准、考核评价标准等的重要依据。

一、办学理念

(一)以德为先

坚持社会主义办学方向和党对教育工作的领导,贯彻党和国家的教育方针政策。积极培育和践行社会主义核心价值观,将社会主义核心价值体系融入学校教育全过程,依法履行法律赋予的权利和义务;热爱教育事业和学校管理工作,具有服务国家、服务人民的社会责任感和使命感;履行职业道德规范,为人师表,公正廉洁,勤勉敬业,关爱师生,尊重师生人格。

(二)育人为本

坚持育人为本的办学宗旨,充分认识立德树人是培养社会主义建设者和接班人的本质要求。把促进每个学生健康成长作为学校一切工作的出发点和落脚点,为学生发展提供多样化的选择,积极探索培养创新人才的途径;遵循教育规律,注重内涵发展,始终把全面提高学生综合素质放在重要位置;树立正确的人才观和科学的质量观,全面实施素质教育,不断深化课程改革,为

[①] 教育部《普通高中校长专业标准》,2015年1月10日。

每个学生提供适合的教育,促进学生全面而有个性的发展。

(三)引领发展

校长作为学校改革发展的带头人,担负着引领学校和师生发展的重任;树立正确的学校发展观,将发展作为学校工作的第一要务,秉承先进教育理念和管理理念,建立健全现代学校制度,完善学校管理机制,依法治校,实施科学管理、民主管理,推动学校可持续、有特色地发展。

(四)能力为重

将教育管理理论与学校管理实践相结合,重在实践,勇于创新;不断提高规划学校发展、营造育人文化、领导课程教学、引领教师成长、优化内部管理和调适外部环境等方面的能力;坚持实践、反思、再实践、再反思,强化专业能力提升。

(五)终身学习

牢固树立终身学习的观念,将学习作为校长专业发展和改进工作的重要途径;优化知识结构,提高自身科学文化素养,增强法治观念;与时俱进,及时了解国内外教育改革与发展的趋势;注重学习型组织建设,将学校建成师生共同学习的精神家园。

二、专业要求

专业职责		专业要求
一 规划学校发展	专业理解与认识	1.正确理解普通高中教育的责任与使命,明确学校的办学定位。注重培养学生自主学习、自强自立和适应社会的能力,全面提高普通高中学生综合素质。 2.注重学校发展的战略规划,在充分参与中凝聚师生智慧,建立共同发展愿景,明确学校发展目标,形成学校发展合力。 3.尊重办学传统与学校实际,注重学校特色建设,坚持多样化的成才观,重视人才培养模式创新。

续表

专业职责		专业要求
一、规划学校发展	专业知识与方法	4.熟悉与教育相关的法律法规、教育方针政策和学校管理的规章制度,深入领会有关普通高中的政策法规。 5.掌握普通高中教育的基本特点,了解国内外教育改革和发展的基本趋势,学习借鉴先进的办学经验。 6.熟悉学校战略管理,掌握学校发展规划制定、实施与评价的理论、方法与技术。
	专业能力与行为	7.系统分析学校发展状况,传承学校优秀文化,发现面临的主要问题,形成学校发展思路。 8.按照规定程序领导制定学校发展规划,组织教师、学生、家长、社区多方参与共同确定学校的中长期发展目标。 9.选择确定学校发展的关键措施,分解落实到学年、学期工作计划,指导师生员工制定具体行动方案,提供人、财、物等条件支持并组织实施。 10.监测学校发展规划实施过程与成效,根据实施情况进行修正,调整工作计划,完善行动方案。
二、营造育人文化	专业理解与认识	11.将立德树人作为普通高中教育的根本任务,把德育工作摆在素质教育的首要位置,全面加强学校德育体系建设。 12.重视学校文化潜移默化的教育功能,将学校文化建设作为学校德育工作的重要方面,把文化育人作为办学治校的重要内容与途径。 13.积极培育和践行社会主义核心价值观,热爱与传承中华优秀传统文化,充分发挥中华优秀传统文化的时代意义和教育价值,重视地域优秀文化的重要作用。
	专业知识与方法	14.广泛涉猎自然科学与人文社会科学知识,掌握必要的艺术基础知识,具有良好的艺术修养和艺术欣赏能力。 15.把握学校文化建设的内涵,掌握高中学校文化建设的任务、途径与方法。 16.熟悉普通高中学生身心发展特点和思想品德形成规律,掌握提高德育实效的理论和方法。
	专业能力与行为	17.营造体现办学理念和学校特色的校园自然环境和人文环境,以校训、校歌、校徽、校标等为重要载体,树立优良的校风、教风、学风。 18.精心设计和组织开展丰富多彩、积极向上的艺术、体育、科技等校园文化和社会实践活动,开展公民意识、礼仪规范、中华优秀传统文化等主题教育活动,形成爱学习、爱劳动、爱祖国活动的有效形式和长效机制。 19.建设绿色健康的校园信息网络,向师生推荐优秀的精神文化作品和先进模范人物,努力防范不良的流行文化、网络文化和学校周边环境对学生的负面影响。 20.凝聚学校文化建设力量,发挥教师、学生及社团的主体作用,鼓励社会(社区)和家庭参与学校文化建设,为共青团、学生会、学生社团、班集体活动开展提供必要条件,保证活动时间。

续表

专业职责		专业要求
三 领导课程教学	专业理解与认识	21. 充分认识课程教学是提高学校教育质量的关键环节。发挥各学科育人作用，促进全体学生的全面发展，重视学生社会责任感、创新精神和实践能力的培养，提高学生的综合素质。 22. 重视课程的多样性和选择性，增强学生学习的自主性，丰富学生的学习经验，注重学思结合、知行统一、因材施教，促进学生个性健康发展。 23. 尊重教师的教学经验和智慧，重视课程教学研究，积极推进教学改革与创新。
	专业知识与方法	24. 熟悉中小学课程政策，了解国内外高中课程教学改革的经验和发展动态。 25. 熟知学生成长和发展规律，掌握课程教学基本理论知识和课程规划、开发、实施与评价相关技能。 26. 掌握信息技术在教育领域应用的一般原理与方法。
	专业能力与行为	27. 落实国家课程方案和标准，统筹国家、地方、学校三级课程，创建具有本校特色的学校课程体系，开设多种形态、适应学生发展需要的选修课，为学生提供丰富多样的学习资源。 28. 开齐、开足国家规定的各类必修和相关选修课程，确保体育、艺术、技术、综合实践活动等课程的实施，加强法治教育，关注学生心理健康和青春期教育，合理安排作业，不得违规补课和增加课时，切实减轻学生过重的课业负担。建立健全学生体质健康监测机制，确保学生每天一小时校园体育活动。 29. 建立健全课程教学管理制度和教学质量测评、分析与改进机制，定期深入课堂听课，并对课堂教学进行指导，每学期听评课不少于地方教育行政部门规定的课时数量。 30. 组织开展教学研究与课程改革，落实高中学生综合素质评价制度，加强对学生职业生涯规划的指导，拓宽学生的成才渠道。
四 引领教师成长	专业理解与认识	31. 将教师作为学校改革发展最宝贵的人力资源，尊重、信任、团结和赏识每一位教师。 32. 校长是教师专业发展的引领者和第一责任人，将学校作为教师实现专业发展的精神家园。 33. 尊重教师职业特点和专业发展规律，注重激发教师发展的内在动力。
	专业知识与方法	34. 掌握教师专业素养要求，明确教师权利与义务。 35. 掌握教师专业发展的理论与方法、指导教师开展教育教学实践与研究的策略与方法。 36. 掌握学习型组织建设的方法，掌握教师团队建设以及激励教师自主发展的策略与方法。

续表

专业职责		专业要求
四 引 领 教 师 成 长	专业能力与行为	37.建立健全教师专业发展制度,针对教学实际问题,开展教学研究与培训,构建教研训一体的机制,落实每位教师五年一周期不少于360学时的培训要求。 38.关心每一位教师的发展,指导教师制定个人专业发展计划。加强青年教师培养,培育学科骨干,完善教师梯队建设。 39.开展师德师风教育,落实教师职业道德规范要求和违反职业道德行为处理办法,引导支持教师坚定理想信念、提高道德情操、掌握扎实学识、秉持仁爱之心,不断提升教师的精神境界。 40.关爱教师身心健康,维护和保障教师合法权益和待遇,建立优教优酬的激励机制。
五 优 化 内 部 管 理	专业理解与认识	41.坚持依法治校,自觉接受师生员工和社会的依法监督。 42.崇尚以德立身,廉洁奉公、为人表率、处事公正。 43.实行科学管理和民主管理,坚持教书育人、管理育人、服务育人。
	专业知识与方法	44.熟悉国家相关政策及其对校长的职责定位和工作要求。 45.把握高中学校管理的基本规律,掌握学校管理的基本理论与方法,了解国内外学校管理的先进经验与发展趋势。 46.熟悉学校人事财务、资产后勤、校园网络、安全保卫与卫生健康等管理实务。
	专业能力与行为	47.形成学校领导班子的凝聚力,认真听取党组织对学校重大决策的意见,充分发挥党组织的政治核心作用,加强学校管理队伍建设。 48.尊重和支持教职工代表大会参与学校管理的民主权利,定期向教职工代表大会报告工作,实行校务会议、校务公开等管理制度。鼓励师生员工参与学校管理。 49.健全学校人事、财务、资产管理等管理制度,将信息化手段引入学校管理,提高学校管理的专业化水平。不得违反国家规定收取费用,不得以向学生推销或者变相推销商品、服务等方式谋取利益。 50.努力建设平安校园,建立和完善学校各种应急管理机制,定期实施安全演练,排查安全隐患,正确应对和妥善处置学校突发事件。
六 调 适 外 部 环 境	专业理解与认识	51.坚信营造学校与家庭、社会(社区)支持性的发展环境是学校发展的基础与重要保障。 52.重视学校与家庭、社会(社区)的沟通,把与社区的良性互动作为办学水平的重要体现,将服务社会(社区)作为学校的重要功能。 53.坚持学校、家庭、社会(社区)合作共赢的原则,增强学校对外交流的主动性和创新性。

（四）普通高中校长要将本标准作为自身专业发展的基本准则。制订自我专业发展规划，爱岗敬业，增强专业发展自觉性；大胆开展学校管理实践，不断创新；积极进行自我评价，主动参加校长培训和自主研修，不断提升专业发展水平，努力成为教育教学和学校管理专家。

中部地区中小学校长培训需求分析调研报告[①]

第一部分 研究问题的提出

中小学校长在社会主义教育事业的改革和发展中担负着重要责任。建设一支政治坚定、德才兼备、相对稳定的中小学校长队伍,不断提高这支队伍的政治、业务素质和学校管理能力,是关系我国中小学校坚持社会主义办学方向,全面贯彻党和国家的教育方针,培养千百万合格的社会主义事业的建设者和接班人的战略任务。

中小学校长培训是中小学校长队伍建设中极为重要的组成部分。我国的中小学校长培训是根据社会主义现代化建设和教育事业改革与发展的需要,由有关组织机构开展的提高中小学校长的思想品德素质和管理业务素质,使其获取新观念、新知识,掌握新本领、新方法的学习和训练活动。校长培训是一种人力资源开发活动,也是一种人力资本的投入活动,是延长校长专业生命力的教育,对于促进校长专业发展、提高校长工作绩效、促进组织变革具有重要的意义。

早在1989年,国家教育委员会便在全国启动"百万校长培训工程"。随后制定了一系列的校长培训政策,1998年,在教育部的《面向21世纪教育振兴行动计划》中,明确规定:"3年内,以不同方式对现有中小学校长和专任教师进行全员培训和继续教育,巩固和完善中小学校长岗位培训和持证上岗制

[①] 本调研报告系全国中小学校长培训研究会研究课题的阶段性成果。调研报告执笔人为钱立青、唐洁,本书选入略有删节。

度。"之后,教育部颁布了《中小学校长培训规定》,将中小学校长培训工作纳入法制化轨道。2001年,教育部《全国教育事业第十个五年计划》中提出:"要努力造就适应素质教育的学校领导及管理队伍,积极试行教育职员制度,继续完善中小学校长的任职资格制度和持证上岗制度。"

与此相对应的是,全国各级教育行政部门对校长培训给予了大力的支持,逐步使校长培训走向制度化。初步形成了任职资格培训、提高培训、高级研修等多层次、多类别的培训网络和培训模式。

然而,我国多年来形成并正在运行的中小学校长培训模式并不是一种十分成功的模式,"它是在特定历史条件下采取的一种特殊的培训措施和手段","培训教学过程中的方式、方法,不少是违背干部教育、成人教育的规律和特点的"。[①] 校长培训从产出和投入之比来看,存在着一定的低效问题,无法显现培训理想设计的整合功能和效益。近年来,特别是在对校长培训产生重要影响的组织、机构、政策、制度、管理等体系逐渐健全后,建立科学的培训指导思想、提高培训质量便是当前校长培训工作的重中之重了。2001年,教育部在《全国教育干部培训"十五"规划》中,明确规定了要理论联系实际,要按需施教、注重实效,要坚持培训和使用结合,要改革干部培训模式、内容、方法,加强培训的针对性和实效性。随着科学教育发展观的逐步确立,中小学校长培训更加强调全面、协调和可持续发展,培训工作正走上质量内涵发展的道路。校长培训质量实现了从强调事后判断的质量控制向注重事前诊断转化,加强了决策的科学性和客观性,突出了对培训实际需求的分析和研究。

培训目标的确定取决于培训需求。培训工作必须考虑教育实际,并针对培训需求的发展情况,对中小学教育管理发展方向进行前瞻性地预测,形成科学的培训指导思想和培训目标,使中小学校长的学识、能力均衡发展,研究、创新同步进行。

---

① 王铁军:《现代校长培训:理念·操作·经验》,南京师范大学出版社,1999年。

第二部分　校长培训需求分析

一、校长培训需求分析的意义

鉴于培训的针对性和实效性要求,首先要对不同地区、不同层次的校长培训需求作出分析,这是提高培训绩效的前提。

培训需求分析是现代人力资源开发与管理的重要内容。培训需求分析是培训过程的起始环节,即通过收集、分析相关信息以判断培训投资方和受训者的具体情况及对培训的需求,并将其作为决定培训的内容、形式、方法等的依据。[①]现代人力资源理论认为,通过分析组织及人员的培训需求,可以达到以下目的:

1. 确认差异。培训需求分析的基本目的就是确认差异,即确认绩效的应有状况同现有状况之间的差异,也就是实际的绩效与理想的、标准的或预期的绩效间的差距。确认绩效差异有助于找出影响绩效问题的真正原因,有助于找出解决绩效问题的有效方法。

2. 改变分析。需求分析的一个副产品就是改变分析。当组织发生变革时(不管这种变革是涉及技术、程序、人员,还是涉及产品或服务的提供问题),组织都有一种特殊的、直接的需求,这就迫使培训部门在制定合适的培训规划前迅速地把握住这种变革与需求,对培训进行多角度的分析,以适应组织变革。

3. 提供可供选择的问题解决方法。进行培训需求分析的一个重要原因,还在于它能为问题的解决提供一些可供选择的方法。

4. 决定培训的价值和成本。好的培训需求分析还可使管理人员把成本因素纳入培训需求分析中去,即考虑"不进行培训的损失与进行培训的成本之差是多少",以此决定培训是否是必需、可行的。

---

① 李轶:《校长培训需求分析》,《中国教育管理评论》(第 1 卷),教育科学出版社,2003。

5. 形成一个研究体系。一个好的需求分析能够确定培训的需要、确定培训的内容、指出有效培训的战略等。同时,在培训之前,通过研究这些资料,还能够建立起一个标准,并依此标准评估培训项目及培训结果的有效性。

6. 能够获得内部与外部的支持。一般来说,工作人员通常会支持建立在坚实的需求分析基础之上的培训规划,特别是在他们参与了培训需求分析过程的情况下。让工作人员参与培训需求的分析和培训规划的制定,就为培训活动获得各方面的支持提供了条件。

对于校长培训需求分析的意义,国内已有学者作出明确的论述,如王铁军教授在《迎接挑战 构建现代校长培训创新体系》中指出:系统的调查分析校长培训需求"是构建我国现代校长培训体系的基础性、前提性的工作"。

根据现代人力资源理论,课题组认为,校长培训需求分析应该达到以下目标:确定需要培训的人员;制定培训的目标和规划;保证培训内容的针对性和实效性;选择高效的培训形式。

二、培训需求分析的方法

培训需求分析是确定培训目标、制定培训规划的前提,也是进行培训评估的基础,所以它是搞好培训工作的关键。进行培训的需求分析,一般来说应从以下几个方面入手:

1. 组织分析。培训需求的组织分析主要是通过对组织的目标、资源、特质、环境等因素的分析,准确地找出组织存在的问题与问题产生的根源,以确定培训是否能解决这类问题的最有效的方法。培训需求的组织分析包括组织目标的检查、组织资源的评估、组织特质的分析以及环境的影响等方面。目的是在收集与分析组织绩效和组织特质的基础上,确认绩效问题及其原因,寻找解决的办法,为培训部门提供参考。

2. 工作分析。工作分析的目的在于了解与绩效问题有关的工作的详细内容、标准和完成工作所应具备的知识、技能。工作分析的结果也是设计和编制相关培训课程的重要依据。工作分析需要富有工作经验的人员积极参与,以提供完整的工作信息与资料。

3. 工作者分析。工作者分析主要是通过分析工作人员个体现有状况与应有状况之间的差距,来确定谁需要和应该接受培训以及培训的内容。工作者分析的重点是评价工作人员实际工作绩效及工作能力。其中包括下列内容:个人考核绩效;员工的自我评价记录;知识技能测验;员工态度评价。

4. 培训需求的战略分析。培训需求的战略分析主要包括以下几个方面:组织优先权的改变、人事预测和组织态度调查。

三、关于中小学校长培训需求的研究

目前,我国关于培训需求的分析的研究和实践还处于摸索阶段,绝大部分是对以往经验的反思和对国外培训理论的借鉴,且大多集中在企业管理与人力资源培训过程方面,对校长培训需求的分析研究比较薄弱。从现有的文献资料看,王铁军教授是较早对校长培训需求分析进行理论研究的,他明确提出:"校长培训需求的核心是通过对学校组织及其领导成员的现有状况与应有状况之间的差距的分析来确定培训方案和培训内容,也就是进行绩效差距的分析。主要有三个环节:一是对现代校长所需要的知识、技能、能力、素质进行分析,即现代校长所具备的理想的知识、技能、能力、素质的标准或模型是什么?二是对校长管理实践中所缺少的知识、技能、能力、素质进行分析。三是对校长理想的或所需要的知识、技能、能力、素质与现有的知识、技能、能力、素质之间的差距进行分析。""校长培训需求分析可以在三个层面上展开:一是校长个体层面的分析,确定其接受哪种层次、哪种类型的培训及其培训内容。二是学校组织层面的分析,通过对学校组织的目标、资源、环境、气候等因素进行分析,找出组织存在的问题。三是战略层面的分析,即宏观层面的分析,也就是进行培训需求的未来预测分析,着眼于未来校长发展需求提出战略性、前瞻性的培训课程设计方案。"[①]

2001年,褚宏启主持联合国儿童基金会与教育部人事司的合作项目"校

---

① 王铁军:《现代校长培训:理念・操作・经验》,南京师范大学出版社,1999。

长培训与学校发展规划"中的"项目地区中小学校长调查研究",研究的主要内容是我国西部地区校长培训需求分析。该调查报告包括西部地区中小学校长培训需求的方法和思路的阐释;培训需求的压力和导向分析;西部地区校长的基本情况和学校绩效分析;西部地区校长的任务和素质要求分析,等等,这是迄今为止,我国关于中小学校长培训需求分析较为全面、系统的研究。它突破了以往校长培训仅凭权威、经验和推理确定培训内容、方法和形式的做法,通过大量的问卷调查、典型的访谈和对文献和法规的分析提出了西部地区校长"十五"培训的原则、课程和方法。

此外,河南教育学院的王洪成、朱运治(1999年)曾经对"新时期中小学校长培训形式、内容"做了调查研究,获得的结果有:中小学校长培训的形式应以脱产学习、半脱产学习为主,以不定期专题学习研究为辅,灵活多样;中小学校长培训应采取自学、面授、研讨和考察等相结合的教学方法;中小学校长最需要学习的课程是《校长学》《教育管理哲学》《教育法学》《教育科研方法》,另外,新时期的中小学校长开始要求自己具有广博的知识,如公共关系、社会主义市场经济、计算机操作应用等知识、技能;中小学校长的培训时间以 5 年内不少于 280 学时为宜,培训频率最好是 5 年两次或 5 年一次。

安徽省教育厅教育管理干部培训指导中心于 1999 至 2000 年在《安徽省中小学校长提高培训工作调查研究报告》中写道,通过对全省 13 个市、行署的调查,了解了自 1997 年以后开展的提高培训中涉及的中小学校长应具备的基本素质和能力、中小学校长提高培训模式与课程体系的改革、培训基地与校长培训教师队伍的建设、实践考察活动规范等情况,调查发现:中小学校长提高培训缺乏强有力的硬性制约机制,中小学校长终身教育观念淡薄,参加提高培训的积极性远不如参加岗位培训;提高培训质量是下一步校长培训的重要任务;培训基地建设力度不够;师资队伍水平及数量与校长培训持续发展不相适应;由于经济基础和教育事业发展不平衡,各地中小学校长提高培训存在着明显的区域性差距;不同层次的校长对培训要求有差异。目前小学校长、初中校长、完中校长提高培训执行同样的教学计划、使用统一的教材、运用雷同的教学手段,是不符合教育规律的,导致一些培训流于形式;当前社会力量办学不断发展,可以将这些民办、私立学校的校长纳入校长培训规划,安排其接受培训。①

近年来,与校长培训需求分析相关的校长素质研究、培训课程研究、培训方法研究等,也在逐步兴起。

1. 校长素质研究。国内的系统研究主要有1983年的教育部重点课题"中小学校长素质研究"和1997年教育部"九五"重点课题"面向21世纪中小学校长队伍培训与建设研究"。前者将校长素质分为政治思想、道德品质、业务知识、工作能力、性格、工作作风、健康、仪表8个方面,共40条。被调查者被要求从中选择25条作为校长的主要素质,调查结果显示政治思想、工作作风和道德品质方面占了14条,业务知识、工作能力方面占了6条。② 在后一项调查研究中,将21世纪校长的素质分为基础素质、现代管理意识、现代管理能力三大部分12项指标46个条目,调查结果表明:可以将21世纪中小学校长的素质结构归纳为四大基础素质、六大现代管理意识和八大现代管理能力。③

2. 校长培训方法研究。目前我国的校长培训模式单一,不符合成人教育的特点和校长学习的规律,以课堂为中心、以培训者为主导、以灌输为主要形式,极大程度地影响了培训的实效,为此,不少学者对此进行了研究和探索。如导学、导思、导行的"学、思、行一体化"培训模式、"六步三式"模式、"学习—研修—改革实验一体化"模式,以及"行为矫正发展"模式、"主体参与"模式、"活动中心"模式等。这些模式曾被全国各地培训院校运用在不同类型的校长培训中。

3. 校长培训课程研究。相对而言,关于校长培训的课程、教材的研究和建设则显得薄弱得多,虽然在多年的培训实践中,形成了几套中小学校长培

---

① 《安徽省中小学校长提高培训工作调查研究报告》,安徽省教育厅内部资料。
② 中小学校长素质研究协作组:《校长素质》,北京:国防大学出版社,1987。
③ 周在人:《21世纪中小学校长素质研究报告》,载王铁军主编《现代校长培训:理念·操作·经验》,南京师范大学出版社,1999。

训的系统教材,但这些教材的体系和内容过于单调、过于强调统一性、脱离教育改革和发展的实际的缺陷一直存在,且对如何增强校长培训教材的针对性、实用性,形成多层次、多形式的教材体系的研究,成果甚少。

第三部分　中部地区中小学校长培训需求分析

一、本课题的研究方法

(一)中部地区的界定

本课题研究范围界定在中部地区。中部地区主要指黑龙江、吉林、内蒙古、山西、河南、安徽、江西、湖南和湖北等9省,该地区土地面积285万平方千米,2002年末人口数量占全国总人口的35.3%,在全国社会经济发展中占有一定的地位。中部地区的社会发展程度和基础教育发展环境处在全国中等水平,较东部、西部地区具有明显的梯度性差异,中部地区特有的社会经济状况决定了其中小学校长培训特定的需求具有一定的自身规律和区域特征。该地区人口众多、培训对象多样,且是国家战略发展的过渡性区域,起着的连接东西地区作用。

(二)培训需求分析的内容

培训需求分析通常在三个层次上进行,第一个层次是在个体层次上进行分析,第二个层次是在组织层次上进行分析,第三个层次是从战略层次的高度进行分析。根据研究的必要和实际条件,本研究主要选择个体、组织两个层次的中部地区中小学校长的应有素质状况及现有素质状况两个维度,进行培训需求分析。

1.中部地区中小学校长素质结构研究。以文献研究为主,辅以对专家、培训教师、教育行政部门主管人员、中小学校长的访谈,探索新时期中小学校长应有的素质结构。

主,调查遍及安徽省 14 个市、3 所省级培训院校,并在中部地区的湖南省和山西省两地抽取一定量的中小学校长和教师作为调查对象。

为确保样本的代表性,课题组从地域区位、经济结构、教育发展水平等方面考虑,把安徽省分为三类地区进行抽样。被调查的高中校长主要是通过随机抽样的方式获得,其他调查对象主要是通过分层随机抽样和分层整群抽样方式获得。抽样分两个阶段进行,先进行分层抽样,然后在各层内采取简单随机抽样获得中小学校长、中小学教师、培训院校教师、教育行政部门主管人员的代表性样本。

中小学校长共抽取样本 1431 份,其中有效样本 1249 份,具体为高中校长 375 人,初中校长 363 人,小学校长 511 人(见图 1),其中山西、湖南两省有 54 名中小学校长接受调查。

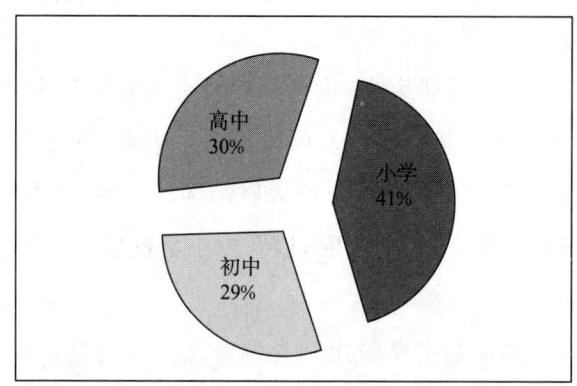

图 1　校长所在学校类别

课题组在中小学教师、培训院校教师、教育行政部门主管人员中,抽取样本 1869 份,利用统计系统剔除部分废卷,保留有效样本 1197 份,其中高中教师 266 人,初中教师 398 人,小学教师 370 人,省、市、县三级培训院校教师 112 人,市、县教育行政干部 51 人(见图 2),其中山西、湖南两省有 127 名教师中小学教师接受调查。

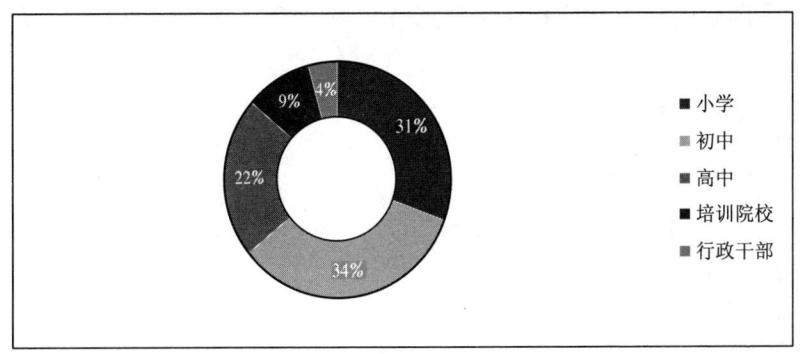

图 2　教师所在学校类别

表 1　《中部地区中小学校长素质状况》调研样本结构表

	样本								
	有效样本							无效校本	
	小学	初中	高中	培训院校	行政干部	N	%	N	%
教师类	370	398	266	112	51	1197	64.04%	672	35.96%
校长类	511	363	375			1249	87.28%	182	12.72%
Total	881	761	641	112	51	2446		854	

表 2　《中部地区中小学校长素质状况》调研有效样本地区分布

	校长类	教师类	样本总合
安徽省	1195	1070	2265
湖南省	6	107	113
山西省	48	20	68

(1)校长类背景资料(样本数 1249 份)。接受调查的中小学校长中有 74.6% 的校长参加过任职资格培训或提高培训等,对培训工作有着较为深刻的体会和理解。

接受调查的中小学校长中 36—45 岁、46—55 岁两个年龄段人数较多,分别占被调查人数的 49.6% 和 34%。该随机抽样能够反映出当前中小学校长队伍的年龄结构,组织部门还需加强对年轻校长的选拔和培训,促进校长队伍的年轻化。

接受调查的中小学校长从事教育时间都较长,大部分都在 10 年以上(见图 3、图 4)。

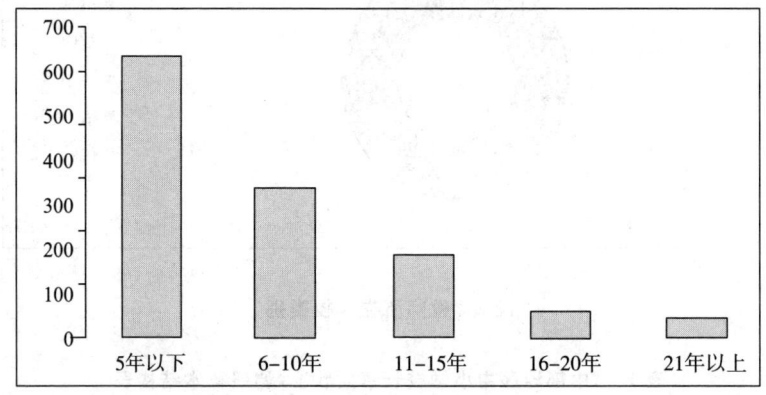

图 3　校长任职年限

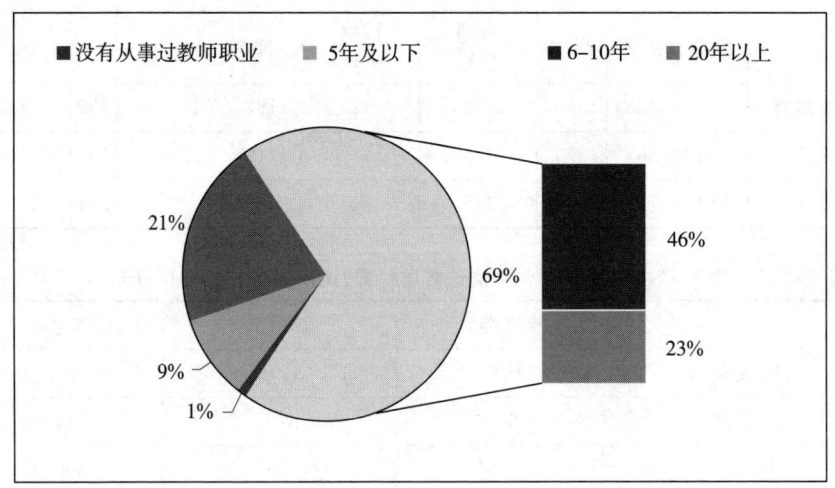

图 4　校长从教经历

现代中小学校长学历结构基本趋向达标,80.9%的校长具备了大学专科以上的学历,并有 2.3%的校长已取得了研究生文凭,有利于校长专业化发展。

3.访谈。对部分校长进行随机访谈,访谈内容主要是对现代校长应有的素质结构的认识,对现有的校长培训课程和模式的看法,访谈结果与问卷结果相互印证。

4. 数据处理。问卷调查的数据用 SPSS 统计分析软件进行处理。

二、本课题调查的结果及分析

(一) 中部地区中小学校长培训需求的组织分析

《全国中小学校长任职条件和岗位要求(试行)》中明确规定中小学校长任职基本条件包括政治思想、职业道德、管理能力、基本学历等,对校长的岗位要求则分为基本政治素养、岗位知识、岗位能力3个方面、17项具体内容。

1992年,中央组织部、国家教委在印发的《关于加强全国中小学校长队伍建设的意见(试行)》通知中明确了目标:"采取行之有效的方法,对全体中小学校长进行一遍岗位培训。以后每五年轮训一次,形成校长培训制度。还应以多种形式组织接受过岗位培训的校长,结合工作实际继续深入学习、研讨,及时总结经验,以争取尽早培养出一批马克思主义理论水平较高和管理经验丰富、办学卓有成效的中小学教育专家。"

1998年,在国务院批转教育部的《面向21世纪教育振兴行动计划》中,明确规定:"3年内,以不同方式对现有中小学校长和专任教师进行全员培训和继续教育,巩固和完善中小学校长岗位培训和持证上岗制度。"

1999年,教育部在《中小学校长培训规定》中不仅明确了"中小学校长培训要坚持为全面实施素质教育服务的宗旨,坚持因地制宜,分类指导和理论联系实际,学用一致,按需施教,讲求实效的原则",还细化了校长培训的类别和目标:"中小学校长培训要以提高校长组织实施素质教育的能力和水平为重点。其内容主要包括政治理论、思想品德修养、教育政策法规、现代教育理论和实践、学校管理理论和实践、现代教育技术、现代科技和人文社会科学知识等方面。培训具体内容要视不同对象的实际需求有所侧重。""中小学校长培训以在职或短期离岗的非学历培训为主,主要包括:任职资格培训:按照中小学校长岗位规范要求,对新任校长或拟任校长进行以掌握履行岗位职责必备的知识和技能为主要内容的培训。培训时间累计不少于300学时。在职校长提高培训：面向在职校长进行的以学习新知识、掌握新技能、提高管理能力、研究和交流办学经验为主要内容的培训。培训时间每5年累计不少于240学时。骨干校长高级研修：对富有办学经验并具有一定理论修养和研究能力的校长进行的，旨在培养学校教育、教学和管理专家的培训。"

2001年，教育部又颁发了《全国教育干部培训"十五"规划》，提出"十五"培训的指导思想是："以建设高素质、专业化教育干部队伍和深化教育改革全面推进素质教育服务为目标，以改革创新为动力，以健全培训制度和提高培训质量为主线，以教育行政机关和各级各类学校主要领导干部为培训重点，逐步形成与教育事业发展相适应、符合干部成长规律的分层次、分类别、分形式、重实效、充满活力的教育干部培训新格局和新机制，努力培养造就一支具有较高政治理论素养和开拓创新精神，掌握现代科学文化和管理知识，懂教育、善管理，作风优良的高素质、专业化的教育干部队伍。"

从以上关于校长培训的政策与规划中，可以较清晰地分析出中小学校长的素质要求和培训目标。

校长是办好学校的关键人物，是发展教育不可缺少的重要角色。校长受上级教育行政部门的委托管理一所学校，具有国家干部的性质，应该具备行政领导干部的基本素质。但是校长从事的学校领导工作有其特殊性，与一般行政干部相比，应具有更高的专业水平和政策水平，其行为和义务、权利应不同于机关行政干部。校长是教师出身，但因校长所处的角色地位与教师不同，担负着比教师更重大的责任。校长的教育思想和教育观点要比教师高出一筹。

鉴于以上认识，课题组认为校长应该是具备教育管理知识和能力的专门人才，是具有正确教育思想和教育理论修养的教育专家。对校长的培训，应是基于以上目标的内容丰富、层次多样、方法灵活、以能力提升为核心的多类别教育。

(二)中部地区中小学校长培训需求的人员需求分析

1.中部地区校长的素质要求。根据国家层面的培训目标,本课题组首先对现代中小学校长的素质要求作了验证性的调查研究。参照江苏教育学院周在人关于21世纪中小学校长素质研究的结果,设计了问卷Ⅰ,旨在了解中部地区校长及相关教育人员对校长素质的期待,进一步勾画现代校长素质的理想结构。

问卷Ⅰ所涉项目包括思想道德素质、专业知识素质、能力与个性、管理意识、管理能力等五大指标、48个问题,每个问题都有5种选项,分别是非常重要、重要、一般、不太重要、不重要。从调查结果可以看出,无论是校长还是教师,对这48个问题的看法都基本一致,且与江苏教育学院的研究结论相差不大,说明对中小学校长应有的素质,不同地区、不同身份的教育者认识较为一致。

据此,中小学校长应有的素质要求能够反映在《中部地区中小学校长素质结构》(问卷Ⅰ)的素质指标中,将其归纳如下:

校长是管理者,要正确把握学校的办学方向,规划学校的办学目标,领导学校的教育、教学改革,应具有教育学、心理学等方面的基本理论知识,要懂得教育、教学的基本规律,懂得青少年的心理特点和成长规律。校长是管理学校的核心人物,要懂得学校的管理规律,善于处理各种人际关系。校长是学校的法人代表,要处理与社会方方面面的关系,使学校得到社区的支持,因此校长应有较强的交际能力。校长要引导全体教师教书育人,所以他们应具有较高的政策水平,掌握相关政策。校长还需要千方百计地为学校创收,增加经济收益,改善办学条件,提高教师福利待遇,因此校长还要具备经营意识和公关能力。校长是教育者,应忠诚于党的教育事业,熟悉教育教学业务,具有为人师表的高尚品质。校长还应有比教师更强烈的改革意识和科研精神,是学校教育改革的领路人。

2.校长现有素质与工作要求有差距。从问卷Ⅰ调查结果可以看出,本课题组抽取出思想道德、知识、管理意识和能力、个性、身体等方面认识一致性较高的内容，设计了 20 个中小学校长必备素质选项，每个选项有 4 种选择，分别是具备、基本具备、还有欠缺、不具备，对中部地区中小学校长的现有素质状况进行了一次评价性调查。为保证调查结果的真实性和代表性，课题组运用统计原理有目的地进行了广泛取样。

表 3　中部地区中小学校长现有素质状况

项目指标	教师				校长				样本总合			
	不具备	还有欠缺	基本具备	具备	不具备	还有欠缺	基本具备	具备	不具备	还有欠缺	基本具备	具备
1	22 1.8%	93 7.8%	377 31.5%	705 58.9%	15 1.2%	23 1.8%	301 24.1%	910 72.9%	37 1.5%	116 4.7%	678 27.7%	1615 66.0%
2	26 2.2%	105 8.8%	429 35.8%	637 53.2%	14 1.1%	5 0.4%	138 11%	1092 87.4%	40 1.6%	110 4.5%	567 23.1%	1729 70.7%
3	52 4.3%	205 17.1%	415 34.7%	525 43.9%	12 1.0%	10 0.8%	181 14.5%	1046 83.7%	64 2.6%	215 8.8%	596 24.4%	1571 64.2%
4	44 3.7%	220 18.4%	493 41.2%	440 36.8%	14 1.1%	129 10.3%	679 54.4%	427 34.2%	58 2.4%	349 14.3%	1172 47.9%	867 35.4%
5	31 2.6%	134 11.2%	514 42.9%	518 43.3%	9 0.7%	79 6.3%	589 47.2%	572 45.8%	40 1.6%	213 8.7%	1103 45.1%	1090 44.6%
6	44 3.7%	246 20.6%	537 44.9%	370 30.9%	3 0.2%	103 8.2%	679 54.4%	464 37.1%	47 1.9%	349 14.3%	1216 49.7%	834 34.1%
7	45 3.8%	193 16.1%	497 41.5%	462 38.6%	23 1.8%	141 11.3%	594 47.6%	491 39.3%	68 2.8%	334 13.7%	1091 44.6%	953 39%
8	58 4.8%	240 20.1%	516 43.1%	383 30.0%	17 1.4%	73 5.8%	540 43.2%	619 49.6%	75 3.1%	313 12.8%	1056 43.2%	1002 41%
9	39 3.3%	235 19.6%	502 41.9%	421 35.2%	10 0.8%	28 2.2%	359 28.7%	852 68.2%	49 2.0%	263 10.8%	861 35.2%	1273 52%
10	50 4.2%	192 16%	531 44.4%	424 35.2%	10 0.8%	66 5.3%	456 36.5%	717 57.4%	60 2.5%	258 10.5%	987 40.4%	1141 46.6%
11	67 5.6%	269 22.5%	441 36.8%	420 35.1%	37 3.0%	238 19.1%	557 44.6%	417 33.4%	104 4.3%	507 20.7%	998 40.8%	837 34.2%
12	49 4.1%	215 18%	445 37.2%	488 40.8%	12 1.0%	30 2.4%	312 25.0%	895 71.7%	61 2.5%	245 10.0%	757 30.9%	1383 56.5%

续表

项目指标	教师				校长				样本总合			
	不具备	还有欠缺	基本具备	具备	不具备	还有欠缺	基本具备	具备	不具备	还有欠缺	基本具备	具备
13	26 2.2%	170 14.2%	485 40.5%	516 43.1%	8 0.6%	28 2.2%	350 28.0%	863 69.1%	34 1.4%	198 8.1%	835 34.1%	1379 56.4%
14	20 1.7%	110 9.7%	525 43.9%	536 44.8%	11 0.9%	39 3.1%	388 31.1%	811 64.9%	31 1.3%	149 6.3%	913 37.3%	1347 55.1%
15	27 2.3%	173 14.5%	532 44.4%	465 38.8%	7 0.6%	54 4.3%	544 43.6%	644 51.6%	34 1.4%	227 9.3%	1076 44.0%	1109 45.3%
16	42 3.5%	200 16.7%	490 40.9%	465 38.8%	9 0.7%	45 3.6%	408 32.7%	787 63.0%	51 2.1%	245 10.0%	898 36.7%	1252 51.2%
17	25 2.1%	183 15.3%	512 42.8%	477 39.8%	10 0.8%	55 4.4%	595 47.6%	589 47.2%	35 1.4%	238 9.7%	1107 45.3%	1066 43.6%
18	47 3.9%	244 20.4%	456 38.1%	450 37.6%	11 0.9%	31 2.5%	371 29.7%	836 66.9%	58 2.4%	275 11.2%	827 33.8%	1286 52.6%
19	39 3.3%	219 18.3%	452 37.8%	487 40.7%	11 0.9%	29 2.3%	346 27.7%	863 69.1%	50 2.0%	248 10.1%	798 32.6%	1350 55.2%
20	24 2.0%	100 8.4%	457 38.2%	616 51.5%	12 1.0%	17 1.4%	300 24.0%	920 73.7%	36 1.5%	117 4.8%	757 30.9%	1536 62.8%

从上表中可以看出,被调查者认为现任校长群体的总体素质较高,在第1项办学方向、第2项热爱教育事业、第20项身体素质上,认为校长已经具备和基本具备的比例高达93%以上;总体评价最高的是第20项"身体健康,精力充沛",认为校长已经具备和基本具备的比例达97.7%,排在第二位的是第2项"热爱教育事业,热爱学生,工作兢兢业业,一丝不苟",认为已经具备和基本具备的比例达93.8%,排在第三位的是第1项"办学方向明确,教育思想端正",认为已经具备和基本具备的比例达93.7%。对校长建设学校"校风、学风、教风"和处理管理中偶发事件的能力也较认可,认为基本具备和已经具备的达90%以上;相对而言,被调查者对校长应该具备的改革创新意识、掌握并运用教育学科知识、学校的规划设想、教育资源配置等的评价不高,认为已经具备、基本具备的比例均没有超过85%,特别是校长们的科研兴校意识和能力,只有34.2%的被调查者认为校长已经具备,有40.8%的人认为校长基本具备,两者加起来也只有75%。可见,中部地区中小学校长的

基本管理知识和能力已经具备,但是现代教育意识和宏观管理和调控能力则相对薄弱。

第四部分　结论和建议

通过本次对中部地区 3 个省份的 1249 名中小学校长和 1197 名中小学教师以及培训院校教师的调查,基本可以看出:

1. 中部地区中小学校长的现代教育意识和现代管理能力有待提高;

2. 中部地区中小学校长参与培训的积极性不高,内在动力不足;

3. 校长对培训课程的需求主要集中在学校管理类和领导科学类,对教育理论类和心理科学类课程也比较感兴趣;

表 4　校长对培训课程需求调查结果

培训课程　(Value tabulated = 1) Dichotomy label	Name	Count	Pct of Responses	Pct of Cases
教育理论课程	T71	751	21.5	60.5
心理科学理论课程	T72	620	17.7	49.9
学校管理理论课程	T73	1116	31.9	89.9
领导科学理论课程	T74	756	21.6	60.9
政治理论课程	T75	257	7.3	20.7
		…	…	…
Total responses		3500	100.0	281.8

7 missing cases; 1,242 valid cases

4. 校长对培训模式与方法的需求比较倾向于采用案例教学式、实地参观式、集中授课式,而对自学讨论式自主教学模式不太认同,没有形成主动研修的意识,这对专家型优秀校长的成长是不利的。

一个优秀的校长在形成自己的教育理念时，往往从四个层面来考虑：一是充分考虑国际教育改革的时代发展；二是充分考虑素质教育的宏观背景；三是充分考虑学生发展空间的建构；四是充分考虑教职员工的工作目的。

校长的现代教育理念应该包括现代教育目的观、教育发展观、教育效益观、教师观、学生观等，更应该包括校长的先进治校理念，如科学的管理观、质量观、研究观等。

有利于校长形成现代教育理念的培训教学模式主要是专题性课堂讲授模式。选择这种教学模式，在授课前应当先询问学员的需求：希望学什么，想在哪些方面深化提高，热点、重点、难点问题是哪些，等等，然后在此基础上有的放矢地开设一些针对性强的教学课程。

此外，还可以有计划地采取易地培训的方式，安排部分中小学校长到经济发达地区接受培训，使其感受发达地区教育理念、气息，接受新的教育思想。

(二)提升校长的宏观管理能力

构建以能力开发为基本导向的能力本位教学模式，是面向21世纪中小学校长培训教学改革的迫切需要。从本次较大规模的调查来看，中部地区中小学校长的宏观管理能力相对于管理知识来说，仍有明显的欠缺。被调查的校长和教师认为中部地区校长在"富有改革创新精神，能及时把握学校改革和发展的时机"方面已经具备的只占35.4%、基本具备的占47.9%，两者相加为83.3%；在"对学校发展有长期的规划和设想，目前有切实可行的计划"方面已经具备的有39%、基本具备的占44.6%；在"能合理安排人力物力财力，发挥最大效能"方面有41%人认为校长已经具备，有43.2%的人认为校长基本具备，仍有15.9%的人认为校长还有欠缺或者并不具备；对校长的管理方法是否得当，"使教职工心悦诚服，有较强的吸引力和号召力"，被调查者给予的评价也不容乐观，52.6%的人认为具备、33.8%的人认为基本具备、11.2%的人认为还有欠缺、2.4%的人认为不具备。

目前我国中小学校长培训的课程安排,以学科教学为导向的预定式计划课程模式仍然占主要地位。这种以学科为导向的模式往往按照"三中心"(教师中心、课堂中心、教材中心)来组织教学,其重心在教师课堂讲授方式上,弊端十分明显,概括起来主要有三个方面:其一,置学员于被动接受的位置,难以调动他们自主学习的积极性与主动性;其二,以学科教材为中心组织培训教学,容易脱离改革实践的发展实际;其三,以课堂讲授为中心组织培训,不利于学员学习能力、实践能力与研究能力的发展。如今,中小学校长面对的是不断变化的社会,需要校长们具有能"应付不可避免的社会变化"、以开拓创造能力为核心的管理素质。

以能力提升与素质培养为导向的培训模式主要有如下几类:

1.案例分析式教学模式。案例教学是指围绕一定的教学目的,将学校教育教学和管理实践中的真实事例(成功的或失败的)进行典型化处理而形成的一种特定教学案例,以供学员们分析、思考、讨论并作出判断的教学模式。这种教学模式有助于启发学员思维,提高他们分析问题、解决问题的能力。在案例教学活动中,教师可以有意识地引导学员从多个方面、多种角度来分析案例,具体方式主要有三类:一是发散型导向,即启发学员进行创造性思维,分析与解决问题的角度、办法越多越好;二是对抗型导向,即让学员在案例讨论中形成两种对立的观点,在争论、辩论中提高各自的分析能力;三是总结型导向,即通过对案例讨论进行系统归纳、正面总结,使经验升华为理性认识。案例分析是培养中小学校长思考分析能力的一种有效教学模式。

2.情境模拟式教学模式。这是一种主要用于培训预备干部或初上岗校长的教学模式。它运用多媒体现代教学技术手段,提供一种模拟学校管理的自然情境,让学员们扮演校长或其他管理者角色,在处理所提供的仿真情境中学习管理和提高自己的管理能力。在仿真情境模拟教学中,理论与实际高度结合,教师与学员高度投入,学员自身管理经验与模拟情境高度融合,因而有利于提高校长把握校长角色的能力、驾驭局面的能力、控制冲突的能力、决策判断的能力、敏捷应变的能力、协调管理的能力、简洁表达的能力、归纳问题的能力和创造新思维的能力等。

3. 实地考察式教学模式。教育考察是理论联系实际的一种综合训练教学模式。有目的的考察,有利于开阔中小学校长的视野,拓宽他们的思路,提高他们的综合素质,提高他们综合运用理论知识分析问题和解决问题的能力。

4. 教育诊断式教学模式。咨询与诊断是 20 世纪初兴起的企业管理的一种方式,目前已经被较广泛地应用于企业管理实践中。管理咨询与诊断的目的在于通过分析企业现状与发展前景,为企业发展提供有力的智力支撑。中小学校长培训中采用这种方式,既符合教育干部培训的理论联系实际的原则,又有利于校长在培训中主动学习,积极思考问题,展示自己的办学理念,也有利于解决中小学教育和管理实践中的各种问题。在目前业已形成的校长提高培训和高级研修中,可以安排 1/3 左右的教学时间,让受训校长以小组形式,深入到不同类型的学校,就学校的问题个案进行"坐校问诊",集体讨论,提出咨询和诊断方案。

5. 系统化课题研究式教学模式。这种教学模式尤其能满足研修班学员的培训需要。它通过集体研究专项性课题,提高进修学员课题设计与教育科研能力,或者帮助他们一边进行理论进修一边系统总结自己的办学经验,最终成长为现代专家型校长。

二、完善校长的培训与培养制度

一个校长的成长一般要经历适应阶段、逐步成熟阶段、个性化发展阶段。由于校长成长过程具有阶段性,培训的内容和方法应有区别,要有针对性,应针对不同阶段的校长的实际情况,提出不同的培养目标。

从校长培训整体来看,校长培训包括三个层次的目标和内容,即训练、教育和发展。训练是对知识和技术的掌握,校长接受训练后便能提高管理工作绩效;教育是校长满足未来工作、知识、技能需求的预备性学习,教育较训练所花的时间要长一些,教育的目标是针对校长未来工作所需的知识和技能加以培养,在学习上比较重视观念和理论教育。①

从中部地区校长素质的调查结果可以看出,多年来形成的校长培训制度对丰富校长的知识和提高校长的管理能力达到了预期的成效,而立足校长可持续发展的教育和开发则相对薄弱,造成校长理论学习不足、缺乏宏观的前瞻性教育理念及培训中理论教育备受冷落现象,影响了中部地区校长整体的专业成长速度和水平。

为此,在以后的培训中,应该根据校长发展的需要,确定不同层次的培训目标和内容,形成训练、教育和发展相结合既全面又有区别的目标体系,有效地发掘校长的潜能。

(一)进一步落实和完善中小学校长任职资格培训和持证上岗制度

按国家规定的中小学校长任职资格条件,选拔有敏锐的教育眼光、有进取精神、乐于奉献、有人格魅力,且具有一定管理潜能的、年轻的教育工作者作为校长的后备力量,对其进行轮训,以使其尽快适应校长工作,真正做到持证上岗。任职资格的培训内容以岗位知识和实用技能为主。

(二)通过培训,尽快缩短校长的成长周期

即将走向成熟阶段的校长是培训的重点,应采用多种方式强化校长的理论学习,促使校长灵活地将自身的实践与先进的教育理念结合,让大多数从合格阶段走向成熟阶段的校长的理论水平、政策水平、管理能力和教育科研水平尽快得以提高,成为懂行、实干、有竞争意识和进取精神、坚持社会主义方向、按教育规律办学育人、有鲜明教育思想、有个性的中小学教育专家。培训中应增加信息量,介绍当今社会经济、文化、科技各领域的新成就、新趋势,开拓校长思路、开阔校长视野,使他们认识到教育适应社会经济、文化、科技等发展的需要,帮助他们尽快形成自己的教育思想和办学思路;亦可以组织专项教育调查活动,调查内容应以当前我国教育改革中的重大和实际问题为

---

① 王世忠:《科学地认识校长培训中五个关系》,载《中国教育报》,2004年7月13日。

主;还可以组织读书班,由培训院校根据培训需要或主题,指定必读书籍,规定阅读进度,进行适当辅导,让校长结合自己的工作实际,写出读书报告,互相交流、评议;也可以组织专题研讨活动班,选定若干教育改革实践中的热点、难点问题,由校长自愿选题,进行专题研究和讨论。

(三)精心培养具有示范作用的专家型优秀校长

优秀校长应该具有较高的教育、心理方面的理论素养,有教育科研能力,有鲜明的个性化的办学思想、办学思路。优秀校长的成长需要良好的自身素质,也需要合适的环境和条件,优秀校长不仅可以成为名校的缔造者和建设者,也能为其他校长的成长起到示范作用。在广大的校长群体中,要选拔和培养占校长总数 1/3 左右的中小学优秀校长,使之逐步成为富有创新精神、科学精神、献身精神的教育改革和管理科学化的带头人,成为办学卓有成效、在国内外有一定影响力的中小学教育专家。

(四)培养校长自我反思、自学研究的意识和能力

当前,在我国基础教育改革中,引起广泛重视和认同的一种新的教育理念是校本发展,校本发展是一种重视学校自身发展的教育理念。有学者将校本发展的内涵归纳为三句话:以学校为本位、以学校为阵地、以学校为主体。因此,寻找并激发学校内在的发展动力,帮助学校建立有效的自我发展机制,成为大家关注的话题,也成为学校管理者亟须解决的问题。影响学校校本发展最大的难题是校长的专业化发展。

此次被调查的中小学校长对自学讨论式的培训教学模式不太认同,在问卷所给的 4 个模式中,校长选择"自学讨论式"的比例最低,仅有 13.7%,而在校长现有素质的调查中,校长和教师们对校长"重视教育科学研究,科研兴校"的素质评价最低,认为被评价的校长已经具备这项素质的只占 34.2%,基本具备的占 40.8%,两者相加为 75%。对现有校长的"善于学习,不断进取"评价也不高,87.9%的人选择已经具备和基本具备,还有 12.1%的被调查者选择还有欠缺和不具备。这个结果真实地反映出中部地区中小学校长的办

学意识和能力不能满足教育改革的要求,而这种状况会阻碍校长的专业成长、特别是专家型校长的成长。因此,在校长培训的管理与教学中,如何帮助校长养成自学、反思、研究的意识和习惯,应该是中部地区校长培训必须解决的问题。教育行政部门可以在校长的业务考核中,增加对校长研究能力和绩效的考核,如规定参加和不参加培训的校长都要选择一项科研课题,与学校教师一起进行科学研究,写出科研论文,作为校长的业务档案与校长的年度工作总结等,共同构成考核校长工作和评定校长职级的依据。教育干部培训的管理机构和培训院校还可以建立区域性的校长交流平台,如"中小学校长研究会"类的学术团体、"校本研究报告会"类的交流活动等,激励校长持续地参与研究,自主地追求专业化发展。

三、建立科学的校长人力资源开发培训机制

"校长培训,是一种人力资源的开发活动和人力资源的培训活动,又是人力资本的投入活动。""校长培训的实质就是最大限度地开发校长的人力资源,把校长的人力资源转化为优质教育资源,从而促进校长自身发展,促进学校组织的发展,归根到底是促进我们服务对象、教育对象——学生的发展。"[1]

校长身上都蕴藏着巨大的潜能,而这种潜能可通过培训挖掘出来。因此,依据个人的发展特性,科学地、有计划地培训,有效挖掘校长们的潜能将是校长培训的趋势。

按照"人力资本论"的假设,培训的本质在于为中小学校长提供发掘自己潜在素质、获取事业成功的一个"机遇"。这种"提供机遇",因为着眼于"开发"与"开拓",所以比较容易激发中小学校长学习的内在动机。

现有的校长培训采取的"滚动式""菜单型"或案例教学问题分析等教学模式,虽然都是致力于按需培训、因材施教,但"中国校长培训强调思想政治

---

[1] 王铁军:《现代校长培训是人力资源的开发活动》,载《中国教育报》,2004 年 7 月 27 日。

素质和人格教育,注重教育管理中的道德与伦理问题",[1]更多的是依据教育发展的趋势等外在需求制定培训目标和计划、确定课程内容,很少关注校长学习发展的内在需求,对真正提高校长的管理实践能力效果不大。人的潜能是巨大的,但不同人的潜能的差异也很大,有效的校长培训,应该首先发现不同校长的潜能及特长等,才能有针对性地开发和挖掘他们的潜能,发挥其特长,提升校长队伍的整体素质。

以校长的能力与素质提高为取向的校长培训需构建中部地区校长的能力与素质客观标准,形成校长测评的可量化体系,对校长的管理能力、心理特征等做客观综合评估,依据测评结果判断校长素质状况,对其进行分类培训。在即将开展的新一轮中部地区中小学校长培训中,研制校长"素质模型",按素质和能力进行分类培训是校长培训研究、提高培训效益的新课题。

四、建立校长培训研究的专业队伍,提高校长培训的研究水平

校长培训效益的提高离不开校长培训研究。校长培训政策的制定,培训制度、管理模式、培训课程体系的构建与改革,培训效果的评价,都应以科学系统的培训研究为基础。目前,中部地区校长培训有专门的行政管理机构和各层次的培训院校,培训网络相对健全,然而,教育行政部门行使的是行政管理职能,培训院校身兼数职,有的往往把校长培训当成不得不完成的任务或者"副业",缺少对培训工作本身的研究和探索。因此,成立专门的校长培训研究机构,吸引更多的培训管理者和培训者关注校长培训,致力于校长人力资源开发的研究,是提高中部地区校长培训水平的必要措施。特别是从事教师教育工作的培训院校,要成立研究机构,如"教育管理干部培训研究所""教师教育研究中心"之类的专业研究机构。还可以开辟理论阵地,主办学术研究刊物。

---

[1] 赵志毅、黄涛、苏智欣:《校长选拔培训的分析与思考——从中国和美国比较的角度》,载《课程·教材·教法》,2002(4)。

附:中小学校长素质结构调查问卷

面对21世纪知识经济对教育的挑战,中小学校长肩负着越来越重要的责任。只有高素质、现代化的校长队伍,才能承担起振兴民族教育、提高民族素质的使命。培养适应教育现代化需要的校长队伍已迫在眉睫,为此,课题组准备在中部地区开展中小学校长培训需求分析。中小学校长应该具有什么样的素质才能适应现代社会发展和改革的需求?这是当前教育改革关注的焦点,也是中小学校长队伍建设的重要课题。本调查的目的在于了解中部地区校长应该具有的素质结构,勾画出新时期理想的校长形象。请您仔细阅读,认真思考,并按要求答卷。

您的基本情况:
1. 工作年限(　　)
A. 5年以下　　B. 5—10年　　C. 10—20年　　D. 20年以上
2. 工作岗位(　　)
A. 校长　　B. 教师　　C. 教育行政部门工作人员　　D. 其他
3. 文化程度(　　)
A. 中专　　B. 专科　　C. 本科　　D. 研究生以上

重要性等级标准

5:非常重要

4:重　要

3:一　般

2:不太重要

1:不　重　要

请在您认为适当的等级栏内打"√",每一项指标只选一个等级。

素质结构	素质指标	重要性等级				
		5	4	3	2	1
思想道德素质	1.具有较高的政治觉悟和政治理论水平,坚持社会主义办学方向					
	2.热爱教育事业,具有高度的事业心、责任感和奉献精神					
	3.教育思想端正,自觉执行教育方针、政策法规,科学育人					
	4.重视道德修养,树立良好的人格形象。诚实正直、廉洁奉公、谦逊通达,个人行为能成为师生表率					
专业知识素质	5.具有马克思主义、毛泽东思想、邓小平理论的基本知识					
	6.熟悉国家有关中小学教育的法律、法规及政策基本内容,在学校管理中能正确地理解和运用					
	7.了解现代学校管理改革的新动态和理论的新发展,掌握基本原理、基本规律和方法技术,能灵活运用,提高办学绩效					
	8.了解现代教育科学的新发展,了解国内外中小学教育教学改革动态及发展趋势					
能力与个性	9.善于观察和及时发现问题,能够分析比较复杂的问题,抓住本质和关键,提出解决方案,并有效地付诸行动					
	10.具有系统思维的品质,能从整体和长远的利益出发,用联系的、发展的观点思考问题,能进行创造性思维,善于分析新情况,产生新思路,提出新主张					
	11.善于学习,不断进取,能够运用有效的方法,学习和运用新知识、新技术,追求自我超越,不断发展					
能力与个性	12.适应变化,自强不息,既有原则性又有灵活性,能正确处理个人所面临的挑战及作为领导的压力,能承受挫折及委屈,善于自我调节,保持心理平衡					
	13.有较强的语言文字表达能力。会讲普通话,讲话有说服力,写作能力较强,能准确表达自己的思想观点					
	14.身体健康,心胸开阔,乐观向上,情绪稳定,自控力强					

续表

素质结构	素质指标	重要性等级				
		5	4	3	2	1
管理能力	领导教学工作能力	28.全面贯彻国家教育方针,合理安排课程计划及教学时间,保证教学活动有序运行					
		29.有一定的教育教学实践经验和理论水平,能科学评估教师的教育教学水平,指导教师改进教学					
		30.善于发挥学校教育教学组织的力量,广泛开展教育教学研究,深入进行教育教学改革					
		31.能制定教师长远进修规划,组织教师参加各类进修,有效地帮助教师提高教学水平					
	协调公共关系能力	32.善于向学校全体成员阐明办学思想和教育目标,增强凝聚力					
		33.善于通过谈判,就人、财、物、时的分配或调整,取得共识,协调好各种不同的利益关系					
		34.善于沟通与上级、同级、下级之间以及同社会、家长的关系,赢得各方面的理解和支持					
		35.善于与不同性格、不同意见的人协调配合,合作共事					
	创建校园文化能力	36.能继承和弘扬本校优良传统,吸取外校优秀文化成果,整体设计具有时代特点和本校特色的校园文化					
		37.能发挥学校各种组织的力量,调动各种积极因素,运用各种方式,形成良好的集体舆论和行为规范,形成优良的校风、教风和学风					
		38.能对校园文化的特色、价值作出科学的评价,引导师生追求真、善、美					
	获取并利用信息能力	39.能通过多种渠道、方式获取教育的有关信息,并对信息的价值做出正确的判断					
		40.对获取的教育信息能进行整理分析,从中筛选和吸取有益的信息,用于指导和改进工作					
		41.能正确理解教育信息的内涵,准确地传递信息,并做出恰当的解释和评价					

续表

素质结构		素 质 指 标	重要性等级				
			5	4	3	2	1
管理能力	教育科研能力	42.能从学校发展的长远目标考虑,制定切实可行的教育科研规划和实施方案					
		43.勇于实践,善于总结,能把实践经验上升到理性总结					
		44.能指导教师选择科研课题,制定研究计划,改进研究方法,提高研究水平和能力					
		45.能采取各种方法,传播推广优秀教育科研成果的思想、内容和研究方法					
	依法治校能力	46.适应学校管理需要,依法制定学校章程和合理的规章制度,并为学校全体成员理解和接受					
		47.能依法有效规范校内教育行为,调整校内外教育主体的法律关系,善于调解校内法律纠纷,处理违法责任事故,维护学校及师生员工合法权益					
		48.善于通过各种途径和形式,加强法制宣传教育,使学校全体成员知法、守法					

您认为中小学校长还应具有哪些素质:

_____

_____

_____

培训案例：安徽省第九期校长研修班赴台湾铭传大学培训

第一部分：培训概况

2014年5月，由安徽省教育厅组织的安徽省第九期校长研修班赴台湾铭传大学安徽教育中心研修培训如期开始。本期研修班共有26名学员，其中中学校长有23人，研修时间为半个月。期间，铭传大学组织专题课程教学8次，参访大学、中学7所，开展文化研习与交流活动8次。总体组织有序，纪律严明，勤于学习，取得了预期的培训效果。

一、台湾地区基础教育概况

台湾地区自1968年起，开始全面实行9年教育制度，把德、智、体、群、美均衡发展作为育人的宗旨，强调伦理教育及生活教育，以造就人格健全的公民。台湾地区基础教育系统可分为幼儿教育、"国民教育"（小学、初中）、高级中学教育（高中、高职）三个阶段。各阶段的入学方式不一样：幼稚园自由入学，"国民教育"就近入学，高中考试入学。台湾的学制与内地基本一致，采用的是"六三三"学制，小学6年，初中3年，高中3年。立足于9年"国民教育"，台湾地区将"国民教育"向幼儿教育和职业教育延伸，从2014年秋季起，台湾地区实行普及12年"国民教育"，并以五大理念推动：有教无类，因材施教，适性扬才，多元进路，优质衔接。

台湾地区长期稳定地加大对教育的投入，所占GDP的比重较大，如2011年教育经费占到了GDP的6.51%（公立4.94%，私立1.57%）。台湾中小学教师和校长整体素质较高，突出表现在教师的学历层次高。基础教育阶段教师不实行职称评定,但入门较为严格。教师来源多样,不仅有师范院校的毕业生,也有非师范高等院校毕业生,但是必须经过教育学和心理学的培训、考核和考察,才能取得教师资格。一旦取得教师资格并被录用后,将可终身任教,校方不能随意解聘。台湾教师待遇好,教师职业受到社会尊重与羡慕,每年教师缺员增补经常引得数十倍持有教师资格证书的候选人竞聘。究其原因,一是台湾地区教师属政府公务员系列,待遇略高于财政、银行职员,而且退休后待遇优厚;二是教师职业稳定,教育主管部门在维护教师身心健康、倡导正当休闲活动、公开甄选教师等政策上,很受教师和社会认可;三是政府投资教育比例一般占政府预算35%以上,奖励教师的机制得到教师的响应,起到了激励教师专业精神、提升教师服务热忱的作用。所以,教师在自主进修,或与时俱进地参与培训方面表现得都很积极。教师非常敬业,工作节奏快,每周上课时间在20节以上,有的不仅上白日班,晚间还给学生补习,而中午用餐后几乎没有休息时间。校长学历层次更高,所接触的多所高中校长都具有博士学位,甚至还有海外留学的经历,而且不少校长还曾在教育行政部门做过教育官员。

台湾中学多为男女分校,由于近年来"少子化"带来的影响,学校办学规模普遍不大。从参访学校来看,其管理组织扁平化,每校只设一位校长,教育教学活动均能依章办事,管理突显高效。学校内设机构也处处体现出"服务于学生"、以"学习为中心"的思想。

为适应新时期的挑战,台湾教育主管部门针对基础教育发展,曾提出以"培养21世纪的健全公民"为最高理想目标,提出了课程修改的"六化":一是未来化——应具前瞻导向;二是国际化——应具世界胸怀;三是统整化——应求周延时效;四是生活化——应符合生活需求;五是人性化——应以学生为中心;六是弹性化——应重师生自主。

二、研修教学活动

(一)专题课程

铭传大学对培训教学作了精心安排,邀请了多位专家学者及高中校长进行主题授课,并安排互动与教学座谈会,如台北女一中校长张碧娟谈校园经营管理,士林高商校长黄赞瑾谈品德校园,南港高工校长江惠真谈友善校园,中仑中学校长谢念慈谈优质校园,铭传大学副校长王金龙谈 e 化校园,辅仁大学教授张德锐谈成长校园,台北海洋技术学院校长唐彦博谈扩张校园,铭传大学教育暨应用语文学院院长吕木琳谈台湾教育制度改革与发展,铭传大学进修推广处处长陈振祥谈学校经营之挑战与对策。这些专家与教师们教学严谨,学识渊博,学员们受益良多。同时,他们对来自祖国大陆的学员热情友善,言行中流露出很深的民族情感,令人感动。

(二)参访学校

结合专题课程学习,铭传大学专门安排参访了 6 所各具特色的中学,分别为桃园县大园高中、桃园县武陵高中、台北市丽山高中、台北市阳明高中、台北市中正中学和台中市立人国民中学,同时还参访了铭传大学桃园校区、台北校区。每到一所学校,学员们都受到了热情的接待,一方面走进课堂和教学活动当中,实地参观了台湾学校的校园建设与教育设施,同时还与台湾同仁们进行了面对面的交流,分享各自的教学成果与经验。

参访的几所中学特色鲜明,各具底蕴:桃园县大园高中重视外语教学,开设第二外语,坚持走国际化办学之路;台北市中正中学侧重学生生涯规划教育,设立科学、体育、艺术、人文等学科资优班,充分挖掘学生潜力,发挥学生特长;台北市丽山高中加强科学素养培育,以科学高中扬名;台北市阳明高中注重学生多元化发展,致力于培养学生语言沟通、人文精神、逻辑思维、科学素养、良善品格、国际视野等六种"带得走"的核心能力;而桃园县武陵高中,通过"四品""四度",将学生培养成为品格高尚的道德人、善用三端的资讯人、身心健康的快乐人、合群负责的现代人、乐学创新的博雅人、惜福感恩的伦理人、国际视野的地球人、积极筑梦的热情人,已跻身台湾一流高中行列,等等。而在台中参访立人国民中学时发现该校以"礼貌、和谐、尊重、成长"实现立人,以"负责、卓越、感恩、薪传"实现达人,学员们对该校"教育是以智慧启发智慧,以生命感动生命的志业"有着强烈的共鸣。此次参访,恰逢马来西亚华文科教育代表团也来到该校学习,学员们借此机会,与马来西亚同行进行了交流。

在参访交流过程中,大家不自觉地拿这些学校与内地学校进行对比,深感除经济条件因素外,我们在教育理念、课程设置与教学改革等方面与之相比,还存在一定的差距。

(三)文化研习

学员们大部分是第一次去台湾,对台湾的一切都是陌生的。然而当带着兴奋、激动和一丝神秘感踏上这片土地的时候,繁体字的招牌、竖排版的书报,虽然给学员们一种恍若隔世的感觉,但通用的语言、美味的菜肴、相近的生活与思维方式,又无不给人宾至如归的感觉,让大家深深地感受到:台湾和大陆都有一个共同的名字——中国,我们乃是同根生。

培训之余,学员们有组织地走访了学校周边的一些文化古迹和台北街市。在9·21地震教育园区,学员们目睹了地震灾难场景,感到十分震撼,也深切感受到台湾地区教育界对防御灾害的高度重视以及他们采取的切实有效的措施。

台湾人"孝道为先"的行为也让大家深有体会。学习期间恰逢5月11日母亲节,大街小巷的饭店、商铺的玻璃上都贴着有关母亲节的宣传海报。据说从一周前开始,台湾各地的饭店就很热闹,宴请母亲成为普遍现象,甚至有些商店店主停业带着母亲到风景区游玩。孝敬长辈在台湾地区是一种社会风尚,表现出良好的传统文化积淀与现代人文素养。

学员们通过了解与观察,感受到台湾当地有许多与大陆文脉相续的地方,徜徉在两岸中华文明交互的气息中,深深感受到"血浓于水、两岸一家亲"

的情怀。

学习期间,学员们感受到台湾地区的教育发展有力地推进了社会文明进步。在台湾地区,无时无刻不让人感受到台湾民众在文明礼仪方面的品位:如乘坐公交捷运、厢式电梯一律排队依序上车,公共场所人人彬彬有礼;行人不闯红灯,汽车驾驶员总是以车让人;大街上几乎看不到警察和清洁工,鲜见抽烟吐痰者,也很少见到当众吵架的情况;室内、室外垃圾都实行分类投放,大街小巷看不见果皮纸屑……这些事例反映了台湾地区民众文明程度之高,充分说明台湾地区教育在培养具有现代化意识的公民、塑造公民的优良品格,以及注重东方特有的情感培植和发扬群体意识等方面起着重要作用,这为祖国大陆的教育提供了较好的示范。

三、走进铭传大学

本次研修班赴台学习,是由铭传大学安徽教育中心负责研修活动的同志策划与执行的。在铭传大学基河校区和桃园校区,通过高密度、大信息量的课程教学与参访,学员们对铭传大学有了更为深刻的了解,深感铭传大学确实名不虚传,深感学校一草一木皆育人。

铭传大学由包德明博士与李应兆博士共同创办,1957年建校,原名为"铭传女子商业专科学校",为台湾最早的女子商业最高学府。1997年核准改名为"铭传大学"。现设有台北校区、桃园校区、基河校区和金门校区,共10个学院,36个系,18000多名学生分别来自74个国家。

铭传大学对研修教学作了精心安排,邀请了许多专家学者及中学校长进行主题授课,并组织座谈会,其中有铭传大学吕木琳院长的《台湾教育制度改革与发展》,台北士林高商黄赟瑾校长的《品德校园—品德教育的校园经营》,南港高工江惠真校长《友善校园——科技领导与智慧教室》,辅仁大学张德锐教授的《成长校园——教师专业发展》,中仑中学谢念慈校长的《优质校园——学生成长与关怀》,铭传大学王金龙副校长的《e化校园——信息科技与校园运用》,台北女子第一中学张碧娟校长、桃园县寿山中学陈胜利校长主持了校园经营管理实务交流。

除专题课程外,学员们还先后聆听了铭传大学师资培训中心主任沈佩蒂教授、教育研究所张国保所长的报告,参观了刘铭传纪念馆、安徽教育中心、五经研究所、中国茶道研究中心、红学研究中心、育成创新中心、网络管理中心和艺术中心。学员们还兴致勃勃地与我省部分高校选派在铭传大学学习的研修生进行对话交流,了解他们为期一个学期的研修游学生活,特别是对于他们在铭传大学的课程选择、生活管理等方面情况进行了考察。每到一处,都能让人体会到铭传人对教育的敬业与精致。

让人难忘的是,沈佩蒂教授与大家分享了一句名言:"教育之道无他,唯爱与榜样而已。"平实的话语反映了"学生需要爱,教育必须充满爱"这个深刻的道理。全体学员都为铭传大学多年来秉持"人之儿女己之儿女"的理念,坚持以培养"理论实务并重,具备团队精神和国际视野之人才"为宗旨,坚持追求"卓越化、专业化、国际化"的精神所感动,也对铭传大学的创办人产生由衷的敬意。

四、研修启示

台湾全岛现有2300多万人口,3.6万平方公里,土地稀缺,资源匮乏,但近几十年来创造了非凡的经济成就。通过认真分析发现,高度重视教育,恪守中华文化优秀传统是台湾地区经济社会发展的重要原因。台湾地区基础教育的育人理念、管理方法、运作模式对当下我省基础教育改革发展有一定的启发意义,特别是在深化教育领域综合改革当中,可以借鉴。

1. 全人教育的观点。台湾教育所实施的"三个一",即"一校一特色、一生一专长、一个都不能少",不仅明确具体,还具有一定的可操作性。德、智、体、群、美五育兼顾的全人教育观在每个学校都有具体体现,尤其强调学生的礼仪、起居、孝敬、善友乐群、待人接物、修己立身、互助合作、健全品格等,强调做人在先的观点,值得我们借鉴。

2. 教育多元化、包容性特色明显。由于历史原因,台湾地区社会文化教育受中国传统文化、日本文化、西方文化,特别是美国文化的影响比较大。因此,在促进学生个性发展的同时,台湾教育注重促进学生多元学习,促进学生适性发展、快乐学习。就语言教学来说,许多学校除开设英语外,还开设日语、法语、西班牙语、德语等。开设第二外语这种方式,有效增强了学生学习多元文化的乐趣,开阔了学生的国际化视野。

3."繁星计划"敦促教育公平。与祖国大陆一样,台湾地区学生高考也是有名校情结的,竞争非常强烈,同样存在明星学校与薄弱学校之分。为解决教育均衡与公平问题,台湾地区推行了"繁星计划"。其意为夜空因繁星点点而灿烂,春天因百花齐放而美丽;每一所学校都是一片天空,每一个学生都可能是闪亮的星星。该计划与目前大陆初中中考分解学生指标近似,即学校不分强弱大小,其年级前几名都是等质的,学生根据学生成绩 PR 值提出申请,高校把具体招生名额分摊到各高中。这样,每一所学校都出彩,都具有吸引力,在很大程度上避免了家长盲目选校,保证了薄弱学校的良性发展,也遏制了明星学校的盲目扩张。可见,在教育公平方面,台湾地区方面重实效,他们既有顶层的制度设计,又有操作层面的程序设计,更有严格的落实与执行,这一点值得我们学习。

4.信息科技打造 e 化校园。可以说,台湾的每一所学校都已进入了真正的 e 化时代。在硬件方面,政府与学校都有固定的预算投入,学校建立云端服务平台,网络全覆盖,班班有计算机,人人会计算机,人人有信箱,人人有网页。在管理方面,学校普遍建立 e 化组织制度并有实施方案,专业管理开发团队确保设备运行与网络安全。在应用方面,行政、课程、学业成绩、学籍、奖助学金、教学题库等全部 e 化。特别是在教学应用方面,设立智慧教室,推进翻转课堂,打破传统时空界限,让学习活动无处不在。

5.适性教育造就学生多元发展。台湾地区教育注重有教无类和因材施教的原则,积极践行适性教育,即根据学生不同的资质禀赋、潜能特长与家庭背景,提供给学生恰当的教育,这与大陆多样化办学相似。高中学校公私并进、普职兼顾,无高低贵贱之分,也无等级之别。普通高中根据学生入学后的差异,分设各种资优班,如科学班、英文班、人文班、体育班、音乐班、美术班、舞蹈班等,每班都有专门的教室、专设的课程和专业的教师,让学生真正根据自己的潜质学有所长、学有所乐、学有所获。职业高中根据市场需求与社会述几位学员代表在台北讲坛上的发言精彩纷呈,主持论坛的台北中仑中学谢念慈校长也给出了高度评价。

做怎样的校长?

巢湖市四中 范汪苗

在铭传大学培训中,参访了台湾地区6所中学,聆听了5位中学校长和部分大学校长的报告,我感触颇深,特别是与几位中学校长的近距离接触,使我的教育思想得到提升,思想境界得到升华。与台湾地区的同行相比,我们缺了什么?我们需要补充什么?回去后,我们又该怎么做?究竟该做怎样的校长?

一、做一个有学识的校长

台湾地区的校长大多有较高的学历层次和渊博的知识,很多都有教育学博士或教育行政管理的背景,大多数校长都长于教育的某一方面的研究,如南港工业学校江惠真校长是英语老师,却对智慧教室有着很深的研究和实践。从交流中可以体会到,他们自我增压、自我充电的意识很强。同时,他们的参加国际交流的机会多,视野开阔,办学思想前位,值得我们好好学习。

二、做一个很勤勉的校长

台湾地区的校长与祖国大陆的校长一样都很忙、很累,但他们乐在其中。台湾地区的中学校长没有副手,学校大大小小的事都一个人扛在肩上,比老师早到,比学生晚走,老师的教学他们要引导,学生的活动他们要参与,他们却乐此不疲,真是难能可贵。武陵高中的林继生校长临近退休,从他与同学们在一起的场景看,似乎还要再干五百年。立人中学的胡金枝校长把进门的第一个教室作为校长室,似乎有一种把整个学校都抓在手上的感觉。

三、做一个有思想的校长

在我们学校,有一个很大的标牌,上面写着:"善思者行无疆"。到台湾后,感觉真正善思的是台湾地区的校长,人人都有独到的教育思想,而且不空泛、不飘忽。武陵中学的办学成绩堪称一流,然而林继生校长的教育理念更为深邃。该校以"全方位卓越,昂首阔步武陵人"为核心价值,以"四化"即"国际化、云端化、未来化、远端化","四感"即"感觉、感动、感恩、感化","四品"即

"品格、品质、品味、品牌","四度"即"高度、深度、广度、纯度"为目标,立志将学生培养成品格高尚的道德人、善用三端的资讯人、身心健康的快乐人、合群负责的现代人、乐学创新的博雅人、惜福感恩的伦理人、国际视野的地球人、积极筑梦的热情人。

四、做一个有责任感的校长

台湾地区的校长上任前要经过遴选,上任后有任期,虽然他们不是学校层面上的人,但他们比谁都爱他所任职的学校,哪怕任期即将结束,也没有一点做一天和尚撞一天钟的思想,仍旧兢兢业业地工作。他们把校长职业作为人生的一部分,融入到情感和血脉之中。立人中学的胡金枝校长是台中市的第一位教育博士,却放弃到大学任教,而是为了自身的信念,潜心做一名中学校长。由此我想起陶行知先生的一句话:"国家把整个学校交给你,要你用整个的心去做个整个的校长。"这一点台湾同行践行得更好。

五、做一个有爱心的校长

士林高商的黄赟瑾校长潜心于学生的品德教育,教育学生懂得爱,珍惜爱,创造爱,要扬起爱的风帆。她的言传身教,让学生明白:战胜敌人,是人生的赢家,战胜自己,却是命运的强者。台北中仑高中谢念慈校长从发展心理学、多元智能的角度帮助不同成长阶段的孩子健康快乐成长,发现孩子的天赋,激发孩子的兴趣,实现中国人的未来期许与责任。我想,教育的影响,就在举手投足之间,就在你生活的环境里。

六、做一个有品格的校长

《道德经》里有句话:太上,不知有之;其次,亲之誉之;其次,畏之;其次,侮之。其意是:最好的领导者,部下感觉不到他的存在;其次的领导者,部下亲近并称赞他;再次的领导者,部下畏惧他;更次的领导者,部下蔑视他。领导者的诚信不足,部下就会不信任他。正如胡金枝校长所说:"教育不是移山填海的工程,教育是移针缝线的刺绣;教育不是法令规章的堆砌,教育是苦口婆心的叮咛;教育是一种以智慧启发智慧,以生命感动生命的事业。"在学校,不需要怒吼,需要的是润物无声;不需要呵斥,需要的是大爱无疆。校长需要有高尚的品格、宽容的胸怀,要创造宽松的环境,铺就宽广的大道。

推进适性教育　发掘学生潜质

天长市炳辉中学　夏保华

学校有别，各有特色，无绝对的好坏之分，对于一个学生而言，最适合他的学校才是最好的学校，最适合他的教育才是最好的教育。推进适性教育，有利于发掘学生潜在的素质，体现教育公平。

一、对"适性教育"的认识

应试教育泯灭了学生的个性，偏重智育而忽视了学生的全面发展与个性发展的有机结合，扭曲了国民教育的目的。而适性教育毋庸置疑会使学生兴趣倍增，使学生在快乐的学习中不断增强自信，充分发展个性，不断提升整体素质。

适性教育首先应该是课程结构的适性。要努力构建符合学生需求的课程体系。适性教育必须做到教师队伍的适性，要有计划地培育合格的教师。适性教育需要学校管理的适性。各个学校的具体情况千差万别，要摸索出适合本校的管理模式。适性教育还应做到教育设施的适性。缺少了硬件的保障，再好的方案，也无法得到理想的实施。

对适性教育的理解，不能简单地认为只是音、体、美课程的加强与发展，适性教育的内容，必须是全方位的思考、科学的选择、有机的组合。

适性教育对所有的学校都是适合的，只是内容及适用方法存在一定的差异。当然我们要考虑到，推进适性教育会有一定的障碍，最大的障碍是社会对教育的评价，特别是家长和学生的评价，需要一个引导的过程。

二、适性教育的理论支撑

从古今中外的教育理论中可以看出，适性教育是有坚实的理论支撑的。传统上，学校强调的是学生在数学、语文等升学考试相关科目方面的发展，但这并不是人类智能的全部。不同的人会有不同的智能组合，如建筑师和雕塑家的空间智能较强、运动员和舞蹈演员的肢体运作智能较强、公关人员的人际智能较强、作家的内省智能较强,等等。美国心理发展学家霍华德·加德纳,通过对人的学习能力的差异的研究,提出了"多元智能理论",这一研究成果是适性教育的最有力的理论支撑。

其实,早在春秋末期,从孔子的教育思想中就能寻找到适性教育的理论支撑。朱熹从孔子的教育经验中概括出"孔子教人,各因其材"。孔子是中国古代最早重视因材施教的教育家。因材施教,即要求教育者深入了解学生,研究学生,熟悉每个学生的特点,有的放矢地进行教育,克服不从学生实际出发的主观主义。这一教育思想,成为后来中国教育的一个优良的教育原则和传统,这是孔子留给后人的珍贵的教育思想财富。所以,适性教育有着"多元智能"理论和"因材施教"原则的理论支撑。

三、推进适性教育的措施

本着以生为本的理念、对学生未来发展负责的态度,我们要大力推进"适性教育",发现学生的天赋,发掘学生的潜质,促进学生的有效发展。从教学的层面讲,推进适性教育要以承认差别、允许差别为前提,要贯彻因材施教的教学原则。具体措施:一是实行课程选修制,二是实行分层教学制。

课程选修制就是在保证必修课学习的基础上,让学生根据自己的兴趣、特长并充分考虑自己的现有基础,选学自己心仪的课程。配合这种制度,学校应本着一切为学生服务的思想,在学校师资和设备条件许可的前提下,尽最大可能开设各类选修课,以满足学生的不同需求。

分层教学制就是按照学生原有基础划分层次,按层次编排班级。同一层次的学生分在同一班级,他们基础相同、目标一致,既可避免参差不齐的状况给教学带来的不便,又方便同学间的合作学习,互相帮助。

从政策层面讲,中学要推动多元入学方案,使学生适性入学,减轻竞争升学的压力。高校要改革招生制度,使之适应中学教育的新模式,既保障学生就学机会的平等,又利于多种人才的培养。

在推进适性教育的同时,我们不能忘记学生的全人教育。我们要对学生的不适性教育的内容做出必要的补偿教育,要以辩证的观点和积极的态度对待学生的差异,保障学生的全面发展。

教育的目的在于发挥个人的最大潜能,使个人价值得以实现。适性教育就是引导学生寻找发展方向,寻求成长之路。

从台湾校长看校长领导力的形成

淮北市濉溪二中 陆万春

校长领导力就是一个校长对学校的影响力,是一个校长对师生员工的号召力。校长影响力的形成取决于诸多方面的因素,是一种合力的凝聚与升华。从参访的台湾地区的几所学校来看,虽学校层次不同,办学绩效各异,但校长领导力无疑都是他们成功的至关重要的因素。

校长领导力的形成,首先取决于校长自身素质的提高。俗话说,打铁还需自身硬。学校是一个知识分子聚集的地方,领导力形成的基础在于被领导者认可和尊重。这里,校长的素质实际上是一个宽泛的范畴,包括学识水平、专业技能等。仅就专业技能而言,一个教师能否胜任校长职务,衡量的一个基本标准就是能否当好一个教师。所谓"教而优则仕"不是必然,但要"仕"(当校长),"教而优"则是必要条件,因为校长毕竟有别于行政官员。

基于以上原因,校长要善于学习,不断提高,在学习中积累经验,不断提升自我素质和领导力。我们访问的几所学校,其校长大多具有博士学位,且是某一学科领域的权威,有不少校长在台湾地区相对严格的遴选机制下完成了两个任期,其校长领导力可见一斑。

校长领导力的形成还取决于校长的人格魅力。我个人认为,校长是需要些"个人崇拜"的。但这种崇拜不是靠"权威"树立,不是靠行政命令维系的,而完全在于校长人格魅力的影响和感召。校长的人格魅力来自于自律、自省,来自于正直善良、敢于担当,来自于严己宽人,来自于率先垂范,来自于公道公正,来自于亲师爱生,与师生打成一片,融为一体。台北士林高级商业专科学校黄赞瑾校长筹集社会资金,甚至自掏腰包奖励学生,赢得学生的尊重与爱戴。而立人国民中学校长则被学生称为"猫头鹰校长",足见其亲和力。

校长领导力的形成需要构建一个坚强有力的领导团队。相对于台湾学校的领导班子构成,内地的学校领导班子往往过于庞大,动辄近十人,但效力并不尽如人意。校长领导力是通过学校组织架构实现的,好的领导团队,能保证校长领导力完全有效地渗透和影响到各个层面、各个角落。加入了团队的智慧可以使校长领导力的实现超出预期的效果。相反,就会使领导力减弱,甚至产生负面效应。这也警示校长,要慎重建构团队组织,把真正能做事、会做事、能成事的人吸纳到领导团队中来。

校长领导力的形成还要看校长给学校一个什么样的愿景和成就。校长要有明晰的办学理念、目标以及切实可行的举措。学校教师,包括领导年复一年重复着同样的劳动,职业倦怠感的产生在所难免,校长领导力就体现在不断地为学校设计更美好的蓝图,极大地激发教职工的主动性和积极性,并让他们在目标的实现中体验成功的喜悦和满足。

当然,校长领导力的形成,要建立在学校办学的成就上,建立在学校在社会上形成良好的声誉上。同时,也要换个角度思考一下。校长作为一个社会人,其本人也需要得到社会的认可和承认,如果我们社会有一个健全的评价机制,给予校长的付出与努力合理的、负责的考核评估,并给予相应的奖惩,就会极大地激发校长的"内驱力",更有利于校长领导力的形成和发挥。

由"繁星计划"谈到教育公平

宣城市宣州水阳高中 奚志兵

与祖国大陆一样,台湾地区高考竞争非常强烈,学校也有明星学校与薄弱学校之分。为解决教育均衡与公平问题,台湾地区近些年来推动了"繁星计划"。其寓意为:夜空因繁星点点而灿烂,春天因百花齐放而美丽。每一所学校都是一片天空,每一个学生都可能是闪亮的星星。该计划与大陆初中中考分解指标近似,即学校不分强弱大小,年级前几名都是等质的,学生根据学业成绩PR值提出申请,大学把名额分配到各学校。这样,每一所学校都出彩,都具有吸引力,在很大程度上解决了家长盲目选校的问题,也限制了明星学校的扩张。由此可以看出,在教育公平方面,台湾地区既有顶层的制度设计,又有操作层面的规范程序,更有严格的落实与执行。

党的十八大报告明确提出"要均衡发展义务教育,大力促进教育公平,合理配置教育资源",把实现"教育公平"提到国家战略地位。这体现出新一届党中央先进的治国理念,也说明当前我国教育公平问题的严重性。台湾地区推行繁星计划力促教育公平,对大陆教育很有启发。

一、教育公平是现代社会公平的基础

教育公平具有一种普世价值,西方社会推崇的自由、平等、博爱,中国古代孔子宣扬的有教无类,都体现了教育公平的思想。当今,一个人受教育的类别与程度决定其人生发展的高度。过去出身的不平等决定发展的不平等,如今是教育的不平等决定发展的不平等。教育公平的关键是起点公平,即基础教育的公平。基础教育是面向大众的国民教育,为学生的终身发展奠基。教育公平关乎人的生存质量与尊严,是现代社会公平的基础。

二、当前教育的不公平现状

当前我国教育不公平的最主要表现是损不足而补有余。一边是理论界与话语权者的义正词严与振臂疾呼,另一边是城乡之间、地域之间不公平、不均衡进一步加剧。在政府层面,政府打着"做大做强"的旗号,着力投资建设城市重点学校,造就明星学校,产生"虹吸现象",使许多农村学校人去楼空,生源减少,优质师资流失。由此形成恶性循环,产生可怕的"马太效应",强者愈强,弱者愈弱,直至消亡。在社会层面,国家大力推进城市化,导致农村与边远地区人口向中心城市聚集。有经济条件与社会背景的家庭的孩子可选择优质教育资源,弱势家庭的孩子则没有选择权,甚至辍学。在学校层面,迫于升学压力,设重点班与实验班,把学生分成三六九等,导致很多学生自卑厌学,被变相剥夺了受教育权。当前教育的现状是学校分高低贵贱,学生自然类分,教育公平状况堪忧。

三、如何实现教育公平

中国内地的教育正处在改革与发展进程中,教育在呼唤公平,社会在呼唤公平。实现教育公平,既要有顶层的制度设计,也要有严格的监管落实,不能空喊口号,而台湾地区的繁星计划我们可以借鉴。

首先是政策公平,在政策制定上倾向农村、边远、贫困民族地区,合理配置教育资源。其次是评价机制公平,在办学条件与师资生源绝对占优势的情况下,必须实行像繁星计划之类的评价机制,让每一所学校都出彩,让每一名学生都成功。再次要推行适性教育,根据学生的禀赋、潜能、特长与家庭背景,给学生提供恰当的教育,让学生根据自己的实际情况,学有所长、学有所乐、学有所成。在办学形式上,公私并进、普职兼顾,努力做到"一校一特色、一生一专长,一个都不能少。"

团队建设:如何推动教师专业发展

临泉县第二中学 张献斌

教师专业发展是一个永恒的话题,关于如何推动教师专业发展,借此机会想从两个方面谈谈体会:一是对教师专业发展的再认识,二是对教师专业发展的推动方式的探讨。

一、对教师专业发展的再认识

教师专业发展是指教师参与系统设计的专业成长的活动,以增进其专业智能、强化其专业态度和改变其专业行为,进而提升教学效能和增强学生学习效果。这里包含三层意思:呈现形式、内容和目的。教师专业发展的特征主要有:一是有目的、有意义策划的过程;二是持续的过程;三是有系统的、发展的过程。

在教育改革行动中,学校是"现场",教师是"关键",故唯有学校教师具备足够的专业能力和热忱,才能有效执行并创新教育改革的措施,因此教师专业发展应成为教育改革的推动力。

二、对教师专业发展的推动方式的探讨

台湾辅仁大学的张德锐教授介绍了三种推动教师专业发展的方式:

其一,自上而下——制定标准,建立评鉴机制(称为"行政管理主义");

其二,自下而上——由学校里的部分教师发起或引导(称为"教师本位主义");

其三，由中间往上或下——由学校发起某种专业发展活动（称为"学校本位主义"，由校长主导）。

台湾地区采取的推动方式主要是第三种，就是借助学校的专业发展活动来激发教师主动省思、探究的精神，以便逐步提升教师的专业素养，并改善基层教育的品质。值得一提的是，台湾地区教育主管部门创造了良好的教育环境，教师有着职业幸福感，专业发展主动性较强。

一要建立教师专业发展评鉴机制。首先制定了教师专业标准，然后确定了评鉴目的。经过自下而上协商，形成了"形成性教师评鉴"，与教师绩效考核、不称职教师处理、教师分级制度脱钩。相当于对教师进行一次健康体检。目的在于协助教师了解教学的优点和需要改进的地方，并进一步协助教师改进教学或提供适当的在职进修课程和计划，以提升教学品质，促进教师专业发展。这种评鉴机制是只检查不治病，教师乐于接受。而祖国大陆则不同，它是既发现问题，又解决问题，权威性不强，教师被动应付。

二要甄选教学辅导教师与服务对象（伙伴教师）配对，前者给予后者系统、有计划、有效能的协助、支持、辅导，发展教师专业学习社群，以团队合作的方式进行共同备课、省思对话、经验分享、课程媒材研发、教学方法创新等。

三要形成学习共同体。通过合作对话、课题研究，开展一年一次的公开授课、观课议课。他们不是用竞争的方式，而是用一种相互帮助的方式，携手迈向专业。

针对此次研修安排，提出两点建议：

1. 每次专题讲座应留足够的时间进行对话、讨论，就如陈振祥处长所言，任何事情的解决，都要从对话开始。

2. 参访学校的时间稍短，校长介绍学校情况泛泛而谈、浮光掠影，不能了解到具体的、深层次的举措和方法，使人有没有学透之感。建议选择两三所比较有特色的学校，延长参访时间，进行深入了解与学习。

表 5 校长对教学模式需求调查结果

教学模式 （Value tabulated = 1） Dichotomy label	Name	Count	Pct of Responses	Pct of Cases
集中讲授式	T81	776	24.4	62.4
自学讨论式	T82	435	13.7	35.0
案例教学式	T83	955	30.0	76.8
实地参观式	T84	928	29.2	74.7
其他	T85	86	2.7	6.9
		...	...	...
	Total responses	3180	100.0	255.8

6 missing cases；1,243 valid cases

根据以上调查结论,课题组对中部地区中小学校长培训提出以下建议。

一、选择有效的教学内容和教学模式

(一)促使校长形成现代教育理念和意识

教育理念是对"教育是什么"的价值判断和基本看法,正确的教育理念是学校管理和发展学校的基本前提和保证。校长的教育理念具有两个最基本的作用,一是使校长的个人行为具有自觉性和目的性,二是以前者为基础,使学校的整体行为具有自觉性和目的性。作为一种价值判断的教育理念,要通过办学思路、课程设置、教育策划影响学校,从而形成办学特色。教育理念决定办学特色,办学特色是教育理念追求的目标。

校长独到的办学理念是学校的灵魂,是办学的根本,是校长在学校管理的特定情境中对学校管理活动意义的观念,它对校长和全体教职工的教育行为起支配作用。校长办学理念的形成、变化和发展,实质上也是教育价值观的形成、变化和发展,带有导向性、评价性、有效性和动态性,是校长确定教育教学行为的理论起点。因此,校长应该经常对教育理念的内涵进行探究、反思和追问。

续表

素质结构		素质指标	重要性等级				
			5	4	3	2	1
管理意识		15.依据国家法律、法规,通过各种途径和形式,保证教职工民主管理学校的权利,促进学校管理民主化、法制化					
		16.适应社会主义市场经济发展的需要,合理引进竞争机制,增强办学活力					
		17.重视在教育改革实践中自我反思,更新观念,兴利除弊,创造改革创新的氛围					
		18.重视组织教师学习教育科学和研究实践问题,科研兴教,科研兴学					
		19.以校为本,以人为核心,激发学校全体成员的内驱力,形成凝聚力,促进学校管理的最优化和高效化					
		20.办事讲实效,重视工作效率,讲求人、财、物、时投入与成果的比较,提高办学质量和效益					
管理能力	科学决策能力	21.善于用科学的方法和手段,分析情况,抓住机遇,制定办学目标及实施计划					
		22.能鉴别评价几种不同方案的优劣与利弊,加以权衡,从中选出达成目标的最优方案					
		23.面临复杂和困难的问题与突发事件,沉着冷静,善于决断,能够妥善处理					
	统筹教育资源能力	24.善于识才用人,合理分配工作,使全体教职工各显其能,各尽其职,形成合力					
		25.时间观念强,办事讲效率,各项工作分轻重缓急,安排有序,相互协调,准时有效地运行					
		26.能多渠道筹措办学经费,严格财务管理,提高经费使用效率,并适时作必要调整					
		27.按照需要与可能,努力改善办学物质条件,合理分配和使用教育设施设备,提高其利用率、完好率、使用效率					

发展开设专业,除教学规范、学以致用外,职中升学渠道也畅通,学生可以考科技大学,获取本科学历。

  6.有效发挥家长会的作用与功能。家长会是台湾教育的一大特色。在台湾地区,家长会是学校的得力助手,在学校的地位很高。家长会是学校教育的合伙人,也是教育的监督者。家长会成员通常是选举确定,会长大多是在经济界较有实力的人物。家长会一方面要参与学校经营,并主动协助学校开展各种教育活动,给予学校经费上的支持;另一方面要选派代表参与学校重大的校务决策和教学决策,改善学校教育环境,促使学校教育符合学生的成长需要。台湾地区家长委员会的设置及其权利和义务是有法律保障的,目的是维护并保障家长参与学校教育事务的权利。同时家长会还是家长的成长园地,在这里大家汇集资源与意见,交换子女教育心得,获取教育新知。

  目前,祖国大陆常常强调的是教师和学校的作用,而家长会只是充当了学校与家庭的交流媒介,家长参与学校教育一直没有引起足够的重视,甚至许多学校的家长委员会形同虚设。经调查,家长会与学校整体之间的关系谈不上互助互动,互相促进,相反,由于沟通不畅,理解不充分还会导致教育环境不和谐的现象产生,这方面引人深思。

  全体学员一致认为,来台湾接受培训学习受益匪浅,既开阔了视野,又学习了先进的思想理念。建议今后要充分发挥铭传大学安徽教育中心的作用,进一步加强海峡两岸及皖台基础教育全方位、多层次、宽领域的合作与交流。

第二部分 学思结合

  培训期间,学员们针对一些困惑和问题展开了分组讨论,每个组都确定一个主题集中研讨,最后进行主题发言,其中范汪苗、夏保华、陆万春、奚志兵、张献斌等5位校长分别从校长领导力、教师专业发展、适性教育、教育公平等方面,结合工作实践,表达了自己的观点与思考。钱立青代表培训组织者剖析研修培训中的现实问题,对培训持续发展进行了深度思考与展望。上

让研修培训成为新时期教育改革的"鞭子"

安徽省基础教育改革与发展协同创新中心　钱立青

非常有幸此行能与各位校长一起来台湾参加研修培训。我的身份是双重的,一方面,作为一个教育改革的研究和服务者,是迫切需要来开阔视野、充电提升的;另一方面,作为中小学校长培训的组织者与促进者,也需要一个亲历亲悟的机会。

与刚才诸位校长一样,赴台学习感受良多,现在站在台北的讲台上,是想与大家分享一点感悟,提出三点思考,也可以说是建议。今天的发言虽然倡导"畅所欲言",但始终是在围绕一个主题,临上台之前,给发言起了个题目:让研修培训成为新时期教育改革的"鞭子",希望能给自己一些鞭策与激励。

一点感悟

在台湾的两个星期,可以说,是全方位地感受到了教育优质发展与社会文明、国民素质提升相关联,感受到了教育的基础作用与经济社会发展的原动力作用凸显。

这些天,在学习观察中,我们自然而然地将台湾地区基础教育与祖国大陆的基础教育进行多层面的比较,应该说,两地教育各具优势与特色。就安徽的教育来看,近些年发展很快,也有自己的特点,但也存在一些问题与短板,且长时间没有得到解决,这些问题的根源经常被人们归结为体制问题、政策问题和社会问题。

其实,真正解决教育体制问题的方法是不易学到的,或者说,对于我们校长这个层面来说,是不需要深入的。我们组团来台湾,究竟学什么?这是前几期培训班共同的困惑。来台湾,不是来学这里的教育体制,不是来学这里的外部环境,应该要从教育内涵方面进行学习,从内因上寻找解决问题的良方。

综观研修班课程学习与参访学校,我们对台湾地区的基础教育有了一个相对的了解与掌握,整体上来看台湾地区教育是顺应时代发展的,呈现出良性运转态势,一直处在一种高位优质化、精致化的发展轨道上。其实台湾地区基础教育一直处在改革当中,但改革在起伏中见平稳。随着高等院校招生的多元管道并行、良性的科学教育改革发展,台湾地区教育走过了困难期,现正处于后竞争时代、品质提升阶段。

值得高兴的是,在培训学习中,前来学习的校长们还是能抓住精要的、核心的地方,大家的目光都是敏锐的、聚焦的,重点学人家先进的育人理念,学人家精致的办学细节,学人家奉献的敬业精神,学人家高效的运作实践。

昨天下午讨论的话题之一是"适性教育",我认为这个问题很好,台湾地区的做法也很有特色,富有实际意义。多少年来,祖国大陆与台湾地区教育,都在践行孔子教育思想,而"有教无类""因材施教"这些精髓,在新时期得到进一步发扬光大。但我感觉台湾地区这方面是走在我们前面的,他们目前思考的许多问题,也许正是我们十年后、二十年后努力的方向。

三点思考

从这次研修班的学习理念、培训模式、培训组织方面来看,安徽教育中心经过了精心策划与安排,值得我们在培训组织上学习、深思。但对于培训内涵发展与品质提升方面,我想在此分学员、铭传大学、培训组织三个层面提一些思考或建议。

(一)对于学员而言:学习无限延展

虽然研修即将结束,但我认为研修班是不下课的,永远不会结束。真正的培训绩效更多地体现在培训的后续工作上,强调培训学习要无限延展。

1.切实做到"学、思、行"结合。来学了,学什么?用什么?如何用?这是校长要思考与要做的事,不仅是培训总结,更重要的是有思、有行。学习后要对台湾学习进行梳理、凝练、提升,更重要的是推动我们的教育改革。也许,今天我们尝试性地迈出一小步,将会促进教育改革的一大步。

真正的学习借鉴就是培训绩效的体现。今天合肥师范学院的"大学生愿景计划",就是学习台湾地区高校先进的办学方法。对于安徽来讲,台湾地区有许多理念是前沿的,比如说,这次听武陵高中的林校长畅谈办学理念,我们能否把其"四品(品格、品质、品味、品牌)"科学、得体、创新地引入我们的实际办学工作当中。其实这个问题大家都已关注,我想不少校长可能都有思考,但关键在于落实。

2. 研修活动常态化。研修班成员来自全省各地,我们进行同堂专题学习是一种很好的形式,学员间的相互交流也是一种资源,我们要充分挖掘,体现合作共同体学习的优势。今后,研修班学习将以沙龙形式进行,每年开展1～2次横向交流。我所在的基础教育改革与发展协同创新中心将根据三项改革要求,为大家提供平台,一起开展课题研究。欢迎大家参与论坛研讨,共建合作平台。

(二)对于铭传而言:追求品质卓越

铭传大学秉持"以追求教育卓越,培养理论实务并重,具备团队精神与国际视野之人才"为办学宗旨,我们的研修班也应如此。自2011年铭传大学安徽教育中心成立以来,已选派校长研修班赴台培训9期,每次培训效果都十分显著。今后安徽地区还要拓展研修类别,不断扩大培训规模,实现精品化办学。

其实,铭传大学精心安排了研修班的课程,具有一定的探索经验。但培训工作不是静止的,要与时俱进,要常训常新,可见培训是一项富有挑战性的工作。

1. 课程安排。目前培训研修采用的是课程模块式,课程模块在选择安排上具有灵活性与多元性,很符合成人教育特点,但是课程模块不同于拼盘,其课程设计必须要有逻辑。有关台湾地区教育体制、教育背景、宏观政策,学员们要先了解,先掌握。比如有关台湾地区教育体制的课程,可以放在第一堂课,这样可以避免许多概念不清问题。专题课程与参访学校要有一定的对应关系,安排上最好形成"问题—理论—实践"的三明治式问题解决模式。

2. 参访学校。对于参访学校,一定要选择特色学校。由于学习时间宝贵,不必参访同质化的学校。同时,在学校参访形式上也可以变化,要打破"听汇报、提问题、看校园"三段式模式,实现参访内容与形式双创新。

昨天与部分校长交流,就有了一个设想,比如让学员分组进入不同的学校,蹲点、顶岗不同的管理岗位,真正做到全息式体验一整天的教育教学管理。

3.翻转课堂。翻转课堂是一种较好的课堂教育改革形式。这个不能只停留在对概念的认识上,更需要亲历亲学。作为一所学校教育改革引领者的校长,自己要率先体验。因而,在培训教学当中可以率先尝试以翻转课堂模式来组织培训教学。

(三)对于组织而言:适性定制服务

1.培训前置。做好行前培训,不仅要有境外学习事务知晓性培训,更要有业务培训。比如台湾地区基础教育概况,应该在出发前进行系统的了解。由此我想策划编写《台湾基础教育一书》,在宏观层面全面反映台湾地区教育现状,这要组织两岸教育学者、管理者、实践者、培训者和受培训者,大家一起编写,或者立项课题进行研究。建议由安徽省厅外事处、基教处与协同创新中心一起来完成,特别是我们参加过培训的校长可以提供学习体会与工作实践经验。力争在今年下半年,完成本书的编撰工作。今后来台学习的研修班成员,行前要接受相关内容培训,早了解台湾教育,早做准备,使学习的目标更明确。

2.按需施训。按需施训虽然是培训工作中的一个老话题,但要坚持做下去不易。现在来台湾地区学习可以说是吃"套餐",这个"菜谱"全部是由铭传大学安排的,因为对我们的口味了解有限,所以他们只能看着办。我想,真想学好、学到我们想学的东西,就必须要学会"点餐"。这就要求在培训组织上做好训前的需求调查,使得培训设计具有针对性,让研修班享受"适性教育"。

半个小时后研修班即将举行毕业仪式。最后我想说,希望各位校长今后协同创新,紧密形成一个学习型、合作型教育团队,回到工作岗位上,要正确面对教育中还存在的问题,如教育功利化扼杀了学生的创造力,教育不均衡破坏了社会公平正义,重智轻德导致公民道德缺失,等等。作为校长,我们既是国家教育政策的执行者,又是学校办学的直接实践者,通过这次培训学习,要深感在深化教育领域综合改革、努力实现中国梦的过程中,我们教育人的使命崇高,任重而道远!

参考文献

萧宗六.学校管理学[M].北京:人民教育出版社,1994.

褚宏启主编.中国教育管理评论.第3卷[M].北京:教育科学出版社,2005.

王铁军主编.现代校长培训:理念·操作·经验[M].南京:南京师范大学出版社,1999.

郭京生,张立兴,潘立编著.人员培训实务手册[M].北京:机械工业出版社,2003.

王铁军,周在人主编.给校长的建议:101[M].南京:南京师范大学出版社,1999.

孙培青主编.中国教育史·第3版[M].上海:华东师范大学出版社,2009.

熊贤君.中国近代教育行政史[M].北京:人民教育出版社,2014.

卢元锴.校长学[M].北京:华文出版社,1999.

王铁军.教育现代化论纲[M].南京:南京师范大学出版社,1999.

张楚廷.校长学概论[M].北京:北京师范大学出版社,1994.

朱永新.我的教育理想[M].桂林:漓江出版社,2009.

曲绍卫,张金宝等.校长素质论[M].青岛:青岛海洋大学出版社,1998.

姚本先,钱立青等.咨询心理学导论[M].北京:中国科学技术出版社,2005.

国家教育委员会人事司编.优秀校长治校录[M].武汉:武汉大学出版社,1996.

王继华.校长职业化释要[M].北京:北京大学出版社,2003.

杨河清.人力资源管理(第二版)[M].沈阳:东北财经大学出版社,2010.

周俊.中小学管理案例教学[M].北京:教育科学出版社,2004.

殷爱荪,周川主编.校长与教育家[M].福州:福建教育出版社,2004.

褚宏启,杨海燕等.走向校长专业化[M].上海:上海教育出版社,2009.

钱立青主编.安徽省基础教育综合改革创新案例[M].合肥:安徽大学出版社,2015.

顾泠沅,毛亚庆主编.校长的十二项专业历练——义务教育学校校长专业标准解读[M].北京:北京师范大学出版社,2015.

钱立青主编.安徽省基础教育发展评论(第1卷)[M].合肥:安徽大学出版社,2016.

郭德侠.校长如何提升课程领导力[M].北京:北京师范大学出版社,2016.

钱立青.提高中小学校长培训质效的探索与思考[J].培训与研究-湖北教育学院学报,2001,(1).

钱立青.中小学校长培训基地资格认定工作的实践与思考[J].宿州教育学院学报,2002,(4).

钱立青.新时期中小学校长培训质量保障体系的构建[J].中小学教师培训,2004,(6).

钱立青.中小学校长培训实行学分制管理的思考[J].中小学教师培训,2005,(9).

钱立青.教师继续教育培训机构实行评估认定的探索性思考[J].中小学教师培训,2005,(11).

钱立青.干部教育培训实行学分制管理的思考[J].继续教育,2006,(3).

钱立青.教师继续教育培训机构评估认定的探索性思考[J].中国教师,2006,(5).

钱立青.问题为本:提高中小学校长培训绩效的教学模式变革[J].中国教育学刊,2007,(4).

钱立青.创新中小学校长培训机制的思路与策略[J].中小学校长,2008,(3).

钱立青.案例教学:中小学校长培训课堂教学模式的优化[J].合肥师范学院学报,2008,(4).

钱立青.问题为本:干部培训模式的构建与教学实践[J].中国培训,2007,(3).

钱立青.对接与介导:案例教学促进校长培训中教育理论与管理实践的转换[J].教育前沿,2011,(10).

钱立青.教育实践反思与中小学校长专业化发展[J].教育前沿,2009,(13).

钱立青.柔性管理:中小学校长培训管理的一种科学范式[J].中小学校长,2012,(9).

钱立青.机制创新:省域统筹城乡义务教育资源均衡发展的提升路径[J].合肥师范学院学报,2014,(2).

钱立青,郑德新.省域统筹教育资源均衡发展研究[J].中国教育学刊,2015,(9).

钱立青,潮道祥.开发中小学校长经验性资源反哺培训教学的研究[J].教育理论与实践,2016,(2).

后　记

本书的出版,我期盼已久。可以说是孕育多年,终于姗姗行世。

关于"校长专业化发展"这个话题,我心中有着较深的情结,说起来难免话长。一言以蔽之,是源自我的父亲。

在个人成长中,影响我最深的人毫无疑问是我的父亲。父亲是一名教师,父亲也是一位校长。父亲把毕生的精力都奉献给了教育事业,从教四十余年,在校长岗位上也有二十多年,历任多所学校的校长。从乡村小学,到区域中心校,有小学,也有九年一贯制学校。父亲虽然只是一位普普通通的教育工作者,但也度过了艰辛而丰富的教育人生。从我的视角,可以比较清晰地管窥父亲的教育生涯的几许辛酸与华章。

作为校长,作为教育者,父亲呕心沥血,其一生都在学习。记忆中的他大多是在黄灯下孜孜不倦地阅读书写,或低首沉思。儿时的我每每从睡梦中醒来,朦胧的光影里看到的总是父亲读书、写稿的背影。"师者,传道授业解惑也。"父亲在教育教学上严格要求自己,对教学业务精益求精,尽管他多年一直荣膺当地的名师之誉,却丝毫不懈怠、不放松。从教书育人,到服务社会,父亲自己不仅要作为教学的"领头雁",而且要带好一个团队,管理好一所学校。父亲所在的几所学校,在他任职期间都发生了巨大的变化。初涉的一所普通的乡村小学,教学质量位居全区前茅,方圆数十里的取经者如云;经营的城镇中心学校,也是大兴改革,省级领导专程到校视察。父亲勤于思考,在学校管理上比较的总结与提炼出不少实用性治校经验与方略,在地方教育界富有名气。

竭力地支撑乡村教育发展的一片蓝天，以教育为一方百姓谋福祉是父亲一辈子追求的教育理想。为师为父，身边的父亲于我来讲一直是仰视的对象。作为一名教育研究者，我曾试图以父亲为微观样本来细细剖析，这位平凡朴实、不言伟大的一名中小学校长，他的身上究竟有什么特质？是什么力量促使他无限奉献地来治校育人呢？父亲将自己定义为何种取向的教育人？这些让我面前熟悉的父亲又变得陌生起来。

直到后来，我读了一本书，同为中小学校长的南京师大附中胡百良先生，在书中阐述了中小学校长具有的"特殊的使命"，那就是需要全身心地为教育改革事业做贡献。

童年的我，家中虽不富裕，但是随处皆能触及书刊。确切地说，父亲是位智力投资者，书刊资料汗牛塞屋，这些都是他作为教师，作为学校管理者的知识源泉。记忆中家里的书桌上时常摆放着《人民教育》《班主任之友》之类的专业刊物，父亲经常在上面做笔记。若遇到好的文章及时批注，并在教师大会上进行推荐、阅读。基层学校的管理人员少，事杂，但父亲却一件一件理清，做到办学有条不紊，事业红红火火。在他的精心经营打理下，他任职的学校都被管理得井井有条，教学质量上去了，校园变美了，学校名声变大了……

我刚上大学那年，父亲参加当地教育部门组织的首批中小学校长培训。寒假归来，父亲与我细谈他的培训心得。当时，我在师范大学就读的是教育学专业，他的培训教材中有不少内容与我所学的专业课程类似，引起了我的兴趣与共鸣。我们父子间的交流也变得更为深入，更具专业性。巧的是，四年后，大学毕业的我从事的工作就是全省中小学校长培训的管理与服务。

1997年夏天，我毕业于安徽师范大学。当时的背景是安徽省中小学校长培训工作在全国处于落后的境地，据说曾在全国性工作会议上频遭点名批评。根本原因在于此项工作职能不清，体制不顺。于是，当时的省教委决定要创新体制，独立建制设置"安徽省教委教育管理干部培训中心"，并要求"三年赶五步"跟上全国的步伐。新设的机构急需工作人员，于是我就有了机会。我学习的是教育专业，专业对口，更重要的是，我对校长培训工作并不陌生，发自内心地热爱这项事业。于是，我便开始了服务中小学校长专业发展的工作生涯。

在校长培训岗位上，我先后工作了12个年头。期间从入门到熟悉，从创拓到资深，外表的艰辛悄然地包裹内心的成就感。由于是一个新设机构，百废待兴，更多的是需要顶层设计和开拓经营。当时作为一个专业技术角色的我来到岗位，自然要发挥专业特长。从培训课程设置到教材建设，从问卷调查到培训模式选择，一步一步地推进与夯实培训的规范性与实效性。而对于校长培训课程建构、模式创新等问题，我都先求教于父亲。他是一名服务对象，他的需求是最有代表性的，他的建议也是最具有说服力的。我当时所作的培训管理设计与发展性思考，都是有根有据的，所以多次得到上级主管领导的赞许。初出校门的我，为推进校长培训深度发展，曾竭力设计出两套校长培训发展的调查问卷，都以父亲为试测，其中自然也吸纳了父亲的许多建议而成为较为成熟的材料，后来被运用到一项全国性的课题项目中。这些，我从未向外人透露，只是心中欣然我从事校长培训工作背后有最最重要的依靠。

校长培训管理工作给予我许多锻炼。毕业前，我就参与"全省教育干训工作会议"的组织筹备，前往省内外教育行政部门、中小学调研与评估90多次，撰写各类报告50多万字，参与编写培训教材2部。后来，校长培训工作在省内取得了一定的影响，在全国同行中也备受好评，并获得了在全国大会上作典型代表发言的机会。成绩是属于组织的，是属于领导的，但我也受益匪浅，对校长培训工作也更为清楚与熟悉，也更加热爱这份事业。

一番历练后，我余暇时总是对校长培训进行深度思考。而退休赋闲的父亲总是鼓励我要春种秋收，早出成果。接下来的时间里，我以校长培训为主题申报了省部级、厅级研究课题4项，先后在《中国教育学刊》《中小学校长》《中国教育报》上以校长培训为主题发表学术论文30多篇，有的被人大复印资料全文转载。在每年一度的全国中小学校长培训研究会上，我的署名文章多次被编入"大会学习文件材料"。2005年，我的文章还获得了教育部"中小学校长队伍建设"征文二等奖。

研究成果重在传播与转化。自2003年起，我应邀前往省内各相关培训学校讲学。在安徽师范大学、淮北师范大学、安庆师范学院、合肥学院等20多所培训院校开设讲座60多场,与学员互动交流700多人次。闲暇时,我开设了教育博客,将自己的"学—思—行"都刊挂网络空间,加大了传播速度与扩散范围。我在全国教育干训领域结识了一批良师益友。华东师大的陈玉琨教授、江苏的王铁军教授、北京的贺乐凡教授等对我的工作帮助很大。国家教育行政学院原党委书记、常务副院长张仁贤先生非常关心我个人成长,多次为我排忧解惑。时任《中国教育报》"校长周刊"主编的鲍东明也给予我不少的建议,对我个人的发展有很大的帮助。

撰写这本书,其实是对多年的实践与思考的表达与呈现,旨在从应用层面来与大家一起分享共进。整理中在力求内容系统的同时,也将自己前期的研究成果融入,算是在碎片化中寻求一点突破。由此,书的体系与内容可能还不具备一定的学术高度,但可以算是比较朴实地对校长培训的剖析与理解。全书分为八章,是以校长培训为切入点、以专业化发展为主线来展开设计的。我一直以为,培训是校长专业成长的主要推动方式,建设一支校长队伍,首要是抓好校长培训。如今,国家教育部花大力气在全国范围内以"国培计划"推进中小学校长队伍建设,这是上好的策略,由此可以推进校长培训高效引领基础教育的改革发展。

尽管我已离开校长培训岗位8年,但期间我并没有间断对校长发展的关注与思考,依然处在实践与探索的路上。2014年11月,本人应邀出席长三角地区(沪、苏、浙、皖)校长培训班成果汇报大会,并作为专家对校长培训成果进行点评,在这种高规格的学术谈道论剑中,通过与知名校长对话与碰撞,增长了我的见识。如今,我的工作岗位是服务基础教育发展的协同创新,与校长培训工作一样,均面向基础教育,而且两者间的相通之处,正是以校长为学校改革的核心所在。当前工作依然是与校长专业成长相关联。我很庆幸自己先后从事的两种工作间关系密切。其实这些,说明了今生我与中小学校长培训、校长专业成长结下了深缘。

坦白地说,关于中小学校长专业发展方面的论著在国内并不鲜见,但多数趋向学院派严谨的理论研究范式,难以解决中小学校长在实践中久悬的疑问。本书内容是笔者十多年来对校长发展领域的实践与思考，许多章节内容是与一线校长共同探索与总结形成的。撰写中我以校长专业化发展为主线，进行系统阐述和重点剖析，并将收集的相关资料附录于后，愿与读者共享。本书可作为高校教育管理专业学生学习和中小学校长培训的教材，但愿也能成为广大教育管理实践者与研究者的一份案头资料。

  书成之际，我衷心感谢教育部人事司、安徽省教育厅和全国中小学校长培训研究会等诸多领导的关心与支持，特别是原国家副总督学、中国教育学会常务副会长郭振有先生为本书题写"造就一支高素质专业化办学治校骨干队伍"贺词，年届八十的教育管理学教授贺乐凡先生欣然为本书作序，非常感谢诸多教育前辈的关切与怜爱。致谢台湾辅仁大学张德锐教授和澳大利亚查尔斯·达尔文大学彼特教授、耿华博士提供的文献支持，感谢姚本先教授、吴秋芬教授、李继秀教授等在百忙中给予指导。而教育硕士研究生胡海燕、陈珊珊、张妍妍等也协助我做好本书的编校工作。作为本人主持的安徽省哲学社会科学规划项目的创新成果，本书还忝列"基础教育发展创新文库"，合肥师范学院给予了学术出版基金资助，在此感谢！限于笔者学识，有不成熟及疏漏之处，敬请学界贤达惠予意见并提出批评。

钱立青
2017 年 10 月